최신개정판

줄리정 불법 IELTS
VOCA

2012년 11월 5일 초 판 1쇄 인쇄
2025년 2월 10일 개정판 9쇄 인쇄

지은이	줄리정
발행인	홍은경
발행처	SUNNY SUNDAY www.sunnysunday.co.kr
주소	경기도 성남시 분당구 성남대로 343번길 12-2, B301호
전화	070-8972-0816
성우	Alex Jensen, 줄리정
삽화	홍진실
디자인·인쇄	디자인온 designon1010@naver.com

ISBN 979-11-953898-7-2 13740

※ 책값은 뒤표지에 있습니다.
※ 잘못된 책은 구입처에서 교환하여 드립니다.
※ 이 책은 저작권법에 의하여 보호를 받는 저작물이므로 무단 전재와 무단 복제를 금합니다.

시원스쿨랩 무료샘플 인강 Day 9

 보이는 MP3 줄리정 YouTube Day 1~20

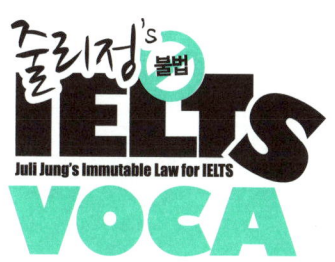

줄리정's 불법 IELTS VOCA
Juli Jung's Immutable Law for IELTS

줄리정 지음

 BBC 앵커 출신 영국인 성우가 녹음한 MP3 파일 무료 제공
sunnysunday.co.kr
blog.naver.com/iloveielts

 모바일로 콜롬북스(모바일 앱)를 다운 받은 후 **'줄리정'** 검색 후 MP3 다운로드

H Publishers Co.

Contents

Prologue	5
줄리정 불법 아이엘츠 VOCA 특징	6
줄리정 불법 아이엘츠 VOCA 학습법	8
줄리정 불법 아이엘츠 VOCA 구성	9
IELTS 시험 한 눈에 보기	10
아이엘츠(IELTS) 시험 소개	12
Day 1. 가족 Family	30
Day 2. 성장 Growing Up	48
Day 3. 건강과 음식 Health & Food	68
Day 4. 생활방식과 여가활동 Lifestyles & Leisure Activities	94
Day 5. 학교(학생)생활 Student Life	116
Day 6. 의사소통 Communication	142
Day 7. 여행과 교통 Travelling & Transport	164
Day 8. 과거와 역사 Past & History	186
Day 9. 자연환경과 야생 동식물 Natural Environment & Wildlife	200
Day 10. 지구와 우주 Earth & Space	218
Day 11. 빌딩과 디자인 Building & Design	232
Day 12. 정보기술 IT(Information Technology)	248
Day 13. 쇼핑과 파티 Shopping & Party	264
Day 14. 국제관계와 도시화 International Relations & Urbanisation	284
Day 15. 환경오염 Environmental Pollution	306
Day 16. 에너지 위기 The Energy Crisis	324
Day 17. 경제와 산업 Economy & Business	338
Day 18. 정부와 법 The Government & Law	360
Day 19. 대중매체, 영화와 연극 Mass Media, Movie & Play	374
Day 20. 예술 Art	390
INDEX	
1) 주제별	403
2) A~Z	446

Prologue

단어 학습은 아이엘츠의 가장 기본이자 고득점의 지름길

아이엘츠 시험에는 직접적으로 응시자의 단어 수준을 평가하는 파트는 없다. 그러나 Listening, Reading, Writing, Speaking 시험에서 높은 수준의 단어 실력 없이는 목표 점수를 획득할 수 없다. 따라서 단어 학습이야말로 아이엘츠의 가장 기본이자 고득점의 지름길이라고 할 수 있다.

줄리정과 함께 공부한 수많은 학생들의 합격 후기에는 줄리정이 강의자료로 활용하는 단어장 이야기가 빠지지 않는다. 평소 국어 실력도 부족했던 많은 학생이 저자의 어휘 자료를 습득하여 라이팅과 스피킹 시험에 적용한 후 6.0 이상, 8.0까지의 좋은 점수를 취득했다.

〈줄리정 불법 아이엘츠 VOCA〉는 저자인 줄리정이 십여 년간 실제 강의에 활용했던 다양한 어휘 자료를 바탕으로 최근 아이엘츠 시험과 캠브리지 아이엘츠에 자주 등장하는 예문들을 현대적 감각으로 응용하여 구성한 아이엘츠 전용 어휘 교재이다. 이 책을 통해 학습자들은 영국식 영어 어휘를 학습할 수 있을 뿐만 아니라 어휘와 관련된 다양한 상식과 아이디어를 얻고 아이엘츠 시험에서 목표 점수를 반드시 얻게 될 것이다.

Special Thanks to
김진희, 홍은경, 조혜란, 토미강, 양홍걸, 신승호, 이윤해, 김태성, 김민영

줄리정 불법 아이엘츠 VOCA

특징

01_ 실용적인 단어 최근 아이엘츠 시험과 캠브리지 아이엘츠에서 2회 이상 등장한 단어들을 수록했다.

02_ 영국식 영어 영연방 국가에서 출제한 시험임을 고려, 영국식 스펠링과 표현을 살리는데 주력했다.

03_ 무료 MP3 파일 sunnysunday.co.kr, blog.naver.com/iloveielts, 콜롬북스(모바일앱) 영국식 발음으로 녹음된 단어들을 듣고 따라 하는 연습을 통해 리스닝과 스피킹 시험에도 이 책의 어휘를 적극 활용하도록 MP3 파일을 무료로 제공했다.

04_ 20일 완성 20개의 주제를 하루에 하나씩 학습해서 20일에 아이엘츠 단어를 마스터할 수 있도록 구성했다.

05_ Writing Task 2 기출 문제 라이팅 주제에 따라 단어와 예문을 활용할 수 있도록 각 주제별로 Writing Task 2 빈출 문제를 수록했다. (총 100문제)

06_ 활용도 100% 예문 라이팅과 스피킹 시험에 그대로 적용할 수 있도록 다른 단어집에 비해 수준 높고 다소 긴 예문을 수록했다.

07_ 직역체 해석 우리말 해석은 문장 학습을 돕기 위해 가능하면 직역체로 구성했다.

08_ **Review** 어휘 학습을 마친 후 학습한 내용을 테스트할 수 있도록 Review를 수록했다.

09_ **동의어/반의어/관련어/동사변화** 1석 4조 이상의 학습 효과를 얻기 위해 동의어, 반의어, 관련어, 동사변화를 수록했다.

10_ **단어 반복** 단어를 반복적으로 학습할 수 있도록 표제어를 활용해서 예문들을 구성했다.

11_ **영국식 영어 VS 미국식 영어** 반드시 구분해야 하는 영국식 단어와 미국식 단어의 차이를 설명했다.

12_ **불법 포인트** 숙어와 주의사항뿐만 아니라 단어와 관련한 상식들도 불법 포인트에 수록했다.

13_ **삽화** 단어에 대한 이해를 돕기 위해 100여 개의 삽화를 수록했다.

14_ **Index** 학습을 마친 후 스스로 학습상태를 파악하고 고사장에서 유용하게 활용하도록 본문에 수록한 단어들을 일목요연하게 정리했다.

줄리정 불법 아이엘츠 VOCA
학습법

이 책은 총 20 Days로 20개의 주제별 단어를 20일에 완성할 수 있도록 구성했다. 학습자의 영어 수준에 따라 20일 혹은 그 이상이 걸릴 수도 있겠지만, 이왕 아이엘츠를 공부하겠다고 마음먹었다면 단기간에 집중적으로 학습하는 것이 더욱 효율적이다. 만약 이 책을 한 번 보는 데 2달이 걸린다면, 2달 후에는 앞에서 공부한 단어들이 희미해질지도 모른다. 따라서 이 책의 구성에 맞춰 하루에 하나씩 20개의 주제별 어휘를 학습한 후, 다시 처음부터 끝까지 빠르게 여러 번 보는 것이 많은 단어를 오랫동안 기억할 수 있는 비법 아닌 비법이다.

1. Writing Task 2 빈출 문제
단어 학습 전 Writing Task 2 빈출 문제를 익힌 후, 이러한 문제들이 나왔을 때 활용할 수 있는 단어와 아이디어를 연상해 본다.

2. 불법 어휘 및 구문
어휘를 외울 때는 스펠링도 정확하게 외운다. 리스닝과 라이팅 시험에서 스펠링이 틀리면 오답 처리되거나 감점 처리된다. 또한 동의어, 반의어, 관련어, 동사변화도 눈여겨 보고 예문을 통해 어휘를 적절하게 활용하는 법도 익힌다. 그리고 불법 포인트의 숙어와 주의사항 등을 숙지해서 시험에 적극적으로 활용한다.

3. Review
복습을 통해 앞에서 학습한 내용을 평가한다. 10문제 모두 맞았다면 다음 주제(Day)로 넘어가고, 틀린 문제가 있다면 '2. 불법 어휘 및 구문'을 다시 한 번 공부한다.

The Next Day

줄리정 불법 아이엘츠 VOCA
구성

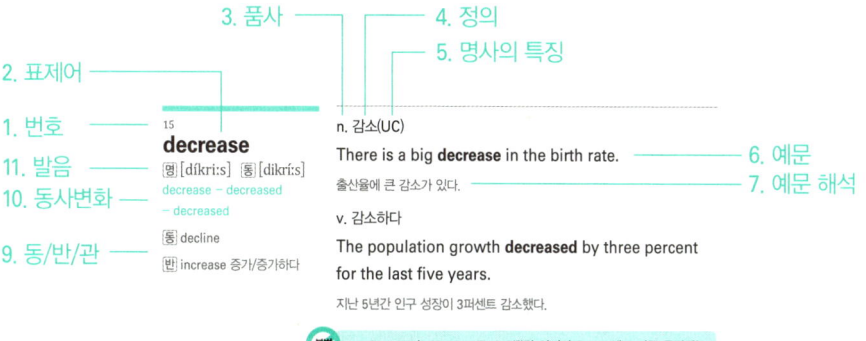

1. 번호 : 어휘의 순서
2. 표제어 : 최근 아이엘츠 시험과 캠브리지 아이엘츠에 자주 등장하는 어휘,
   영국식 스펠링
3. 품사 : 단어의 품사

   n. = noun (명사), v. = verb (동사), a. = adjective (형용사), ad. = adverb (부사), phr. = phrase (구)

4. 정의 : 표제어의 뜻을 아이엘츠에서 쓰이는 정의 위주로 정리
5. 명사의 특징 : 셀 수 있는 명사(Countable Noun)와
   셀 수 없는 명사(Uncountable Noun)

   (U) = 셀 수 없는 명사, (UC) = 셀 수 없는 명사도 셀 수 있는 명사도 될 수 있는 명사
   ※ 아무런 표기 없는 명사 = 셀 수 있는 명사

6. 예문 : 최근 아이엘츠 시험과 캠브리지 아이엘츠에 나오는 예문과 유사한 문장
7. 예문 해석 : 표제어의 뜻을 최대한 살린 예문 해석
8. 불법 포인트 : 표제어와 관련한 숙어와 주의사항
9. 동/반/관 : 한 번에 여러 단어 학습

   동 = 동의어 반 = 반의어 관 = 관련어

10. 동사변화 : 동사의 현재 – 과거 – 과거분사
11. 발음 : 영국식 발음으로 표기

IELTS 시험 한 눈에 보기

(자료제공 : 주한영국문화원)

1 IELTS란?

IELTS(International English Language Testing System, 아이엘츠)는 미국, 영국, 호주, 캐나다, 뉴질랜드 등 영어권 국가로의 유학이나 이민, 취업을 희망하는 분들의 영어 커뮤니케이션 능력을 평가하기 위해 개발된 국제 공인 영어 시험입니다. 정교하게 만들어진 평가 기준을 활용하여 초보 사용자부터 원어민 수준에 이르는 응시자의 다양하고 광범위한 영어 사용 능력을 공정하게 평가합니다. 주한영국문화원 IELTS와 함께 꿈을 향한 도전을 시작하시길 바랍니다.

MILLIONS of tests taken
전 세계 수백만의 응시자

140 countries
1,600 centres
140개국
1,600여 시험 센터 운영

more than **12,000** organisations accept
12,000여 곳 이상의 교육기관, 기업, 정부기관 등에서 점수 활용

1:1 speaking test
진정한 커뮤니케이션 능력 평가를 위한
1:1 인터뷰 시험 채택

2 IELTS 구성 및 모듈

시험 접수 전 반드시 모듈 선택을 해야하며, 본인이 선택하고자 하는 모듈이 확치가 않은 경우에는 지원하고자 하는 대학이나 기관 담당자, 또는 이민 담당자와 상의하세요.

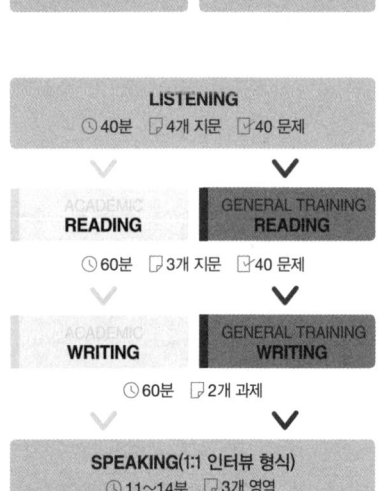

지필 시험의 경우 Writing → Reading → Listening 순서로 진행됩니다.

[전 세계 영어 시험 중
가장 실용적인 영어 시험 아이엘츠]

3 IELTS 시험의 종류

시험의 종류는 목적에 따라 3가지로 나눕니다. 본인에게 필요한 시험을 선택하세요.

	IELTS on computer	IELTS on paper	IELTS for UKVI
권장 응시자	성적이 빨리 필요한 분	종이 시험이 편한 분	영국 진출을 계획하는 분
시험 일정	월 50회 이상	월 3~4회	월 4~8회
진행 방법	컴퓨터	종이	컴퓨터/종이 선택 가능
시행 지역	서울, 대전, 대구, 부산	서울, 인천, 대전, 대구, 광주, 부산	서울
응시료	299,000원	299,000원	333,000원

*2024년 1월 기준

4 IELTS 결과

- 1점에서 9점까지 0.5점 간격으로 구성
- 네 과목의 개별 점수, 전체 평균점수, CEFR 등급 제공
- 성적 산출 기간
  - IELTS on paper : 13일
  - IELTS on computer : 3~5일
- 온라인으로도 성적 확인 가능
- 시험일로부터 2년 동안 유효
- 특정 영역별 능력 및 전반적인 영어실력을 한 눈에 파악 가능
- 지원하는 기관/학교로의 성적표 전송, 성적 재채점, 한 과목만 다시 응시하는 One Skill Retake 운영

BAND 9 Expert User
BAND 7 Good User
난이도가 높은 표현을 충분히 구사하며, 복잡하고 세세한 내용도 이해함
BAND 6 Competent User
친숙한 상황과 주제에 관해서는 유창히 구사하지만, 때때로 부정확한 표현을 사용함
BAND 5 Modest User
기본 의사소통은 가능하지만, 복잡한 내용의 이해와 유창성이 다소 부족함
BAND 1 Non User

5 IELTS 활용도

유학
- 국내 및 해외 대학/대학원 진학
- 교환학생 신청 시 필수 제출 서류

이민
- 영어권 국가로의 이민 준비 시 언어 구사 능력 증빙을 위한 필수 서류

취업
- 의료, 보건 및 IT 업계 해외 취업 이민
- 글로벌 기업 및 국제기구로의 취업 시 제출

줄리정 불법 아이엘츠 VOCA
IELTS 시험 소개

1-1 IELTS 시험 종류

IELTS는 전 세계 영어 시험 중 가장 실용적인 영어 시험이라고 감히 말할 수 있다. 여기서 '실용적' 이라는 의미는 단순히 점수 따기식 구성이 아니라, 희망하는 나라에서 '그대로' 사용할 수 있는 방식으로 시험이 구성되어 있다는 의미이다. 언어의 네가지 영역인 Listening, Reading, Writing, Speaking에 대한 점수 배분이 균등하며, 문제들 또한 영어권 국가로의 유학과 이민을 위한 가장 기본적인 실제 상황들을 바탕으로 하고 있다. 시험 준비를 통해서 학습자는 유학이나 이민 시 필요한 내용들을 선행학습하는 셈이 된다. 또한, IELTS에는 목적에 따른 두 가지 모듈이 존재한다. 첫 번째는 대학 교육 수준 이상의 유학을 목적으로 하는 학생들이 치르는 Academic Module이고, 두 번째는 이민과 취업을 희망하는 사람들이 치르는 General Training Module이다. 이 두 Module은 Listening과 Speaking 문제는 똑같지만, Reading과 Writing 문제는 서로 다른 부분이 있기 때문에 본인이 응시해야 하는 Module이 무엇인지를 먼저 확인하고 시험에 대비해야 한다.

1) Academic Module
영어권 국가에서의 학사 과정, 혹은 국내외 다양한 국가에서의 석사, 박사 등의 과정에 지원하는 사람들이 준비하는 시험으로 고등교육에 필요한 학문적인 영어 의사소통 능력에 중점을 둔다.

2) General Training Module
영국, 호주, 뉴질랜드, 캐나다 등 영연방 국가로의 이민을 계획하거나 이러한 국가에서 중등교육, 전문 주립대 입학, 직업 연수를 받으려는 사람들을 대상으로 하는 시험으로 그 사회에서 직업을 구하고 생활을 지속하는 데에 필요한 기본적인 영어 의사소통 능력에 중점을 둔다.

3) IELTS for UKVI

아이엘츠 시험을 준비하는 수험자 중 특히 '영국'으로의 취업, 유학, 이민을 준비하고 있다면 IELTS for UKVI(UK Visas and Immigration) 시험을 응시해야 하는지 정확히 확인을 해봐야 한다. 일반 IELTS 시험과 문제 유형, 난이도 및 채점 방식은 모두 동일하지만, 이 시험을 응시한 수험자의 성적표에는 영국 외무국제개발부가 검증한 공식 시험센터에서 응시를 했다는 기록을 위한 코드가 추가적으로 기재된다.

만약 영국 대학으로의 유학을 준비하고 있다면, 해당 학교에서 UKVI 시험을 요구하는지를 입학처를 통해 꼭 확인해야 하며(비자 발급이 안 될 수도 있다!), 영국 비자이민국에 Student Visa Sponsor로 등록된 학교들은 일반 IELTS 시험으로도 입학과 비자 발급이 가능할 수 있기 때문에 지원하려는 학교의 비자 스폰서 등록 여부도 찾아보는 것이 좋다.

1-2 IELTS 시험 일정, 접수, 응시료

문제지가 주어지고 연필로 답을 적어서 제출하는 지필 시험 방식(IELTS on paper)과, 개별 모니터와 헤드폰으로 문제를 보고 들은 후 마우스와 키보드로 답을 작성하는 컴퓨터 시험 방식(IELTS on computer) 중 하나를 선택할 수 있다. 단, 두 가지 방식 모두 Speaking 시험은 원어민 시험관과 1:1 대면 방식으로 진행되며, 응시하는 국가나 시험장에 따라 실시간 온라인 화상 면접 형태로 Speaking 시험(Video-Call Speaking)을 진행하는 곳도 있다. 지필 시험은 한 달에 4회(토요일 3회/목요일 1회), 컴퓨터 시험은 한 달에 약 50회 진행으로 더 자주 응시할 수 있다. 아이엘츠 시험의 주관사인 영국문화원과 IDP의 접수 사이트를 통해 온라인 접수가 가능하고, 주관사나 시험장별 문제나 난이도의 차이는 없다. 시험 등록 시 허용되는 신분증은 여권이 유일하므로 되도록 유학 기간을 다 포함할 만큼 유효 기간이 넉넉히 남은 여권을 꼭 준비하도록 하자. 응시료는 2024년 1월 기준 아래와 같으며, 신용 카드와 계좌 이체의 결제 옵션이 있다.

응시료	Regular IELTS on paper/computer	29만9천원
	IELTS for UKVI on paper/computer	33만3천원
주관사 별 접수사이트	영국문화원 www.britishcouncil.kr/exam/ielts	
	IDP ielts.idp.com/korea	

※ IELTS on computer(컴퓨터IELTS) 시험 특징

이제 여러분들은 선호도에 따라 IELTS on paper(지필IELTS)와 IELTS on computer(컴퓨터IELTS)중에서 선택하실 수 있습니다.

시험일로부터
3~5일 안에 성적발표

더 많은 시험일자
선택 가능

리스닝 시험
진행시 헤드폰 사용

스피킹 시험은
Face to Face
1 : 1로 동일하게 진행

IELTS on paper(지필IELTS)		IELTS on computer(컴퓨터IELTS)
시험일로부터 13일	성적발표일	시험일로부터 3~5일 사이
매월 4회 시험 (토요일 3회, 목요일 1회)	시험일	더 많은 시험일자 선택가능
중앙방송 또는 개별방송으로 진행 답안지에 연필로 작성	Listening Reading Writing	개별 헤드폰을 사용하여 시험진행 컴퓨터 키보드, 마우스로 답안 작성
편안하고 정확한 Face to Face 1 : 1 스피킹 시험	Speaking 시험방식	지필IELTS와 동일
Standard IELTS : 299,000 IELTS for UKVI : 333,000 Life Skills A/B : 236,000	응시료	Standard IELTS : 299,000 IELTS for UKVI : 333,000
전 세계 12,000여개가 넘는 교육기관, 기업체, 정부기관 및 단체 등에서 인정	인정기관	지필IELTS와 동일

1-3 IELTS 시험 장소

서울, 경기뿐만 아니라 인천, 대전, 대구, 광주, 부산, 제주 등 거의 전국에서 아이엘츠 시험을 응시할 수 있다. 대학 및 대형 어학원 등을 고사장으로 사용하고 있다.

1-4 IELTS 시험 당일 준비물 및 입실 절차

1) 고사장에서는 아래 명시된 물품만 허용된다.

① 허용 물품

연필/샤프, 지우개, 유효한 여권과 이 여권의 사본 1부 (신분증은 모든 과목의 시험이 끝날 때까지 반드시 지참한다.)

② 금지 물품

허용되는 것 이외 모든 것. 대표적으로, 가방, 커피, 물을 제외한 음료수, 휴대전화, 스마트 기기, 모든 종류의 시계, 블루투스 이어폰, 볼펜, 형광펜, 필통, 무릎 담요, 모자, 목도리, 장갑 등이 있다.

2) 입실 절차 (지필, 컴퓨터 동일)

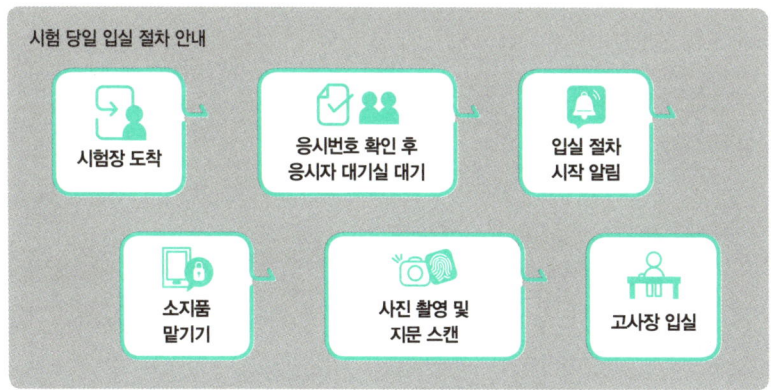

1-5 IELTS 시험 시간표 (지필 시험 기준)

응시자는 시험 당일 오전 8시까지 고사장에 도착해야 한다. 고사장에 입실하기 전에 신분 확인과 가방 보관을 마친 후 배정된 시험장으로 입실하고 시험 전 유의사항에 대한 안내를 듣는다. 시험 감독관의 안내가 시작되면 입실이 불가능하므로 늦지 않도록 주의해야 한다. 시험 안내가 시작되는 8시 50분부터 오전 필기 과목들이 끝나는 12시 10분 사이에 휴식 시간은 없으며, 시험과 시험 사이, 답안지를 걷고 문제지를 나눠줄 때에도 자리 이동은 불가능하다. 단, Reading과 Writing 시작 후 5분과 종료 전 5분을 제외하곤 감독관의 동행 하에 화장실을 다녀올 수 있다. Speaking 시험은 보통 오후 1시부터 6시까지 진행되며 응시자는 여권을 지참하고 본인의 시험 시간 20분 전에 지정된 장소에 와서 대기해야 한다. 추가 접수자의 경우에는 다른 날(보통 일요일)에 Speaking 시험만 따로 보는 경우도 있으며 이러한 사항은 시험일 전에 웹사이트를 통해 미리 확인해 볼 수 있다.

컴퓨터 시험의 경우 오전/오후/저녁 시험에 따라 진행 순서가 약간 다를 수도 있다.

과 목	시 간	문제 개수	비 고
Briefing (시험안내)	8 : 50 ~		답안 작성 시 주의사항 등 시험 전반에 대한 간략한 안내
Writing (쓰기)	9 : 10 ~ 10 : 10 (총 1시간)	2개의 Task Task 1은 150 단어 이상 Task 2는 250 단어 이상	점수 비중이 높은 Task 2부터 작성해야 고득점을 받는다.
Reading (읽기)	10 : 20 ~ 11 : 20 (총 1시간)	3개의 Passage 각 Passage당 13~14문제 총 40문제	1시간 안에 문제도 풀고 답안지도 작성해야 한다. 시간이 부족하기 때문에 1번부터 순서대로 풀지 말고, 주관식 등 쉬운 문제부터 골라서 먼저 푼다.
Listening (듣기)	11 : 30 ~ 12 : 10 (총 40분 : 음성 녹음 30분 + 답안 작성 10분)	4개의 Part 각 Part당 10문제 총 40문제	음성 녹음이 끝나면 답안 작성을 위한 추가 10분이 주어진다.
Break (휴식)			
Speaking (말하기)	13 : 00 ~ 18 : 00 (총 11~14분)	3개의 Part 원어민 시험관과 1 : 1 인터뷰	추가 접수자는 일요일에 Speaking 시험을 치를 수도 있다.

※ 시험 종료 후에도 답안을 작성하는 응시자들이 매 시험마다 있는데 이러한 행위는 부정행위로 간주되어 실격 처리된다. 따라서 시험관이 시험 종료를 알리면 필기구를 책상에 올려 놓은 후 손을 책상 아래로 내려야 한다.

1-6 IELTS 성적

IELTS의 점수 산출은 각 과목의 점수를 0~9점으로 매기고 0.5점 단위로 채점한다. 0점은 시험에 응시하지 않은 경우이고 9점은 만점이다. 총점은 각 과목의 점수를 더한 후 4로 나누어서 반올림한다.

Listening	Reading	Writing	Speaking	Overall Band Score	CEFR* Level
6.5	7.5	7.0	6.0	7.0	C1

※ CEFR (Common European Framework of Reference) : 유럽 언어의 구사 능력을 표준화 해 둔 공통 기준으로 한 사람이 가진 언어 능력을 6개 등급으로 구분해 두었다. 가장 낮은 A1 부터 A2, B1, B2, C1, C2까지 올라가며, 언어 구사 능력을 상세히 기술해 놓은 Can-Do Statement가 특징이다.

즉, 6.5+7.5+7.0+6.0 = 27이고 이것을 4로 나누면 6.75, 이 점수를 반올림하면 7.0이 된다.

4과목의 점수를 더해서 4로 나눈 평균 값	6.0	6.125	6.25	6.375	6.5	6.625	6.75	6.875	7.0
Overall Band Score	6.0	6.0	6.5	6.5	6.5	6.5	7.0	7.0	7.0

1-7 IELTS 채점 기준

아래의 표는 IELTS 본부 사이트(www.ielts.org)에서 발표한 채점 기준으로 현재의 채점 기준이라고 볼 수 있다. 특히 Academic과 General Training Reading의 맞은 개수에 따른 점수 산정이 다른 것을 눈여겨봐야 하는데 비교적 난이도가 낮다고 여겨지는 General Training이기 때문에 더 많은 문제를 맞혀야 높은 점수를 얻을 수 있다.

※ 아래 과목은 총 40문제가 출제되며, 응시자들이 주로 목표로 하는 점수대만 표기하였다.

Band Score	Listening	Academic Reading	General Training Reading
5	16~22	15~22	23~29
6	23~29	23~29	30~33
7	30~34	30~34	34~37
8	35~39	35~39	38~39

1-8 IELTS vs TOEFL 점수 환산표

IELTS	IBT TOEFL
7.5~9.0	113~120
7.0	100
6.5	90~91
6.0	79~80
5.5	69~70
5.0	59~60
4.5	49~50
4.0	39~40
3.5	29~30

1-9 IELTS 성적 재채점 (Enquiry on Result)

시험 결과에 이의가 있을 경우, 재채점을 요청할 수 있다. 재채점은 시험일로부터 6주 이내에만 신청 가능하며 결과가 나오기까지 최대 4주 정도 소요된다. 재채점은 영국 본부에서 진행되며 재채점 기간동안 해당 성적이 '미확정' 상태로 돌아가기 때문에 성적표는 사용할 수 없다.

주관사별 재채점 서비스 신청은 아래 웹페이지를 방문하면 자세한 내용을 알 수 있다.
- **영국문화원** www.britishcouncil.kr/exam/ielts/results
- **IDP** https://ielts.idp.com/korea/forms/request-remark

만약 응시자의 IELTS 시험 점수가 원하는 대학에서 요구하는 각 과목의 점수 중, 한 과목에서만 0.5점이 부족하다면 다시 시험을 보는 것보다는 재채점을 신청해 보는 것도 좋은 방법이다. 왜냐하면 'each band'의 요건이 있는 경우, Writing만 0.5점 부족해서 다시 시험을 치렀는데 이번 시험에서는 Writing은 each band 요건을 넘겼지만 Speaking에서 0.5점이 부족해서 또 다시 시험을 치러야 하는 경우가 자주 발생하기 때문이다. 여기서 말하는 'each band'란 특정 과목 또는 모든 과목 점수가 각각 일정한 점수 이상이 되어야 하는 것을 말한다.

2-1 IELTS 시험 구성

IELTS는 목적에 따라 Academic Module과 General Training Module로 구분되며 Listening과 Speaking 문제는 동일하고 Reading과 Writing 문제는 다르게 출제된다. 아래 도표는 컴퓨터 시험의 진행 순서이며, 지필 시험의 경우 Writing → Reading → Listening의 순서로 필기 과목이 진행된다. 컴퓨터 시험의 경우, Listening 답안을 옮겨 적을 필요가 없기 때문에 지필 시험의 10분이 아닌 2분의 시간이 주어진다.

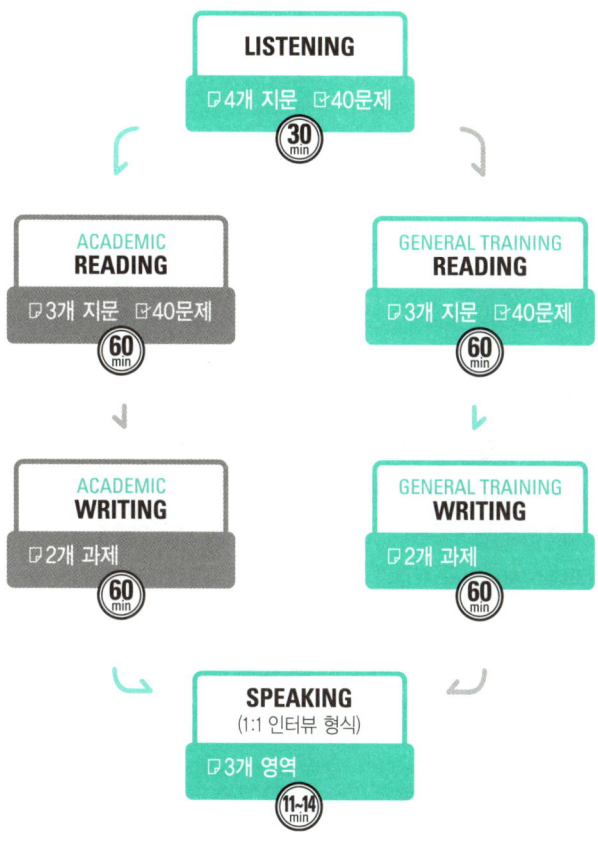

2-2 Listening

Listening시험은 모듈 공통의 문제가 출제된다.

내용과 특징		시험 시간	문제 개수
Part 1	일상적인 주제 (2인 대화) 주관식 문제가 자주 출제됨	약 30분 +10분 총 약 40분	Part 별로 각 10문제 총 40문항
Part 2	일상적인 주제 (2인 대화) 여행, 주택임대, 대학시설 등에 관한 문의		
Part 3	전문적인 주제 (3인 대화) 연구과제에 관한 교수와 학생들 간의 대화		
Part 4	전문적인 주제 (1인 강의) 학술, 환경, 역사 등에 관한 전문적 지식 전달		

1) 구성

총 4개 Part로 구성되고, 각 Part 당 10문제씩 총 40개의 문제가 출제된다. 약 30분 간 음성 파일에서 출제되는 문제를 듣고 추가로 주어진 10분 동안 답을 답안지에 옮겨 적는다. 컴퓨터 시험의 경우 답을 다 입력했는지 확인만 할 수 있는 2분이 주어진다. 음성 파일은 1회만 재생된다.

Part 1 & 2는 일상적인 상황, 예를 들면 대학생활, 직장생활, 여행 예약, 병원 진료, 파티 준비 등의 비교적 평이한 주제와 내용이 출제된다. 주관식 답을 요하는 문제들이 많으므로 스펠링, 대소문자, 단어 수 제한 등에 주의해야 한다. Part 3 & 4는 전문적인 주제, 예를 들면 비즈니스 사례연구, 환경과 자연 문제, 사회적 이슈, 대학교 강의 등 비교적 난이도가 있는 내용이 출제되며 Part 1 & 2보다 지문도 길다. 따라서 내용을 듣기 전, 문제와 보기를 미리 읽어 두는 것이 고득점에 유리하다.

2) 특징

영국, 호주, 미국, 인도, 싱가포르 등 다양한 영어 발음으로 출제되므로 미국식 발음에만 익숙한 한국 학생들은 다른 나라에서 들을 수 있는 발음에도 익숙해져야 한다. 주관식 문제와 객관식 문제의 비율이 거의 비슷하므로 스펠링, 대소문자 구분, 단/복수 구분, 단어 개수 제한 등을 꼼꼼히 살펴봐야 한다.

각 Part 시작 전, 문제를 읽을 시간이 약 30초(Part 4는 1분) 주어지는데 이 시간동안 문제들을 되도록 많이 읽으면서 답안 작성 시 조건이나 주의사항을 숙지하고, 예상되는 유형의 답(날짜, 시간, 장소, 사람 이름)을 시험지에 메모한 후 문제를 풀어야 한다.

2-3 Reading

Reading은 모듈별로 다른 문제가 출제된다.

1. Academic Reading

	내용과 특징	시험 시간	문제 개수
Passage 1	Passage 3개 모두 잡지 및 학술지 수준의 전문적인 내용	총 60분 (별도의 답안작성 시간 없음)	각 passage당 13~14문제 총 40문제
Passage 2	논문 형식의 글 (1,300자 내외, 2pages)		
Passage 3	건강, 환경, 문화, 과학, 사회 등의 폭넓은 내용		

1) 구성

총 3개 passage로 구성되고 각 지문 당 13~14개씩 총 40문제가 출제된다. 각 지문의 문제 유형은 비슷하다. 주어진 시간은 60분이며 Listening과는 달리 답안 작성을 위한 추가 시간이 주어지지 않기 때문에 문제를 풀면서 수시로 답을 답안지에 옮겨야 한다. 컴퓨터 시험의 경우에도 추가 시간은 없다.

2) 특징

IELTS 시험의 특성상 Reading 과목에서 단어 자체를 평가하는 문제는 나오지 않지만 평소 어휘 공부를 열심히 하지 않으면 지문뿐만 아니라 문제 자체를 해석할 수 없다. 특히 Academic Reading은 지문의 수준이 상당히 높고 한 지문 당 1,300자 내외의 긴 지문이 제시되기 때문에 지문만 읽다가도 60분이 다 흐를 수 있다.

어휘 실력의 향상을 위해서는 IELTS에 자주 출제되는 기출 단어를 공부하는 것이 효율적이며, 3개의 지문이 난이도 순서대로 배열되지 않았기 때문에 나에게 익숙하고 쉬운 것부터 선택해서 풀어야 한다. 주관식 답안을 작성할 때는 글자 수 제한 및 스펠링에 유의해야 한다.

2. General Training Reading

	내용과 특징	시험 시간	문제 개수
Passage 1	일상생활 관련, 2개의 지문	총 60분 (별도의 답안작성 시간 없음)	각 Passage당 13~14문제 총 40문제
Passage 2	업무 관련, 2개의 지문		
Passage 3	논문 형식의 글(1,000자 내외) Academic Reading과 비슷한 문제 유형, 1개의 지문		

1) 구성

총 3개 passage로 구성되고 각 지문 당 13~14개씩 총 40문제가 출제된다. Academic Reading의 구성과는 달리 각 지문마다 내용과 문제 유형이 다르다. 첫 번째 지문은 광고, 레스토랑, 교통수단, 병원, 쇼핑 등 일상 생활과 관련된 내용이고 서로 다른 내용의 비교적 짧은 지문이 2개 제시된다. 두 번째 지문은 회사 업무와 관련된 내용이고, 첫 번째 지문보다는 조금 더 긴 서로 다른 내용의 지문이 2개 제시된다. 마지막 지문은 Academic Reading과 비슷한 장문의 지문이 1개 출제된다. 주어진 시간은 1시간이며 Listening과는 달리 답안 작성을 위한 추가 시간이 주어지지 않기 때문에 문제를 풀면서 수시로 답을 답안지에 옮겨야 한다. 컴퓨터 시험의 경우에도 추가 시간은 없다.

2) 특징

General Reading은 영어권 국가에서의 생활과 직장 문화에 대한 이해가 부족한 사람들에겐 다소 어려울 수 있다. 하지만 단어와 지문의 수준이 비교적 높지 않고 지문의 길이가 Academic Reading보다는 상대적으로 짧다. 지문의 난이도는 뒤로 갈수록 어려워지기 때문에 문제 순서대로 풀어야하며 주관식 답안을 작성할 때에는 글자 수 제한과 스펠링에 유의해야 한다.

2-4 Writing

Writing시험은 Task 1과 Task 2로 구성되고 두 가지 문제에 대한 답을 모두 1시간 안에 작성해야 한다. Academic과 General Training Module의 Task 1은 문제 유형이 전혀 다르고 Task 2의 경우에는 Essay 유형으로 동일하다.

Writing 과목의 경우, 컴퓨터 시험으로 보는 것이 이점이 많은데 특히 copy and paste 기능, word counting, always-on clock 등을 잘 활용하면 시간적으로 매우 높은 효율을 누릴 수 있다.

1. Academic Reading

	내용과 특징	시험 시간	문제 개수
Task 1	그래프나 다이아그램 묘사하기 (150 단어 이상) 제시된 데이터를 비교, 분석하고 중요한 특징을 찾아서 기술	총 60분	Task 1 Task 2 총 2 문제
Task 2	에세이 쓰기 (250 단어 이상) 주어진 에세이 주제와 유형에 맞춰서 본인의 주장이나 해결책을 제시		

1) 구성

총 2개 Task로 구성되고 두 개의 Task를 60분 안에 작성해야 한다. Task 1은 주어진 그래프를 비교 분석하고 특징을 객관적으로 묘사하는 글쓰기이다. 출제 가능한 그래프의 종류에는 바 그래프, 라인 그래프, 파이 차트, 테이블, 지도, 다이어그램 등이 있으며, 최소 150단어를 작성해야 하므로, 넉넉히 170단어 정도를 기준으로 삼아 연습하길 추천한다. Task 2는 에세이 유형이며 주어진 이슈에 대한 응시자의 의견을 물어보거나 장단점, 원인과 해결책 등을 제시하라는 문제가 나온다. 최소 250단어를 작성해야 하므로, 넉넉히 270단어 정도를 기준으로 삼아 연습하길 추천한다.

2) 특징

Task 1은 대학 혹은 대학원 수업에서 필요한 자료들을 객관적으로 분석할 수 있는지를 평가하는 문제이다. 주어진 수치들의 증감, 변동, 그리고 연관성 등을 객관적으로 묘사해야 한다. 앞으로의 변화 추이에 대한 주관적인 전망이나 개인적인 의견을 제시해서는 안 된다.

Task 2는 작성해야 하는 단어 수가 많고 배점이 60%로 높기 때문에 Task 2부터 작성하길 강력히 권장한다. Task 1을 완성하지 못했을 때보다 Task 2를 완성하지 못했을 때 감점이 더 크기 때문이며, Writing 고득점을 목표로 한다면 주어진 60분 안에 두 개의 글을 모두 반드시 완성해야 한다. 또한 논점에 맞는지, 수준 높은 다양한 어휘를 구사했는지, 문법과 스펠링에 맞게 썼는지도 점수에 영향을 준다.

2. General Training Writing

내용과 특징		시험 시간	문제 개수
Task 1	편지 쓰기 (150 단어 이상) 감사, 요청, 불만, 조언 등의 상황이 제시되며 공식적인 내용인지 비공식적인 내용인지를 확인해서 이에 맞는 어투로 작성	총 60분	Task 1 Task 2 총 2 문제
Task 2	에세이 쓰기 (250 단어 이상) Academic Writing Task 2와 유사 주어진 에세이 주제와 유형에 맞춰서 본인의 주장이나 해결책을 제시		

1) 구성

총 2개 Task로 구성되고 두 개의 Task를 60분 안에 작성해야 한다. Task 1은 주어진 상황에 맞는 공식적 혹은 비공식적 편지를 작성하는 것으로 감사, 요청, 불만, 조언 등의 상황이 제시된다. 편지 형식에 맞춰서 최소 150 단어를 작성해야 한다.

Task 2는 에세이 유형으로 Academic Writing Task 2와 동일하다. 주어진 이슈에 대한 응시자의 의견을 물어보거나 장단점, 원인과 해결책 등을 제시하라는 문제가 나온다. 최소 250단어를 작성해야 한다.

2) 특징

Task 1은 문제에 제시된 상황과 꼭 포함해야 하는 세 개의 bullet point 조건을 담아 편지를 작성하는 것이다. 본인이 영어로 잘 표현할 수 있는 쪽으로 내용을 이끌어 가는 것이 중요하며 친구에게 쓰는 비공식적인 편지인지, 회사나 학교로 보내는 공식적인 편지인지를 구별해서 상황에 맞는 표현들을 적절하게 사용해야 한다.

Task 2는 주어진 이슈에 대해 자신의 생각을 드러내는 에세이 형식으로 Task 1보다 작성하는 단어 수가 많고 배점이 높기 때문에 Task 2부터 작성하길 강력히 권장한다. Task 1을 완성하지 못했을 때보다 Task 2를 완성하지 못했을 때 감점이 더 크기 때문이며, Writing 고득점을 목표로 한다면 주어진 60분 안에 두 개의 글을 모두 반드시 완성해야 한다. 또한 논점에 맞는지, 수준 높은 다양한 어휘를 구사했는지, 문법과 스펠링에 맞게 썼는지도 점수에 영향을 준다.

2-5 Speaking

Speaking 시험은 모듈 공통의 문제가 출제된다.

	내용과 특징	시험 시간 총 11~14분
Part 1	Introduction and Short Interview (7 ~ 10문제) 시험관의 간단한 자기소개, 응시자 신분증 확인 일상생활 관련 주제로 한 두 문장으로 짧게 답한다.	4 ~ 5분
Part 2	Cue Card (1문제) 시험관으로부터 문제가 적힌 종이(Cue Card)를 받으면 응시자는 1분 간 준비하여 1 ~ 2분 간 대답한다.	3 ~ 4분 (준비시간 1분 포함)
Part 3	Discussion (3 ~ 5문제) Part 2와 관련된 주제에 관한 심층 토론	4 ~ 5분

1) 구성

Speaking은 영어권 국가 출신의 숙련된 시험관(examiner)과 응시자의 1 대 1 인터뷰이다. 모든 인터뷰 내용은 재채점의 경우를 대비해서 녹음된다. 3개의 Part로 구성되어 있고 총 11~14분 정도가 소요된다.

Part 1과 3은 시험관이 직접 문제를 물어보지만, Part 2의 경우에는 시험관이 문제가 적힌 카드를 응시자에게 제시한다. 이때 응시자에겐 카드에 적힌 문제에 대해 생각할 수 있는 시간이 1분 주어지고 시험관은 응시자가 답변을 메모할 수 있도록 연필과 종이를 함께 제공한다. 응시자는 1~2분 간 자신의 생각을 논리적으로 명확하게 전달해야 한다. Speaking 평가 항목으로는 유창성과 일관성, 어휘력, 문법과 정확성 그리고 발음 등이 있다.

2) 특징

Part 1은 응시자의 직업이나 취미, 가족 등 일상생활을 물어보는 비교적 쉽고 친숙한 문제가 출제되고 1~2문장으로 간단하게 대답한다. Part 1은 워밍업 단계로 긴장을 풀고 자연스럽게 대답하는 것이 중요하다. 평가에서 큰 비중을 차지하지는 않는다.

Part 2는 시험관이 응시자에게 문제가 적힌 카드와 메모할 수 있는 연필과 종이를 함께 준다. 응시자는 1분 동안 문제를 읽고 본인이 대답할 내용을 간략하게 종이에 메모한다. 준비 시간 1분이 지난 후 시험관이 'Are you ready to speak?' 라고 물어보면 응시자는 'Yes, I am.' 이라고 간략히 대답하고 1~2분 간 문제에 대해 논점에 맞춰 아카데믹한 단어들을 사용해서 논리적으로 대답한다. 만약 대답 도중에 시험관이 말을 끊는다면 이것은 시간 관리를 위한 것으로 당황할 필요는 없다.

Part 3는 Part 2에서 주어진 주제와 관련된 심층 문제가 출제된다. 보통 과거, 현재, 미래의 상황을 비교하거나 두 가지 대상을 서로 비교하는 등의 문제가 주어진다. Part 1과 마찬가지로 원어민 시험관이 직접 물어보며 Part 1보다는 길게 대답해야 한다. 보통 4~6문장 정도로 답하는 것이 좋다.

2-6 Academic Module의 General Training Module 공통점 및 차이점

	Academic Module	General Training Module
Listening	공통	
Reading	Passage 1 전문독해 Passage 2 전문독해 Passage 3 전문독해	Passage 1 일상생활 Passage 2 직장생활 Passage 3 전문독해
Writing	Task 1 차트 분석 Task 2 에세이 작성	Task 1 편지 작성 Task 2 에세이 작성
Speaking	공통	

◀ 보이는 MP3

줄리정 불법 **IELTS VOCA**
Juli Jung's Immutable Law for IELTS Vocabulary

Day 1

Family
가족

▶ MP3 다운 받는 법

- http://sunnysunday.co.kr (Sunny Sunday 출판사)접속 후 다운로드
- 쿨톰북스(모바일 앱) : 모바일로 '쿨톰북스' 앱을 다운 받은 후 '줄리정' 검색 후 'VOCA' 다운로드

1. Writing Task 2 빈출 문제

1. Some people argue that parents have the most important role in their child's development. However, others say that other factors like TV or peer groups have the most significant influence. Discuss both views and give your own opinion.
2. Some people insist that parents should ask their children to help with household chores. To what extent do you agree or disagree with this opinion?
3. Today, parents are not close to their children compared to the past. What do you think the reasons are? Suggest some solutions that they can be closer.
4. Some people say that fathers and mothers should have the same responsibility for bringing their children up. To what extent do you agree or disagree with this opinion?
5. Some people say that parents are the best teachers. To what extent do you agree or disagree with this opinion?

1. 어떤 사람들은 아이들의 발달에 부모의 역할이 가장 중요하다고 주장한다. 반면 TV나 또래 집단 같은 다른 요소들이 더 중요한 영향을 미친다고 말하는 사람들도 있다. 양쪽의 견해를 논하고 당신의 주장을 제시하라.
2. 어떤 사람들은 부모들이 자식들에게 집안일을 도와줄 것을 요구해야 한다고 주장한다. 당신은 이 의견에 얼마만큼 동의하는가? 또는 동의하지 않는가?
3. 오늘날 부모들은 과거에 비해 자식들과 가깝지 않다. 이유는 무엇이라고 생각하는가? 그들이 좀 더 가까워질 수 있는 해결책을 제시하라.
4. 어떤 사람들은 자식을 키우는데 아버지와 어머니가 반드시 똑같이 책임을 져야 한다고 말한다. 당신은 이 의견에 얼마만큼 동의하는가? 또는 동의하지 않는가?
5. 어떤 사람들은 부모가 가장 좋은 교사라고 말한다. 당신은 이 의견에 얼마만큼 동의하는가? 또는 동의하지 않는가?

2. 불법 단어 및 구문

1
adolescence
[ǽdəlésns]

n. 사춘기(U)
Although Amy did not spend her childhood and **adolescence** abroad, she speaks English like a native speaker.
비록 에이미는 어린 시절과 사춘기를 해외에서 보내지는 않았지만, 영어를 원어민처럼 구사한다.

2
adopt a child

phr. 아이를 입양하다
Angelina **adopted her first child** from Cambodia.
안젤리나는 그녀의 첫 번째 아이를 캄보디아에서 입양했다.

 an adopted child 입양아

3
adulthood
[ədʌ́lthùd]

n. 성인기(U)
The government should prevent youth crime, which may continue in **adulthood**.
정부는 성인기까지 이어질 수 있는 청소년 범죄를 반드시 예방해야 한다.

4
bond
[bɔnd]
bond – bonded – bonded

n. 유대, 결속
In South Korea, the family **bond** is very tight.
한국은 매우 강한 가족 유대감을 가지고 있다.

v. 인연을 맺다, 접착하다
Parks are a good place for my family members to **bond**.
공원은 가족 구성원을 결속시키는 좋은 장소이다.

5
brotherhood
[brʌ́ðərhùd]

n. 형제애(U)
A spirit of **brotherhood** is essential for world peace.
형제애는 세계평화를 위해 중요하다.

6
character
[kǽriktər]

n. 성격(UC)
We are much alike in **character**.
우리는 성격이 비슷하다.

a national character 국민성
build an upright character 올바른 인성을 기르다
Chinese characters 한자

7
childhood
[tʃáildhùd]

n. 어린 시절, 유년(U)
Cindy finally realised her **childhood** dream.
신디는 마침내 유년시절의 꿈을 이루었다.

8
close
[klóus]
[동] intimate

a. 가까운, 친한
Close friends play a very important role in our lives.
친한 친구들은 우리의 삶에 매우 중요한 역할을 한다.

close가 동사인 '닫다'로 사용될 경우에는 [klóuz]라고 발음하지만, 형용사인 '가까운, 친한'의 의미로 사용될 경우에는 [klóus]라고 발음하는 것에 주의하자.

9
close-knit

phr. 긴밀한, 굳게 맺어진
Families in rural areas are still **close-knit**.
시골에서는 여전히 가족들끼리 긴밀한 관계를 유지하고 있다.

10
conflict
[kənflíkt]
conflict – conflicted – conflicted

통 n. collision, clash, contradiction
v. go against, contradict, clash, contrast

n. 충돌, 갈등(UC)
There is a serious **conflict** in this society.
이 사회에는 심각한 갈등이 있다.

v. 충돌하다, 상반되다
Our interests **conflict** with yours.
우리의 이익은 당신의 이익과 상반된다.

 a conflict of arms 무력 충돌, 교전
a conflict of opinion(s) 의견의 대립

11
connection
[kənékʃən]

통 relationship, relation, association, correlation, bond

n. 관계, 연고(UC)
There is a close **connection** between smoking and cancer.
흡연과 암 사이에는 밀접한 관계가 있다.

 have a connection with ~와 관계가 있다
have no connection with ~와 관계가 없다
in connection with ~와 관련하여

12
defiant child

phr. 반항적인 아이
A **defiant child** may appear to have little capacity to relate to other people.
반항적인 아이는 사람들과 어울리는 능력이 거의 없는 것처럼 보인다.

13
domestic
[dəméstik]

a. 가정의

Some multicultural families in South Korea separate due to **domestic** violence.

한국의 몇몇 다문화 가정들은 가정 폭력 때문에 이혼한다.

 domestic violence 가정 폭력
domestic waste 가정에서 발생하는 쓰레기

14
double-income family

phr. 맞벌이 가정

Children of **double-income families** tend to spend too much time in front of the TV or computers.

맞벌이 가정의 아이들은 TV나 컴퓨터 앞에서 너무 많은 시간을 보내는 경향이 있다.

15
endure
[indjúər]
endure – endured – endured
동 bear, stand

v. 견디다

My mother cannot **endure** seeing hungry children.

우리 어머니는 굶주린 아이들을 보는 것을 견디지 못한다.

16
establish
[istǽbliʃ]
establish – established – established
동 set up, build, found

v. (관계를) 확립하다

Establishing connections with like-minded people is one of the main objectives of social networking services(SNS).

마음이 맞는 사람들과 관계를 맺는 것은 소셜 네트워크 서비스의 주요 목적 중 하나다.

17
extended family
동 large family, big family
반 nuclear family 핵가족

phr. 대가족

The family structure in my city has rapidly changed from the **extended family** to the nuclear family.

내가 사는 도시의 가족구조는 대가족에서 핵가족으로 빠르게 변화되어 왔다.

18
family background

phr. 가정 환경

All people should be equal regardless of race, gender or **family background**.

모든 사람들은 인종, 성별, 가정 환경에 상관없이 평등해야 한다.

19
family gathering
[동] family party

phr. 가족 모임

Taking pictures at **family gatherings** is a great way to enjoy the day.

가족 모임에서 사진을 찍는 것은 하루를 즐겁게 보내는 좋은 방법이다.

20
following generation
[동] next generation

phr. 차세대, 다음 세대

There will be a further decline of the birth rate in the **following generation**.

다음 세대에는 출생률에 추가 하락이 있을 것이다.

21
friendship
[fréndʃip]
[동] intimacy, closeness, companionship

n. 우정(UC)

Friendship is a crucial factor in protecting our mental health.

우정은 우리의 정신 건강을 지키는 데 중요한 요소이다.

make a friendship 친교를 맺다
break up a friendship 우정을 깨다
a true friendship 참된 우정
a lifelong friendship 평생 계속되는 우정

22
generation gap

phr. 세대 차이

The **generation gap** ensues when there is a lack of communication between parents and children.

세대 차이는 부모와 자식 간의 대화가 부족할 때 발생한다.

23
have a lot in common

phr. 공통점이 많다

We **have a lot in common**.

우리는 공통점이 많다.

24
household chores

동 housework, housekeeping, household tasks

phr. 가사일

Children should be asked to help with **household chores** to improve their sense of responsibility.

아이들은 책임감을 기르기 위해 가사일을 도와야 한다.

25
immediate family

phr. 직계 가족

The funeral was attended by her **immediate family** only.

장례식에는 오직 그녀의 직계 가족만 참석했다.

26
infant
[ínfənt]

n. 유아

There is a strong association between maternal illiteracy and the **infant** mortality rate.

어머니의 문맹과 유아의 사망률 사이에는 강한 연관성이 있다.

> 불변 the infant mortality rate 유아 사망률
> a newborn 생후 한 달까지의 아이
> a toddler 막 걸음을 걷는 1~3세의 아이
> an infant 생후 1년까지의 아이, 혹은 4~7세 유치원생

27
inherit
[inhérit]
inherit – inherited
– inherited

v. 상속하다, 물려받다

My mother gets on well with everyone and hopefully I have **inherited** some of these traits.

우리 어머니는 모든 사람들과 잘 어울리는데 다행히 나는 이러한 특성 중 일부를 물려받았다.

inherit an estate 토지를 상속하다
inherit the family business 가업을 물려받다
an inherited quality 유전 형질

28
instinct
[ínstiŋkt]
동 intuition, sixth sense

n. 본능(UC)

Young children cannot know by **instinct** the difference between right and wrong.

어린 아이들은 본능적으로 옳고 그름의 차이를 구별할 수 없다.

homing instinct 귀소 본능
maternal instinct 모성 본능
survival instinct 생존 본능
an instinct for art 타고난 예술적 재능

29
interact
[íntərækt]
interact – interacted
– interacted

관 n. interaction

v. 상호 작용하다, 소통하다, 서로 영향을 끼치다

Most major businesses operate call centres 24 hours a day, 7 days a week to **interact** with their customers.

대부분의 대기업들은 고객들과 소통하기 위해 연중무휴로 콜센터를 운영한다.

interact with ~와 상호 작용하다, 소통하다

30
interaction
[ìntərǽkʃən]
관 v. interact

n. 상호 작용(UC)

The primary purpose of family **interaction** is to maintain the intimate parent-child relationship.

가족간 상호 작용의 주된 목적은 부모와 자식 사이의 친밀한 관계를 유지시키는 것이다.

social interaction 사회적 상호 작용
strong interaction 강한 상호 작용
weak interaction 약한 상호 작용

31
maternal
[mətə́:rnl]

a. 모성의, 어머니의

Maternal illiteracy rates affect the infant mortality rate.

어머니의 문맹률은 유아의 사망률에 영향을 미친다.

maternal love 모성애
maternal instinct 모성 본능
a maternal grandmother 외할머니

32
nature
[néitʃər]
동 essence, personality, character, characteristic

n. 본질, 인간성(UC)

Helping poor people is part of human **nature**.

불쌍한 사람들을 돕는 것은 인간 본성의 일부분이다.

the rational nature 이성
good nature 선량한 성품, 순박
ill nature 심술궂음, 고약한 심보
nature and nurture 천성과 양육

33
nuclear family
반 extended family, large family, big family

phr. 핵가족

The basic unit of the **nuclear family** is a husband, wife and unmarried children.

핵가족의 기본 단위는 남편, 아내 그리고 미혼 자녀들이다.

34
nurse
[nə́:rs]
nurse – nursed – nursed

v. 젖먹이다, 기르다, 돌보다
She **nursed** her baby all through the night.
그녀는 밤새도록 아기를 간호했다.

 a nursing home (노인들을 위한) 요양원, 양로원
nursing science 간호학
※ nurse는 보통 명사인 '간호사'로 자주 쓰이지만, '돌보다'라는 동사로도 종종 사용된다.

35
nurture
[nə́:rtʃər]
nurture – nurtured – nurtured

n. 교육, 양육, 자양(U)
Both nature and **nurture** play a key part in developing our brains.
천성과 양육은 우리 뇌의 발달에 중요한 역할을 한다.

v. 가르쳐서 길들이다, 양육히디, 영양물을 공급하다
There is not one single and proper way to **nurture** a child.
아이를 양육하는 데에는 한 가지 올바른 방법만 있는 것이 아니다.

36
play a role in

phr. ~에서 역할을 하다
Parents **play an important role in** their chlld's education.
부모는 자식의 교육에 중요한 역할을 한다.

 play an important role in ~에서 중요한 역할을 하다
play a double role in ~에서 1인 2역을 하다
play the leading part in ~에서 주역을 맡다

37
raise a child
동 bring up a child

phr. 아이를 키우다

In most societies women are generally better parents than men in **raising a child**.

대부분의 사회에서는 아이를 키우는 데 여성이 남성보다 일반적으로 더 좋은 부모이다.

38
relate
[riléit]
relate – related – related

관 n. relation 관계
n. relationship 관계
n. relative 친척
ad. relatively 상대적으로

v. 관련이 있다

A monthly salary is **related** to the level of educational background.

월급은 학력 수준과 관련이 있다.

39
relation
[riléiʃən]

관 v. relate 관련이 있다
n. relationship 관계
n. relative 친척
ad. relatively 상대적으로

n. 관계, 친척(UC)

Tommy is a **relation** by marriage.

토미와는 사돈지간이다.

문법 the relation between cause and effect 인과 관계
human relations 인간 관계

40
relationship
[riléiʃənʃip]

관 v. relate 관련이 있다
n. relation 관계
n. relative 친척
ad. relatively 상대적으로

n. 관계, 친척(UC)

I have a close **relationship** with my father.

나는 아버지와 가까운 사이이다.

문법 have a relationship with ~와 관계가 있다
a close(intimate) relationship 친밀한 관계
interpersonal relationships 대인 관계

※ relation VS relationship
relation은 넓은 의미의 '관계'라는 뜻으로 사물을 비롯한 모든 관계에 두루 사용이 되는 단어임에 반해, relationship은 사람들 사이의 관계 즉 친구 관계, 가족 관계, 연인 관계 등에 초점을 맞춘다.

41
relative
[rélətiv]

관 v. relate 관련이 있다
　　n. relation 관계
　　n. relationship 관계
　　ad. relatively 상대적으로

n. 친척
A neighbour living nearby is better than a distant **relative**.
가까운 이웃이 먼 친척보다 낫다.

 a near relative 가까운 친척
a distant relative 먼 친척

a. 상대적인
Price is **relative** to demand in the market.
시장에서 가격은 수요에 비례한다.

 relative deprivation 상대적 박탈감

42
relatively
[rélətivli]

동 comparatively

관 v. relate 관련이 있다
　　n. relation 관계
　　n. relationship 관계
　　n. relative 친척

ad. 상대석으로, 비교해시
South Korea has built a massive infrastructure in a **relatively** short period of time.
한국은 비교적 짧은 기간에 대규모 인프라를 구축해왔다.

43
resemblance
[rizémbləns]

관 v. resemble 닮다

n. 닮음, 유사(UC)
I bear a close **resemblance** to my father.
나는 아버지를 많이 닮았다.

 bear a resemblance to ~를 닮다
a close resemblance 매우 닮음
an uncanny resemblance 신기할 정도로 닮음

44
resemble
[rizémbl]
resemble – resembled
– resembled

동 be like, look like, be similar to

관 n. resemblance 닮음

v. 닮다, 공통점이 있다

We **resemble** each other physically.

우리는 신체적으로 많이 닮았다.

 resemble closely 많이 닮다
resemble slightly 약간 닮다

45
respect
[rispékt]
respect – respected
– respected

동 v. look up to

n. 존경

Kay is full of **respect** for his father.

케이는 아버지에 대한 존경심이 대단하다.

v. 존경하다

I **respect** my mother because she has brought me up well.

내가 어머니를 존경하는 이유는 어머니께서 나를 잘 키워주셨기 때문이다.

46
sibling
[síbliŋ]

n. 형제, 자매

I get along well with most of my **siblings** except my younger brother.

나는 남동생을 제외하곤 대부분의 형제들과 사이좋게 잘 지낸다.

 sibling rivalry 형제간의 경쟁

47
spend one's childhood

phr. 어린 시절을 보내다

I **spent my childhood** in the countryside.

나는 어린 시절을 시골에서 보냈다.

48
spoil a child

phr. 아이를 버릇없게 키우다

Teachers and parents should not be too permissive; otherwise they will **spoil the children**.

교사와 부모는 너무 관대해서는 안 된다. 그렇지 않으면 그들은 아이들을 버릇없게 키울 것이다.

 a spoiled child 버릇없는 아이

49
stability
[stəbíləti]
동 constancy
관 a. stable 안정된

n. 안정(UC)

Mutual communication between parents and children could contribute to peace and **stability** in the family.

부모와 자식 간의 소통은 가족의 평화와 안정에 기여할 수 있다.

 economic stability 경제 안정
emotional stability 정서적 안정
political stability 정치적 안정

50
stable
[stéibl]
동 balanced, firm, stabilised, steady
관 n. stability 안정

a. 안정된

Bella would prefer to get married and be in a **stable** relationship.

벨라는 결혼해서 안정된 관계를 갖길 원한다.

 a stable relationship 안정된 관계
stable upbringing 안정된 가정교육

51
teenager
[tíːnèidʒər]

n. 10대

The Internet has done more harm than good for **teenagers**.

인터넷은 10대들에게 이로운 점보다는 해로운 점이 더 많다.

a movie aimed at teenagers 10대를 겨냥한 영화
a rebellious teenager 반항적인 10대
an irresponsible teenager 무책임한 10대
※ teenager란 teen이 붙는 13살부터 19살까지의 청소년들을 말한다.

52
temper
[témpər]

n. 기분(UC)

Charles was in a bad **temper** this morning.

찰스는 오늘 아침 기분이 나빴다.

an even temper 침착한 성질
a hot temper 급한 성질
lose one's temper 화내다

53
ties
[táiz]
⑧ band, relation

n. 인연, 유대

My family members have developed very strong family **ties** that make us so close to each other.

우리 가족 구성원들은 매우 강한 가족간의 유대감을 키워 왔고 이는 서로를 매우 가깝게 만들어 준다.

family ties 가족간의 유대

54
upbringing
[ˈʌpbrɪŋɪŋ]

n. 가정교육, 양육(UC)
Melanie had a good **upbringing**.
멜라니는 가정교육을 잘 받았다.

a bad upbringing 잘못된 가정교육
a good upbringing 좋은 가정교육
a strict upbringing 엄한 가정교육

55
wash up
동 do the dishes,
   wash the dishes

phr. 설거지하다
People do not have to go to the trouble of **washing up** after having a dinner cooked in a microwave.
전자레인지로 요리한 저녁을 먹은 후에는 설거지를 하는 데 어려움을 겪을 필요가 없다.

3. Review

3-1) Match the English words to the Korean translations below.

1. a strict upbringing	a. 신기할 정도로 닮음
2. an uncanny resemblance	b. 입양아
3. nature and nurture	c. 엄한 가정교육
4. maternal instinct	d. 천성과 양육
5. an adopted child	e. 모성 본능

3-2) Complete the sentences using the list of words and phrases below.

1. In South Korea, the family _____ is very tight.
2. Cindy finally realised her _____ dream.
3. The families in rural areas are still _____ .
4. The _____ ensues when there is a lack of communication between parents and children.
5. The basic unit of the _____ is a husband, wife and unmarried children.

a. close-knit   b. bond   c. childhood   d. generation gap   e. nuclear family

Answers : 3-1) 1-c / 2-a / 3-d / 4-e / 5-b   3-2) 1-b / 2-c / 3-a / 4-d / 5-e

◀ 보이는 MP3

줄리정 불법 **IELTS VOCA**
Juli Jung's Immutable Law for IELTS Vocabulary

Day 2

Growing Up
성장

▶ MP3 다운 받는 법
- http://sunnysunday.co.kr (Sunny Sunday 출판사)접속 후 다운로드
- 콜롬북스(모바일 앱) : 모바일로 '콜롬북스' 앱을 다운 받은 후 '줄리정' 검색 후 VOCA 다운로드

1. Writing Task 2 빈출 문제

1. In the 21st century, the average life expectancy is increasing. What problems will this cause for individuals and society? Suggest some solutions that could be taken to reduce the effect of aging populations.
2. Some people say it is wrong that children have a part-time job. However, others consider it as valuable work experience. Discuss both sides and give your own opinion.
3. Some people insist that society should accept that children mature at a younger age these days and should adjust the legal age of voting and marriage accordingly. To what extent do you agree or disagree with this opinion?
4. Gifts such as a camera and a soccer ball can contribute to a child's development. What gifts would you give to help a child develop? Why do you think the gifts help a child develop?
5. Some people say that children should be made to obey rules while others think children who are controlled too much cannot be well-prepared for their adult life. Discuss both sides and give your own opinion.

1. 21세기 평균 기대수명은 증가하고 있다. 이러한 현상이 개인과 사회에 어떤 문제를 일으킬 수 있는가? 인구 노령화의 영향을 줄이기 위해서 취할 수 있는 해결책들을 제시하라.
2. 어떤 사람들은 아이들이 아르바이트를 하는 것이 잘못되었다고 말한다. 반면 이것을 가치 있는 경험이라고 생각하는 사람들도 있다. 양쪽의 견해를 논하고 당신의 주장을 제시하라.
3. 어떤 사람들은 사회가 요즘 아이들이 더 빨리 성숙해진다는 것을 인정하고 이에 따라 선거와 결혼에 대한 법적인 나이를 조정해야 한다고 주장한다. 당신은 이 의견에 얼마만큼 동의하는가? 또는 동의하지 않는가?
4. 카메라와 축구공 같은 선물들은 아이의 발달에 기여할 수 있다. 당신은 아이의 발달을 돕기 위해 어떤 선물들을 줄 것인가? 왜 이러한 선물들이 아이의 발달에 도움이 된다고 생각하는가?
5. 어떤 사람들은 반드시 아이들이 규칙에 따라야 한다고 말하지만, 과도한 통제를 받은 아이들은 성인으로서의 삶을 잘 준비할 수 없다고 말하는 사람들도 있다. 양쪽의 견해를 논하고 당신의 주장을 제시하라.

2. 불법 단어 및 구문

1
ability
[əbíləti]
동 capacity, capability, potential, competence, talent

n. 노력해서 얻은 능력(U), 타고난 재능(C)
The IELTS is a test designed to assess an applicant's English language **ability**.
아이엘츠는 응시생의 영어 능력을 평가하기 위해 만들어진 시험이다.

 display ability 능력을 발휘하다
a genuine(innate/natural) ability 타고난(천부적인) 재능

2
abstract
[ǽbstrækt]
동 notional, conceptual, theoretical

a. 추상적인
Happiness is too **abstract** to define and this feeling varies from person to person.
행복은 너무나 추상적이어서 정의할 수 없고, 이 감정은 사람마다 다르다.

 an abstract idea 추상적 개념

3
acquire
[əkwáiər]
acquire – acquired – acquired
동 obtain, gain, pick up, collect

v. 얻다, 배우다
If people do not speak English as their first language, they will need to **acquire** IELTS 6.0 or an equivalent qualification.
영어가 모국어가 아닌 사람들은, 아이엘츠 6.0 혹은 그와 동등한 자격을 얻어야 한다.

 acquire citizenship 시민권을 얻다
acquire immunity 면역력이 생기다
acquire confidence 자신감을 얻다
acquire a reputation 평판을 얻다, 명성을 쌓다

4
adolescent
[ǽdəlésnt]

n. 청소년

According to one survey, **adolescents** in South Korea spend about 2 hours watching TV per day.

한 조사에 따르면, 한국 청소년들은 매일 약 2시간씩 TV를 시청하는 데 시간을 보낸다.

a. 청소년의, 사춘기의, 미숙한

Thirty-two percent of **adolescent** girls believe that they are overweight.

사춘기 소녀의 32퍼센트가 스스로를 과체중이라고 생각한다.

5
average life expectancy

phr. 평균 기대수명

The increase of **average life expectancy** in rich countries could cause severe problems for both individuals and society.

선진국의 평균 기대수명 증가는 개인과 사회에 모두 심각한 문제를 발생시킬 수 있다.

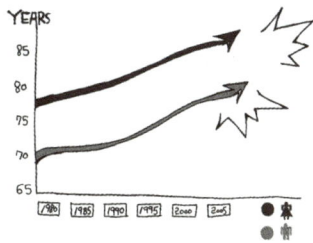

6
bear in mind
동 keep in mind

phr. 명심하다

It is essential for young students to **bear in mind** that bullying is not allowed in school.

어린 학생들은 학교에서 왕따가 금지되어 있다는 것을 반드시 명심해야 한다.

7
behaviour
[bihéivjər]

동 conduct, manner, act, action

n. 행동, 태도(U)

Nowadays, schools should carefully deal with severe problems with pupils' **behaviour**.

오늘날 학교들은 학생의 행동과 관련된 심각한 문제들을 신중하게 처리해야 한다.

 antisocial behaviour 반사회적 행동

※ behaviour와 conduct는 셀 수 없는 명사임에 반해 manner, act, action은 셀 수 있는 명사이다.

8
brain fog

phr. 머리 속이 안개같이 뿌연 상태

Brain fog is a common symptom for chronic fatigue syndrome patients.

머리 속이 안개같이 뿌연 상태는 만성피로후군 환자들의 일반적인 증상이다.

 ※ brain fog란 신경이나 인지적 문제로 인해 머리가 혼란스럽고 안개같이 뿌예서 분명하게 생각하거나 표현하지 못하는 상태를 말힌다.

9
broaden the/one's horizons

동 broaden the/one's mind
broaden the/one's view

phr. 시야를 넓히다

Travel is widely believed to **broaden travellers' horizons** and enrich their souls.

여행은 여행객들의 시야를 넓히고 그들의 영혼을 풍부하게 만든다고 여겨진다.

10
clumsy
[klʌ́mzi]

동 incompetent, awkward, unskilful

a. 서투른, 손재주가 없는

Although I always make an all-out effort in creating sculptures, I am **clumsy** with my hands.

나는 조각 작품들을 만드는데 항상 온 힘을 기울이지만, 손재주가 없다.

11
cognitive
[kágnitiv]

a. 인지의, 경험적 지식에 입각한

Cognitive development is the construction of thought processes and it plays an important role especially in childhood.

인지발달은 사고과정을 구축하는 것이며, 이는 특히 아동기에 중요한 역할을 한다.

12
concept
[kɔ́nsept]

n. 개념

Few abstract **concepts** are possible to put into words.

말로 표현할 수 있는 추상적인 개념은 거의 없다.

13
consequence
[kɔ́nsikwəns]

[동] result, outcome

n. 결과

Environmental damage is an inevitable **consequence** of the improvement in the standard of living.

환경파괴는 삶의 질 향상으로 인한 필연적인 결과이다.

 ※ as a consequence of VS in consequence
둘 다 '그 결과로'의 뜻이지만 as a consequence of 다음에는 명사나 구, in consequence 다음에는 주어와 동사가 있는 문장이 온다.

14
depend
[dipénd]
depend – depended – depended

[관] a. dependent 의존하는

v. 의지하다, 달려있다, 믿다

Therapy **depends** on the cause and severity of the insomnia.

불면증 치료는 불면증의 원인과 정도에 따라 달라진다.

 depend on 의지하다
depend on A for B B(사물)를 A(사람)에게 의존하다
※ depend는 주로 전치사 on과 함께 사용한다.

15
dependent
[dipéndənt]
반 independent 독립적인
관 v. depend 의지하다

a. 의존적인
We are becoming increasingly **dependent** on computers.
우리는 점점 더 컴퓨터에 의존하게 되고 있다.

 be dependent on ~에 의존하다, 의지하다
※ dependent는 주로 전치사 on과 함께 사용한다.

16
develop
[divéləp]
develop – developed – developed
관 n. development 발달

v. 발달하다, 발전하다
The most effective way to **develop** children mentally as well as physically is encouraging them to do more outdoor activities.
아이들을 육체적으로뿐만 아니라 정신적으로도 발달시키는 가장 효율적인 방법은 그들에게 좀 더 많은 야외활동을 권장하는 것이다.

 develop one's potential 잠재력을 개발하다
※ develop는 자동사로도 타동사로도 사용되는 것에 주의하자.

17
development
[divéləpmənt]
관 v. develop 발달하다

n. 발달, 발전(UC)
Climbing a mountain plays an important role in mental and physical **development**.
등산은 심신의 발달에 중요한 역할을 한다.

 a development aid 개발 원조
the latest medical developments 최신 의학의 발달

18
fond
[fɔnd]
동 affectionate, caring

a. 좋아하는, 다정한, 애정이 있는
Simon likes all the children in his class but is especially **fond** of Jenn.
사이먼은 학급의 모든 학생들을 좋아하지만, 특히 젠을 좋아한다.

 be fond of 특히 좋아하다

19
fully-grown

phr. 충분히 성장한, 성숙한

Fully-grown adult male and female ladybirds both have spots and look similar.

충분히 성장한 수컷과 암컷 무당벌레는 모두 반점이 있고 비슷하게 생겼다.

20
grow
[grou]
grow – grew – grown

동 mature, develop
관 n. growth 성장

v. 자라다, 성장하다

Some insist that it is better for young children to **grow** up in the countryside than in a big city.

어린 아이들이 대도시보다는 시골에서 자라는 것이 더 좋다고 주장하는 사람들도 있다.

grow apart 마음이 떠나다, 관계가 멀어지다
grow up 어른이 되다

21
growth
[grouθ]

동 maturation, development
관 v. grow 자라다

n. 성장, 발전(U)

The behaviour of adults plays a significant role in a child's **growth**.

어른들의 행동은 아이의 성장에 중요한 역할을 한다.

the growth of population 인구증가
growth hormone 성장 호르몬

22
height
[hait]

n. 키, 높이(U)

In Australia, people use centimetres to measure **height**, but many of them still use feet and inches to describe **height**.

호주에서는 사람들이 키를 잴 때 센티미터를 사용하지만, 그 중 많은 이들이 여전히 키를 논할 때 피트와 인치를 사용한다.

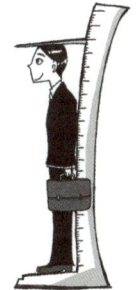

※ height는 일반적인 높이를 나타낼 때 사용하고, altitude는 계기로 관측하는 종류의 높이에 주로 사용한다.

23
image
[ímidʒ]
동 envisage
관 n. imagination 상상(력)
    v. imagine 상상하다

n. 이미지, 모양(UC)
In modern society, **image** serves as a more effective means of communication.
현대 사회에서 이미지는 좀 더 효과적인 의사소통 수단으로써 역할을 한다.

24
imagination
[imæ̀dʒənéiʃən]
동 creativity, mind's eye
관 n. image 이미지
    v. imagine 상상하다

n. 상상(력), 창의(력)(UC)
Imagination is much more essential than knowledge in childhood.
유년기에는 상상력이 지식보다 훨씬 더 중요하다.

 beyond all imagination 전혀 상상할 수 없는
stir one's imagination 상상력을 불러일으키다
lack imagination 상상력이 부족하다

25
imagine
[imǽdʒin]
imagine – imagined
– imagined
관 n. image 이미지
    n. imagination 상상(력)

v. 상상하다, 생각하다
It is difficult to **imagine** a world in which everyone is truly satisfied with their job.
모든 사람들이 그들의 직업에 진심으로 만족하는 세상을 상상하는 것은 어렵다.

 ※ imagine이 '생각하다'로 쓰일 때는 I think와 유사한 뜻이고, 보통 I가 주어로 온다.

26
imitate
[ímətèit]
imitate – imitated – imitated
동 copy, simulate, mimic
관 n. imitation 모방

v. 모방하다, 흉내 내다
Every act of violence in movies can cause children to **imitate** them in the real world.
영화에 나오는 모든 폭력행위들은 아이들이 현실세계에서 이를 모방하도록 야기할 수 있다.

27
imitation
[ìmətéiʃən]
관 v. imitate 모방하다

n. 모조품, 모방

Fundamentally, all activities of children in their early years are **imitations**.

근본적으로 어린 시절 아이들의 모든 활동은 모방이다.

 imitation flower 조화
imitation leather 인조가죽
learn by imitation 흉내로 배우다

28
immature
[ìmətjúər]
동 young
반 mature 성숙한

a. 미숙한, 미완성의

Children controlled too much by parents are usually psychologically **immature**.

부모에 의해 너무 많은 통제를 받는 아이들은 심리학적으로 보통 미성숙하다.

29
impediment
[impédəmənt]
동 handicap, hindrance

n. (기능, 발달상의) 장애

Mark had a speech **impediment** when he was a child but he has overcome it.

마크는 어릴 때 언어장애가 있었지만 이를 극복했다.

30
independent
[ìndipéndənt]
반 dependent 의존적인

a. 독립적인

Children who use the Internet to satisfy their curiosity about diverse topics are already becoming **independent** learners.

다양한 주제에 대한 호기심을 충족시키기 위해 인터넷을 사용하는 학생들은 이미 독립적인 학습자가 되어가고 있다.

31
irresponsibility
[ìrispɔnsəbíləti]
반 responsibility 책임
관 a. irresponsible 무책임한

n. 무책임(U)

Parental **irresponsibility** is likely to contribute to child obesity.

부모의 무책임이 아동 비만을 유발한다.

32
irresponsible
[ìrispɔ́nsəbl]

동 thoughtless, reckless, careless, unreliable

반 responsible 책임감 있는

a. 무책임한, 믿을 수 없는

Parents and governments should pay enough attention to children's spare time to prevent them from becoming an **irresponsible** adult.

부모와 정부는 아이들이 무책임한 어른으로 성장하는 것을 막기 위해서 그들의 여가시간에 대해 충분한 관심을 가져야 한다.

33
knowledge
[nɔ́lidʒ]

n. 지식(U)

Schools provide plenty of academic **knowledge** for students.

학교는 학생들에게 풍부한 학문적 지식을 제공한다.

 ※ knowledge는 셀 수 없는 명사임에 주의하자.

34
life span

동 lifetime

phr. 수명

The advances in medical sciences have increased the **life span** for humans.

의료 과학의 진보는 인간의 수명을 연장시켰다.

35
look back

phr. 뒤돌아보다, 회상하다

We tend to **look back** on our past when we face a severe problem in life.

우리는 인생에서 심각한 문제에 직면했을 때, 우리의 과거를 돌아보는 경향이 있다.

36
master
[mǽːstər]

master – mastered – mastered

v. 터득하다, 숙달하다

English seems to be a very difficult language for most non-English speakers to **master** in a short term.

영어는 대부분의 비영어권 사람들이 짧은 기간 안에 터득하기에는 매우 어려운 것 같다.

master a foreign(second) language 외국어를 터득하다
※ 아이엘츠 시험에서는 master가 주인이라는 명사보다는 '터득하다'라는 동사로 더욱 자주 사용된다.

37
mature
[mətjúə]
mature – matured – matured

반 immature 미성숙한
관 n. maturity 성숙

a. 완전히 성장한, 성숙한
She is very **mature** for her age.
그녀는 나이에 비해 매우 성숙하다.

v. 충분히 발달하다, 성숙하다
Governments should accept that children **mature** at a younger age nowadays and should adjust laws accordingly.
정부는 오늘날 아이들이 더 어린 나이에 성숙해진다는 사실을 받아들여 이에 따라 법을 조정해야 한다.

38
maturity
[mətjuárti]

반 immaturity 미성숙
관 a./v. mature 성숙한/성숙하다

n. 성숙(U)
Students living in halls of residence can develop their **maturity** and confidence.
기숙사에 사는 학생들은 성숙함과 자신감을 키울 수 있다.

39
milestone
[máilstòun]

n. 이정표, 획기적인 사건
Cooper's book has been a **milestone** in the field of English education.
쿠퍼의 책은 영어교육 분야에서 이정표로 여겨진다.

 set a milestone 대기록을 세우다
a milestone in someone's life 획기적인 사건, 중대 시점
※ milestone의 원래 뜻은 거리를 표시하는 이정표인데, 주로 인생에서 가장 중요한 사건이나 시점을 말할 때 쓰인다.

40
mind
[maind]
동 heart, soul, spirit

n. 마음, 정신(UC)
I am of sound **mind** and body and not under the influence of alcohol.
나는 심신이 모두 건강하고 알코올에 의존하지 않는다.

disorders of the mind 정신 장애
bear(keep) in mind 명심하다

41
patience
[péiʃəns]
동 endurance, perseverance
관 a. patient 인내심이 있는

n. 인내, 참을성(U)
People can improve their conversational skills with a little **patience** and practice.
사람들은 약간의 인내와 연습으로 대화기술을 향상시킬 수 있다.

have patience with 참을 수 있다
lose patience with 참을 수 없다

42
patient
[péiʃənt]
관 n. patience 인내

a. 인내심이 있는, 참을성 있는
Teachers should be **patient** with their children in the classroom.
교사들은 교실에서 아이들을 대할 때 인내심이 있어야 한다.

43
peer
[piər]

n. 또래, 동료
As children turn into teenagers, the **peer** group begins to play an increasingly important role in their life.
아이들이 10대로 접어들면서, 또래집단이 그들의 삶에 점점 더 중요한 역할을 하기 시작한다.

※ peer pressure는 '동년배들의 압력'이란 뜻으로 자신이 하고 싶지 않은 일들을 또래집단에 의해서 하게 되는 것을 말한다. 예를 들면 같은 또래집단의 행동이나 패션 등을 어쩔 수 없이 따라 하게 되는 것을 peer pressure라고 할 수 있다.

44
period
[píːəriəd]

n. 기간, 시기

My childhood was an important **period** of my life.

어린 시절은 내 인생에서 중대한 시기였다.

a transition period 과도기
for a short period 짧은 기간 동안
for a long period 오랜 기간 동안

45
phase
[feiz]

동 stage

n. 단계, 국면, 시기

I would like to start a new and exciting **phase** of my life in the UK.

나는 내 인생의 새롭고 흥미로운 시기를 영국에서 시작하고 싶다.

an early phase 초기 단계
a crucial phase 중요한 국면
enter on a new phase 새로운 국면에 접어들다

46
rate
[reit]

n. 비율, 요금, 속도

The city where I live will be much smaller than now because the birth **rate** is declining considerably.

내가 사는 도시는 심각한 출생률 감소 때문에 지금보다 훨씬 더 작아질 것이다. (비율이라는 뜻으로 사용된 경우)

※ rate는 비율, 요금, 속도, 세 가지 뜻으로 고르게 쓰인다.
1. 비율 (proportion, ratio)
   interest rates 이자율
2. 요금 (fee, charge)
   parking rates 주차비
3. 속도 (speed, pace)
   at an alarming rate 급속도로

47
rebellion
[ribéljən]

관 a. rebellious 반항적인

n. 반항(U)

Teenage **rebellion** plays an essential part in adolescent growth.

10대의 반항은 청소년기 성장에 중요한 역할을 한다.

48
rebellious
[ribéljəs]

동 malcontent

관 n. rebellion 반항

a. 반항적인

Most teens in modern society are **rebellious**, self-absorbed and moody.

현대 사회에서 10대들은 대부분 반항적이고, 자기 중심적이며 변덕스럽다.

 rebellious teenagers 반항적인 10대들
rebellious behaviours 반항적인 행동들

49
remember
[rimémbər]
remember – remembered – remembered

동 retrieve, recall, recollect
반 forget 잊다

v. 기억하다

Some people try to **remember** only happy events rather than bad ones.

어떤 사람들은 나쁜 일보다는 행복한 일들만 기억하려고 애쓴다.

50
remind
[rimáind]
remind – reminded – reminded

관 n. reminder 독촉장

v. 생각나게 하다, (기억하도록) 다시 한 번 말해 주다

It **reminds** me of the places we used to go.

이곳은 나에게 우리가 예전에 가던 장소들을 생각나게 한다.

 remind A of B A에게 B를 생각나게 하다

51
reminder
[rimáindər]

관 v. remind 생각나게 하다

n. 독촉장

The library sent him a **reminder** about the overdue book by e-mail.

도서관측이 그에게 연체 도서 반납 독촉장을 이메일로 보냈다.

52 reminisce
[rèmənís]
reminisce – reminisced – reminisced

v. 즐겁게 회상하다

This party gave alumni the opportunity to meet each other, network and **reminisce** about their time at the University of Westminster.

이 파티는 동창생들이 서로 만나 네트워크를 맺고 그들의 웨스트민스터 대학 시절을 즐겁게 회상하는 기회를 주었다.

53 responsibility
[rispɔ̀nsəbíləti]
동 duty, obligation
반 irresponsibility 무책임
관 a. responsible 책임이 있는

n. 책임(UC)

It is the **responsibility** of parents to teach their children how to become good members of society.

아이들에게 좋은 사회의 구성원이 되는 방법을 가르치는 것은 부모의 책임이다.

 take full responsibility for 전적으로 책임지다
have a strong sense of responsibility 책임감이 강하다

54 responsible
[rispɔ́nsəbl]
반 irresponsible 무책임한
관 n. responsibility 책임

a. 책임이 있는

Parents should be **responsible** for raising and teaching their children until they are fully grown.

부모들은 아이들이 완전히 성장할 때까지 키우고 가르칠 의무가 있다.

 be responsible for + 명사 / to + 동사원형 ~에 책임이 있다

55 social skills
동 interpersonal skills

phr. 사회성, 사교 기술

Social skills play an important role along with university qualifications to help us survive in this highly competitive world.

대학졸업장과 함께 사교 기술은 우리가 이 치열한 경쟁 세계에서 살아남는데 중요한 역할을 한다.

 ※ social skills 주로 복수 형태로 쓴다.

56
stage
[steidʒ]
동 phase, degree, level, point

n. 단계
There are a number of **stages** in the process of becoming a doctor.
의사가 되기 위한 과정에는 많은 단계들이 있다.

57
throw a tantrum

phr. 짜증내다, 떼를 쓰다
Some children have not developed patience and often **throw a tantrum**.
어떤 아이들은 참을성이 발달되지 못해서 종종 짜증을 낸다.

58
tolerance
[tɔ́lərəns]
반 intolerance 견딜 수 없음
관 a. tolerant 관대한

n. 관용, 인내
Host countries should show some openness and **tolerance** towards a visitor's behaviour being different from local culture.
개최국들은 현지 문화와는 다른 방문객들의 행동에 대해 어느 정도 개방성과 관용을 보여줘야 한다.

n. 내성(UC)
Abuse of diet pills can also cause **tolerance** to diet medication.
다이어트 약 남용은 다이어트 약물에 대한 내성을 야기할 수 있다.

59
tolerant
[tɔ́lərənt]
반 intolerant 견딜 수 없는
관 n. tolerance 관대함

a. 관대한, 너그러운
I admire my mother who is always **tolerant** and affectionate.
나는 늘 너그럽고 정다운 우리 어머니를 존경한다.

a. 내성이 있는, 저항력이 있는
Generally plants can be divided into two groups: shade-**tolerant** species and shade-intolerant species.
일반적으로 식물들은 음수(그늘에서 잘 자라는 종)와 양수(햇빛에서 잘 자라는 종)라는 두 그룹으로 나뉜다.

60
transition
[trænsíʃn]

n. 과도기(UC)

In the **transition** to adolescence, young people usually experience intense and uneven physical and emotional changes.

청소년기로 넘어가는 과도기에 있는 젊은이들은 보통 격렬하고 불규칙적인 신체적, 정서적 변화를 겪는다.

61
visualise
[víʒuəlàiz]
visualise – visualised – visualised

동 picture, image
관 a. visual 시각의

v. 시각화하다, 마음속에 떠올리다

Learning how to **visualise** is an important step in getting what people want in their life.

시각화하는 방법을 배우는 것은 사람들이 인생에서 원하는 것을 얻는 데 중요한 단계이다.

3. Review

3-1) Match the English words to the Korean translations below.

1. rebellious teenagers	a. 중요한 국면
2. a crucial phase	b. 반항적인 10대들
3. bear(keep) in mind	c. 명심하다
4. learn by imitation	d. 흉내로 배우다
5. develop one's potential	e. 잠재력을 개발하다

3-2) Complete the sentences using the list of words and phrases below.

1. Nowadays, schools should carefully deal with severe problems with pupil's _____ .
2. _____ is a common symptom for chronic fatigue syndrome patients.
3. Few abstract _____ are available to put into words.
4. In modern society, _____ serves as a more effective means of communication.
5. She is very _____ for her age.

| a. behaviour | b. image | c. concepts | d. mature | e. brain fog |

◀ 보이는 MP3

줄리정 불법 **IELTS VOCA**
Juli Jung's Immutable Law for IELTS Vocabulary

Day 3

Health & Food
건강과 음식

▶ MP3 다운 받는 법
- http://sunnysunday.co.kr (Sunny Sunday 출판사)접속 후 다운로드
- 콜롬북스(모바일 앱) : 모바일로 '콜롬북스' 앱을 다운 받은 후 '줄리정' 검색 후 'VOCA' 다운로드

1. Writing Task 2 빈출 문제

1. In modern society traditional food is being replaced by fast food. This trend has a negative impact on both individuals and society. Do you agree or disagree with this statement?
2. Although people's weight is increasing, their level of health is decreasing. What do you think the reasons are? What can you suggest as a solution?
3. A well-balanced diet is the key to a healthy life. Do you agree or disagree with this statement?
4. Childhood obesity is becoming a serious problem in many countries. Explain the main causes and effects of this problem, and suggest some possible solutions.
5. Some people think that to spend public money on preventing illness is more important than to spend it on treating people who are already ill. To what extent do you agree or disagree with this opinion?

1. 현대 사회에서 전통 음식은 패스트푸드에 의해 대체되고 있다. 이러한 경향은 개인과 사회에 모두 부정적인 영향을 미친다. 당신은 이 말에 동의하는가? 또는 동의하지 않는가?
2. 사람들의 몸무게는 증가하고 있지만 그들의 건강 상태는 나빠지고 있다. 원인들은 무엇이라고 생각하는가? 해결책으로 무엇을 제시할 수 있는가?
3. 균형이 잘 잡힌 식단은 건강한 삶의 비결이다. 당신은 이 말에 동의하는가? 또는 동의하지 않는가?
4. 많은 나라에서 아동 비만은 심각한 문제가 되고 있다. 이 문제의 주된 원인과 영향을 설명하고 가능한 해결책을 제시하라.
5. 어떤 사람들은 이미 병든 사람들을 치료하는데 공공 자금을 쓰는 것보다는 질병을 예방하는 데 공공 자금을 쓰는 것이 더 중요하다고 생각한다. 당신은 이 의견에 얼마만큼 동의하는가? 또는 동의하지 않는가?

2. 불법 단어 및 구문

1
acute
[əkjúːt]
반 chronic 만성인

a. 급성의, 예리한
Severe **Acute** Respiratory Syndrome(SARS) killed a number of people last year.
지난해 중증 급성 호흡기 증후군(사스)으로 많은 사람들이 사망했다.

2
aggravate
[ǽgrəvèit]
aggravate – aggravated – aggravated
동 exacerbate, worsen

v. (증상을) 악화시키다
Stress **aggravates** any illness people suffer from.
스트레스는 사람들이 앓고 있는 어떠한 병이든 악화시킨다.

3
airsick
[éəsìk]

a. 비행기 멀미가 난
I usually get **airsick** so I tend to take medicine to sleep right after boarding.
나는 평소 비행기 멀미가 나서 탑승 직후 잠을 자기 위해 약을 먹곤 한다.

4
allergic
[ələ́ːrdʒik]
관 n. allergy 알레르기

a. 알레르기의, 알레르기 체질인
I am **allergic** to pollen and cats' fur.
나는 꽃가루와 고양이 털에 알레르기가 있다.

5
allergy
[ǽlərdʒi]
관 a. allergic 알레르기의

n. 알레르기
Itchy eyes, coughing, and difficulty breathing are common symptoms of **allergies**.
눈 가려움, 기침 그리고 호흡곤란은 알레르기의 일반적 증상이다.

6
anxiety
[æŋzáiəti]
동 anxiousness

n. 불안(감)(U)

Doing yoga is helpful in lessening the level of **anxiety**.

요가를 하는 것은 불안감을 낮추는데 도움이 된다.

7
appetite
[ǽpətàit]

n. 식욕(UC)

Artificial flavours can boost people's **appetites** and make them eat more.

인공 조미료는 사람들의 식욕을 증진시키고 그들을 더 많이 먹게 만든다.

> **용법**
> have a good appetite 식욕이 있다
> have no appetite 식욕이 전혀 없다
> A good appetite is the best sauce. 시장이 반찬이다.

8
artery
[ά:rtəri]

n. 동맥

Eating a lot of red meat everyday may clog people's **arteries** and make them obese.

붉은 고기를 매일 많이 먹으면 동맥이 막히고 비만이 될 수 있다.

9
artificial flavours

phr. 인공 조미료

I buy snacks with no **artificial flavours** for my children's health.

나는 아이들의 건강을 위해 인공 조미료가 첨가되지 않은 과자를 산다.

10
asset
[ǽset]

n. 자산, 재산

Health is the most important **asset** in people's lives.

건강은 인생에서 가장 중요한 자산이다.

11
avoid
[əvɔ́id]
avoid – avoided – avoided

v. 피하다

Overweight people should **avoid** taking carbohydrates and sugar in their diet.

과체중인 사람들은 탄수화물과 당 섭취를 피해야 한다.

※ avoid 다음에는 ~ing형의 동명사를 사용하는 것에 주의하자.
avoid to do라고 to부정사를 쓰지 않는다.

12
backache
[bǽkèik]

n. 요통

Persistent stress could result in a weaker immune system and frequent headaches and **backaches**.

지속적인 스트레스는 면역체계 약화, 빈번한 두통 그리고 요통을 야기한다.

13
beneficial
[bènəfíʃəl]

[동] advantageous

[반] harmful 해로운

[관] n./v. benefit
이득/이득이 되다

a. 이로운, 유익한

Genetically modified foods are **beneficial** in solving the food shortage.

유전자 변형 음식들은 식량난을 해결하는 데 이롭다.

14
benefit
[bénəfit]
benefit – benefited – benefited

[동] advantage

[반] harm 해, 손해

[관] a. beneficial 이로운

n. 이득(UC)

People who are overweight can reap considerable health **benefits** from losing weight through regular exercise.

과체중인 사람들은 규칙적인 운동을 통한 체중감량으로 건강에 상당한 이득을 얻을 수 있다.

v. 이득이 되다

Eating enough fruits and vegetables can **benefit** our health.

충분한 과일과 채소 섭취는 건강에 이득이 된다.

15 blurred
[blə:rd]

a. (시야가) 흐릿한, 뿌연

Sometimes my vision is **blurred** after using computers for a long time.

가끔 나는 장시간 컴퓨터를 사용하고 나면 시야가 흐릿해진다.

16 brisk
[brisk]

a. 활발한, 활기찬

A daily **brisk** walk of about 30 minutes helps the heart and lungs to be healthier.

매일 30분 정도 활기차게 걷는 것은 심장과 폐를 더욱 건강하게 하는 데 도움이 된다.

17 cancer
[kǽnsər]

n. 암(UC)

It is true that smoking is strongly associated with lung **cancer**.

담배를 피우는 것이 폐암과 밀접한 관련이 있다는 것은 사실이다.

18 carsick
[ká:rsik]

a. 차멀미를 하는

When I was little, I used to take pills for being **carsick**.

어릴 때 나는 차멀미를 해서 약을 먹곤 했다.

19 choke
[tʃouk]
choke – choked – choked

v. 질식시키다, 숨이 막히다

This first aid course focuses on responding appropriately to typical medical emergencies such as heart attacks, bleeding and **choking**.

이 응급조치 코스는 심장마비, 출혈 그리고 질식 같은 전형적인 응급상황들에 적절하게 대처하는데 초점을 둔다.

20
chronic
[krɑ́nik]
[반] acute 급성의

a. 만성인

In modern society, people are more likely to get some **chronic** diseases due to the increasing average weight.

현대 사회에서 사람들은 평균 체중 증가로 인해 만성질환에 걸릴 가능성이 더 높다.

 chronic fatigue syndrome 만성 피로 증후군

21
consult a doctor
[동] see a doctor

phr. 의사에게 진찰받다

I need to **consult a doctor** who specialises in sleep disorders.

나는 수면장애 전문의사에게 진찰을 받아야 한다.

22
counteract
[kàuntərǽkt]
counteract – counteracted – counteracted

v. 반대로 작용하다, 방해하다, 대응하다

Taking herbal medicine may **counteract** alcohol intoxication.

한약을 복용하면 술에 취하지 않을지도 모른다.

 counteract the effects of a medicine 약의 효력을 없애다

23
curb
[kəːrb]
curb – curbed – curbed
[동] suppress, stop, control

v. 억제하다, 제한하다

Curbing food cravings is important in keeping fit.

음식에 대한 지나친 욕구를 억제하는 것은 건강을 유지하는데 중요하다.

24
cure
[kjuər]
cure – cured – cured
[동] heal, remedy

v. 치료하다

Lung cancer is a chronic disease and is hard to **cure**.

폐암은 만성질환이고 치료하기 어렵다.

※ 치료하다의 뜻을 가진 비슷한 동사들의 뜻을 구분해 보자.
1. cure 병을 치료하다
2. heal 상처를 낫게 하다
3. remedy 병이나 상처를 치료하다

25 dehydration
[dìːhaidréiʃən]

n. 탈수증

Dehydration among young children could be a great danger.

어린 아이들에게 탈수증은 커다란 위험이 될 수 있다.

26 depression
[dipréʃən]

n. 우울증(UC)

Levels of **depression** and anti-social behaviour in teenagers have increased remarkably in recent times.

최근 10대의 우울증과 반사회적 행동 수위는 눈에 띄게 증가했다.

27 diagnosis
[dàiəgnóusis]

n. 진찰, 진단(UC)

Medical history and lifestyle are the basic factors in the processing of a **diagnosis**.

의료기록과 생활방식은 진찰과정의 기본 요소이다.

28 diet
[dáiət]

관 n. dietician 영양사

n. 식단, 식이요법

A well-balanced **diet** is important to children because it provides them with enough energy and nutrition for growth and development.

균형 잡힌 식단은 아이들에게 중요한데 이것은 아이들의 성장과 발달에 충분한 에너지와 영양소를 제공하기 때문이다.

 an unbalanced diet 편식
go on a strict diet 혹독한 다이어트를 하다

29
dietician
[dàiətíʃən]
동 nutritionist
관 n. diet 식이요법

n. 영양사

Dieticians play an important role in encouraging to maintain a healthy lifestyle and providing impartial nutritional advice.

영양사는 건강한 생활방식을 유지하는 것을 돕고 고른 영양 섭취에 대한 조언을 제공하는 데 중요한 역할을 한다.

30
diminish
[dimíniʃ]
diminish – diminished – diminished

v. 약해지다, 약화시키다

Labourers working at night are easily affected by chronic sleep disorders that can significantly **diminish** health.

밤에 일하는 근로자들은 건강 상태를 현저하게 약화시키는 만성적인 불면증에 시달리기 쉽다.

31
disease
[dizí:z]

n. 병(UC)

A large number of patients in underdeveloped countries are suffering from deaths caused by lack of medication rather than fatal **diseases**.

후진국에서는 수많은 환자들이 치명적인 질병보다는 의약품 부족으로 인해 죽어간다.

a fatal(deadly) disease 치명적 질병
heart disease 심장병
prevent (a) disease 병을 예방하다

※ disease VS illness
illness도 병이라는 단어이지만, disease와 구분해서 사용해야 한다. illness는 병의 기간과 상태에, disease는 그 원인에 초점을 둔다. 전염되거나, 걸리거나, 의학의 연구 대상이 되는 것은 illness가 아니라 disease이다.

32
disrupt
[disrʌpt]
disrupt – disrupted
– disrupted

v. 방해하다, 지장을 주다

Eating too much at once could **disrupt** all metabolic pathways.

한꺼번에 너무 많이 먹는 것은 모든 신진대사 흐름에 지장을 줄 수 있다.

33
disorder
[disɔ́:rdər]

n. 이상, 장애(UC)

Children with Attention Deficit Hyperactivity **Disorder**(ADHD) have difficulty in controlling their attention and activity.

주의력 결핍 과잉행동장애가 있는 아이들은 집중력과 활동을 조절하는 데 어려움을 겪는다.

eating disorder 식이 장애
speech disorder 언어 장애
panic disorder 공황 장애

※ ADHD : Attention Deficit Hyperactivity Disorder
주의력 결핍 과잉행동장애란, 주의력결핍과 과잉행동, 공격적 행동, 과잉 행동 등의 특성을 보이는 질환으로 학령기 및 학령 전기 아동에게 흔히 발생하며, 이로 인해 정상적인 학교생활과 가정생활에 지장을 초래할 수 있다.

34
dizzy
[dízi]

a. 현기증이 나는

Watching 3 dimensional images for a long time could make viewers feel **dizzy**.

오랫동안 3D 영상을 보면 현기증이 날 수 있다.

35
dose
[dous]

n. 1회 복용량, 용량

People who do not eat enough fruits and vegetables need to take a supplement of vitamin C to achieve the recommended daily **dose** of 500 milligrams.

과일과 야채를 충분히 먹지 않는 사람들은 하루 권장량 500mg을 달성하기 위해 비타민 C 보충제를 먹어야 한다.

36
eliminate
[ilímənèit]
eliminate – eliminated
– eliminated

v. 제거하다, 없애다

Taking a vitamin C pill every day helps to **eliminate** toxins in the body.

매일 비타민 C를 섭취하는 것은 몸의 독소를 제거하는데 도움이 된다.

37
exercise
[éksərsàiz]
exercise – exercised
– exercised

[동] n. workout
v. work out

n. 운동(UC)

I do not have much time to do regular **exercise** because of my heavy assignments.

나는 과제가 많아서 규칙적으로 운동할 시간이 많지 않다.

 indoor and outdoor exercise 실내외 운동

v. 운동하다

There is a tendency for women not to **exercise** as much as men.

여성은 남성만큼 운동을 하지 않는 경향이 있다.

 ※ 운동하다라는 의미로 take exercise 보다는 do exercise나 work out 이라는 표현을 더 자주 사용한다.

38
fast food

phr. 패스트푸드

Fast food like hamburgers and chips makes consumers get fatter.

햄버거와 감자칩 같은 패스트푸드는 소비자들을 더욱 뚱뚱하게 만든다.

 ※ 모든 패스트푸드가 건강에 해롭다고 말할 수는 없지만, 아이엘츠 토픽에서는 패스트푸드가 부정적인 의미로 사용된다. 패스트푸드와 같이 조리가 간편하고 빨리 먹을 수 있는 음식이라는 뜻의 단어로는 junk food, processed food, ready-to-eat food, instant food, convenience store food 등이 있다.

39
fat
[fæt]

a. 살찐, 뚱뚱한

I do not think he is **fat** and ugly.

나는 그가 뚱뚱하고 못생겼다고 생각하지 않는다.

n. 지방(U)

We urgently need to impose a **fat** tax to make people healthier.

사람들을 더욱 건강하게 만들기 위해서 조속히 지방세를 부과해야 한다.

40
food additives

phr. 식품 첨가물

Most **food additives** prevent people from eating healthy food.

대부분의 식품 첨가물들은 사람들이 건강한 음식을 섭취하는 것을 방해한다.

41
food cravings

phr. 음식에 대한 지나친 갈망, 욕구

Overweight people should make an effort to cope with **food cravings** in order to keep losing weight.

과체중인 사람들이 몸무게를 지속적으로 줄이기 위해서는 음식에 대한 지나친 욕구를 해결하는 데 노력을 기울여야 한다.

※ food cravings는 배가 고프지 않아도 특정한 음식을 먹고 싶어하는 강렬한 욕구를 의미한다.

42
food poisoning

phr. 식중독

Hygienic packing can minimise **food poisoning**.

위생 포장은 식중독을 최소화할 수 있다.

43
general practitioner = GP

phr. (전문의가 아닌) 일반의, 동네 병원 의사

People should make an appointment to see a **general practitioner**.

일반의에게 진찰 받기 위해서는 예약을 해야 한다.

 ※ 영국의 복지정책 중 가장 유명한 것이 바로 의료정책이다. 영국에 거주하는 모든 사람들에게 무상으로 의료 서비스가 제공되며, 유학생들도 혜택을 받을 수 있다. 이러한 혜택을 받기 위해서는 거주지와 가까운 GP를 찾아가서 등록하면 된다.

44
gym = gymnasium
[dʒim]

동 fitness centre, health club

n. 헬스클럽, gymnasium의 줄임말

I keep in shape by swimming or going to the **gym**.

나는 수영을 하거나 헬스클럽에서 운동하면서 건강을 유지한다.

 ※ 우리는 보통 헬스클럽이라고 하지만 영국 사람들은 health club보다는 gym 혹은 fitness centre라는 단어를 더 많이 쓴다.

45
harm
[haːrm]
harm – harmed – harmed

관 a. harmful 해로운

n. 해, 손해(U)

Second-hand cigarette smoke does more **harm** to non-smokers than to smokers.

간접흡연은 흡연자보다 비흡연자에게 더 많은 해를 끼친다.

v. 해치다, 손상하다

Some insist that extreme sports might **harm** people's health and even threaten their lives.

어떤 사람들은 익스트림 스포츠가 사람들의 건강을 해치고 목숨까지도 위협할 수 있다고 주장한다.

46
harmful
[hάːrmfəl]

관 n./v. harm 해/해치다

a. 해로운, 유해한

Too much fast food and too little exercise can be **harmful** for the heart.

패스트푸드를 너무 많이 먹고 운동을 거의 하지 않으면 심장에 해로울 수 있다.

47
health
[helθ]

관 a. healthy 건강한

n. 건강(U)

The costs of medical **health** care are increasing all the time.

건강관리에 드는 비용은 항상 증가하고 있다.

recover one's health 건강을 되찾다
lose one's health 건강을 잃다
mental and physical health 정신적, 육체적 건강

48
healthy
[hélθi]

관 n. health 건강

a. 건강한

I do regular exercise to stay **healthy**.

나는 건강을 유지하기 위해 규칙적인 운동을 한다.

※ 많은 한국 학생들이 health와 healthy를 혼동해서 사용한다. health는 명사, healthy는 형용사인 것에 다시 한 번 주의하자.

49
infect
[infékt]

infect – infected – infected

관 n. infection 감염

v. 감염시키다, 전염되다

If bird flu **infects** humans, it can cause fatal diseases.

조류독감이 인간에게 전염되면, 치명적 질병이 발생할 수 있다.

50
infection
[infékʃən]

관 v. infect 감염시키다

n. 감염, 전염

Lack of sleep can undermine the functioning of the immune system, so sufferers are usually vulnerable to **infection**.

수면부족은 면역계의 기능을 약화시킬 수 있기 때문에 이러한 증상을 겪는 사람들은 일반적으로 감염에 취약하다.

51
ingredients
[ingríːdiənts]

n. 성분, 재료

Most fast food restaurants sell tasty food to attract children but these foods contain **ingredients** that are high in calories, cholesterol and fat.

대부분의 패스트푸드 레스토랑은 아이들을 사로잡기 위해 맛있는 음식을 팔고 있지만, 이러한 음식에는 칼로리, 콜레스테롤, 지방 함량이 높은 재료들이 포함되어 있다.

52
insomnia
[insɔ́mniə]
동 sleep disorder

n. 불면증(U)

As sleeping patterns change with age, people over 60 are likely to suffer from **insomnia**.

나이에 따라 수면패턴이 변하면서, 60이 넘은 사람들은 불면증에 걸릴 가능성이 있다.

 suffer from insomnia 불면증에 걸리다

53
intake
[ínteik]

n. 섭취, 섭취량

To lose weight, total fat **intake** should not exceed 20 percent of calorie consumption.

살을 빼기 위해서는 총 지방 섭취량이 칼로리 섭취의 20퍼센트를 초과해서는 안 된다.

 an adequate intake of vitamins 비타민 적정량 섭취
reduce fat intake 지방 섭취량을 줄이다
※ intake는 주로 단수형으로 사용된다.

54
irregular
[irégjulər]
반 regular 규칙적인

a. 불규칙한

An **irregular** eating pattern is a cause of gaining weight.

불규칙한 식습관은 체중 증가의 원인이다.

55
maintain
[meintéin]
maintain – maintained
– maintained

v. 유지하다

Human beings can **maintain** good health without meat intake because they can get all the nutrients they need from vegetables.

인간이 고기를 먹지 않아도 좋은 건강 상태를 유지할 수 있는 이유는 필요한 모든 영양소를 채소에서 얻을 수 있기 때문이다.

※ maintain은 '주장하다'라는 뜻으로도 종종 사용된다.
I maintain that doing exercise regularly is the key to longevity.
나는 규칙적으로 운동을 하는 것이 장수의 비결이라고 주장한다.

56
medical tourism

phr. 의료 관광

One of the major benefits of **medical tourism** is its affordable cost.

의료 관광의 주요 이점 중 하나는 저렴한 비용이다.

57
MSG
= monosodium glutamate

phr. MSG, 화학 조미료

MSG, known as food seasoning, negatively affects our health mentally as well as physically.

식품 조미료로 알려진 MSG는 신체적 건강뿐만 아니라 정신적인 건강에도 부정적인 영향을 끼친다.

58
muscle
[mʌ́sl]

n. 근육(UC)

Walking 30 minutes a day is the best way to lose weight and build **muscles**.

하루에 30분씩 걷는 것은 살을 빼고 근육을 키우는데 가장 좋은 방법이다.

muscle pain 근육통
build muscle 근육을 만들다

59
nutrient
[njúːtriənt]

n. 영양소, 영양제

Smoking can deplete essential **nutrients** in our body.

흡연은 우리 몸의 필수 영양소를 격감시킬 수 있다.

60
nutrition
[njuːtríʃən]

n. 영양, 영양상태(U)

It is very important for pregnant women to get adequate **nutrition**.

적절한 영양 섭취는 임산부에게 매우 중요하다.

※ nutrition VS nutrient
nutrition은 셀 수 없는 명사로, 영양을 의미하고 nutrient는 셀 수 있는 명사로 영양소라는 뜻을 지닌다. 개념적으로 보면 nutrition이 nutrient보다 좀 더 큰 의미의 상위개념을 가진 단어이다.

61
obese
[oubíːs]

관 n. obesity 비만

a. (병적으로) 비만인

Obese people tend to enjoy inactive hobbies like watching TV or playing computer games.

비만인 사람들은 TV를 보거나 컴퓨터 게임을 하는 등 정적인 취미를 즐기는 경향이 있다.

62
obesity
[oubíːsəti]

관 a. obese 비만인

n. 비만(U)

The rise in child **obesity** could be attributed to the increased consumption of fast food.

아동 비만이 증가한 것은 패스트푸드 소비가 증가한 것 때문일 수 있다.

※ BMI(Body Mass Index, 체질량 지수)에 기준해서 우리 몸의 상태를 다음과 같은 4가지로 나눌 수 있다.
1. underweight(저체중) = 18.5 이하
2. normal weight(표준체중) = 18.5 ~ 24.9
3. overweight(과체중) = 25 ~ 29.9
4. obesity(비만) = 30 이상

63
onset
[ɔ́nsèt]

n. 발병

Flu has a slow **onset** with fevers, headaches and muscular pains.

독감은 열, 두통, 근육통을 동반하여 서서히 발병한다.

 ※ onset의 원래 의미는 불쾌한 일의 시작을 의미한다. 따라서 질병과 관련된 문장에서는 '발병'이라는 의미로 이해하면 자연스럽다.

64
organic foods

phr. 유기농 식품

There is no evidence that **organic foods** are actually more nutritious than conventionally grown food.

유기농 식품이 전통적으로 재배된 식품보다 실제로 영양가가 더 높다는 증거는 없다.

65
overdo
[òuvərdúː]
overdo – overdid
– overdone

v. 지나치게 ~ 하다

Overdoing exercise or wearing the wrong shoes could damage the joints.

운동을 지나치게 하거나 잘못된 신발을 신는 것은 관절에 손상을 입힐 수 있다.

66
overeat
[òuvəríːt]
overeat – overate
– overeaten

v. 과식하다

The main causes of obesity are **overeating** and lack of exercise.

비만의 주된 원인은 과식과 운동 부족이다.

67
overweight
[òuvərwéit]

n. 과체중(U)

A lack of physical activity has resulted in children becoming **overweight**.

신체 활동 부족으로 아이들은 점점 더 과체중이 되어간다.

 ※ '~을 능가하다'라는 뜻의 outweigh와 혼동하지 말자.

68
persistent
[pərsístənt]

a. 지속하는

I could not sleep well last night due to my **persistent** back pain.

어제 밤 나는 지속적인 요통 때문에 잠을 잘 못 잤다.

69
pharmaceutical
[fɑ̀ːrməsjúːtikəl]

a. 제약의, 약학의

Global **pharmaceutical** companies should have social and moral responsibilities.

세계적인 제약회사들은 사회적, 도덕적 책임감을 가져야 한다.

 pharmaceuticals 제약회사

70
placebo
[pləsíːbou]

n. 가짜 약, 위약

Placebos are effective in a quarter of patients.

위약은 4분의 1의 환자들에게 효과적이다.

 placebo effect 플라시보 효과(진짜로 위장한 가짜 약 즉, 위약을 복용해서 실제 치료 효과를 보는 것.)

71
portion
[pɔ́ːrʃən]
동 serving

n. 1인분, 몫, 양

Eating small **portions** is the key to a successful diet.

적은 양을 먹는 것이 성공적인 다이어트의 열쇠이다.

72
prescription
[priskrípʃən]
관 v. prescribe 처방하다

n. 처방전

The doctor wrote Jennifer a **prescription** to help lessen her stomachache.

의사는 제니퍼에게 위통 완화에 도움이 되는 처방전을 써 주었다.

73
preservative
[prizə́ːrvətiv]

관 v. preserve 보존하다
　　n. preservation 보존

n. 방부제(UC)

I try to avoid eating processed food containing artificial **preservatives**.

나는 인공 방부제가 함유된 음식을 먹는 것을 피하려고 한다.

 ※ preservative는 형용사처럼 보이지만, 방부제라는 뜻의 명사인 것에 주의하자.

74
preserve
[prizə́ːrv]
preserve – preserved – preserved

동 conserve

관 n. preservative 방부제
　　n. preservation 보존

v. 보존하다

Using dry ice to **preserve** food is not only cheap, but also quick and easy.

식품을 보존하기 위해 드라이 아이스를 사용하는 것은 저렴할 뿐만 아니라 빠르고 손쉽다.

75
prevent
[privént]
prevent – prevented – prevented

동 forbid, prohibit, inhibit, ban, stop, hinder, bar

반 allow, permit 허락하다

관 n. prevention 예방

v. 예방하다, ~하는 것을 막다

Washing hands before having a meal is the first step in **preventing** food poisoning.

식사 전에 손을 씻는 것은 식중독 예방의 첫걸음이다.

76
prevention
[privénʃən]

동 inhibition, hindrance

반 permission 허락

관 v. prevent 예방하다

n. 예방, 방해(U)

The **prevention** of depression is much more important than trying to overcome the condition.

우울증 예방은 우울증을 극복하려고 노력하는 것보다 훨씬 더 중요하다.

77
recommend
[rèkəménd]
recommend –
recommended –
recommended

관 n. recommendation
권장

v. 권장하다, 추천하다

Doctors **recommend** eating more fruits and vegetables to keep fit.

의사들은 건강을 유지하기 위해 좀 더 많은 과일과 야채를 먹으라고 권장한다.

 recommended daily dose 하루 권장량
recommended dietary allowance RDA 권장 식사 허용량

78
recover
[rikʌ́vər]
recover – recovered – recovered

관 n. recovery 회복

v. (건강을) 회복하다

I am fully **recovered** from the flu.

나는 독감에서 완전히 회복되었다.

79
reduce
[ridjúːs]
reduce – reduced – reduced

동 shorten, cut

v. 줄이다

A well-balanced diet helps to **reduce** the risk of obesity, diabetes, and heart disease.

균형 잡힌 식사는 비만, 당뇨, 심장병의 위험을 줄이는데 도움이 된다.

80
regular
[régjulər]
반 irregular 불규칙한

a. 규칙적인

Regular exercise plays an important role in a child's growth.

규칙적인 운동은 아동 성장에 중요한 역할을 한다.

n. 단골손님

Usually **regulars** at restaurants get better treatment.

단골손님들은 레스토랑에서 보통 더 좋은 대접을 받는다.

81
risk
[risk]

n. 위험(UC)

The **risk** of lung cancer is directly in proportion to the number of cigarettes smoked.

폐암의 위험은 담배를 피운 개수에 정확하게 비례한다.

at risk 위험에 직면하여
at any risk 어떤 위험이 있어도, 모든 위험을 무릅쓰고라도
run a risk 위험을 무릅쓰다

82
serving
[sə́:rviŋ]
[동] portion

n. 1인분

To prevent obesity, we should reduce the amount of food that counts as one **serving**.

비만을 예방하기 위해서는 1인분의 양을 줄여야 한다.

83
skip
[skip]
skip – skipped – skipped

v. 거르다, 건너뛰다

In modern society, the number of people **skipping** breakfast is increasing.

현대 사회에서는 아침을 거르는 사람들의 수가 증가하고 있다.

84
stimulate
[stímjulèit]
stimulate – stimulated – stimulated

[관] n. stimulus 자극

v. (입맛이나 기운을) 돋우다, 자극하다, 촉진하다

Exercise **stimulates** the circulation of blood.

운동은 혈액순환을 촉진한다.

stimulate the appetite 식욕을 돋우다

85
stress
[stres]

n. 스트레스(UC)

Stress is one of the unavoidable factors in our lives.

스트레스는 우리의 삶에서 피할 수 없는 요소 중의 하나이다.

become sick from stress 스트레스로 병에 걸리다
relieve stress 스트레스를 해소하다(get rid of stress는 콩글리쉬)

86
supplement
[sʌ́pləmənt]

n. 보충제, 보조 식품
I take dietary **supplements** such as vitamins and calcium after meals.
나는 식사 후에 비타민과 칼슘 같은 건강 보조 식품을 먹는다.

87
therapy
[θérəpi]

n. 치료, 물리요법
Acupuncture **therapy** is getting more and more popular in western countries.
서양에서 침술은 인기가 점점 더해지고 있다.

88
treatment
[trí:tmənt]

n. 치료, 치료법(UC)
Few people have received proper **treatment** for curable diseases in most poor countries.
대부분의 후진국에는 치료 가능한 병에 대해 적절한 치료를 받는 사람들이 거의 없다.

be under medical treatment 요양 중이다
(an) immediate treatment 응급치료
receive medical treatment 치료를 받다

89
vital
[váitl]
동 critical, lively

a. 생명의, 활기 있는, 매우 중요한
Exercise and eating right are **vital** parts of a healthy lifestyle.
운동과 올바른 섭취는 건강한 삶의 방식에서 매우 중요한 부분이다.

vital energy 활력
a vital spot 몸의 급소
a vital personality 활기가 넘치는 사람

weight
[weit]

n. 체중, 무게(U)

Eating slowly is important to keep a healthy weight.

천천히 먹는 것은 건강한 체중을 유지하는데 중요하다.

 weight-loss drug 살 빼는 약
gain(put on) weight 살찌다
lose weight 살 빠지다

3. Review

3-1) Match the English words to the Korean translations below.

1. lose weight	a. 살 빠지다
2. (an) immediate treatment	b. 실내외 운동
3. recommended daily dose	c. 하루 권장량
4. reduce fat intake	d. 응급치료
5. indoor and outdoor exercise	e. 지방 섭취량을 줄이다

3-2) Complete the sentences using the list of words and phrases below.

1. Severe _____ respiratory syndrome(SARS) killed a number of people last year.
2. I am _____ to pollen and cats' fur.
3. Eating enough fruits and vegetables can _____ our health.
4. I do regular exercise to stay _____ .
5. The rise in child _____ could be attributed to the increased consumption of fast food.

a. allergic	b. acute	c. obesity	d. healthy	e. benefit

Answers : 3-1) 1-a / 2-d / 3-c / 4-e / 5-b   3-2) 1-b / 2-a / 3-e / 4-d / 5-c

Note

◀ 보이는 MP3

줄리정 불법 **IELTS VOCA**
Juli Jung's Immutable Law for IELTS Vocabulary

Day 4

Lifestyles
& Leisure Activities

생활방식과 여가활동

▶ MP3 다운 받는 법

- http://sunnysunday.co.kr (Sunny Sunday 출판사접속 후 다운로드
- 콜롬북스(모바일 앱) : 모바일로 '콜롬북스' 앱을 다운 받은 후 줄리정 검색 후 'VOCA' 다운로드

1. Writing Task 2 빈출 문제

1. Some say that children are given too much free time. They argue that this time should be used to do more schoolwork. To what extent do you agree or disagree with this opinion?
2. Some people think that children's leisure activities must be educational, otherwise these activities are a waste of time. To what extent do you agree or disagree with this opinion?
3. Happiness is a very important factor in our lives. Why is it difficult to define? What factors are important in achieving happiness?
4. Some say that the government should make a decision about people's lifestyle. Others argue that individuals should make their own decisions about it. Discuss both views and give your own opinion.
5. Some people believe that personal happiness is directly related to money. Others argue that it depends on other factors. Discuss both of the views and give your own opinion.

1. 어떤 사람들은 아이들에게 자유 시간이 너무 많이 주어졌다고 말한다. 그들은 이러한 시간을 학교 공부를 더 많이 하는 데 할애해야 한다고 주장한다. 당신은 이 의견에 얼마만큼 동의하는가? 또는 동의하지 않는가?
2. 어떤 사람들은 아이들의 여가활동이 반드시 교육적이어야 하고, 그렇지 않으면 이러한 활동이 시간 낭비라고 생각한다. 당신은 이 의견에 얼마만큼 동의하는가? 또는 동의하지 않는가?
3. 행복은 우리의 삶에 매우 중요한 요소이다. 왜 이것은 정의하기 어려운가? 행복해지는 데 어떤 요소들이 필요한가?
4. 어떤 사람들은 정부가 개인의 삶의 방식을 결정해야 한다고 말한다. 반면 개인 스스로가 그것을 정해야 한다고 주장하는 사람들도 있다. 양쪽의 견해를 논하고 당신의 주장을 제시하라.
5. 어떤 사람들은 개인의 행복이 돈과 직결된다고 믿는다. 반면 이것이 다른 요소에 달려있다고 주장하는 사람들도 있다. 양쪽의 견해를 논하고 당신의 주장을 제시하라.

2. 불법 단어 및 구문

1
achievable
[ətʃíːvəbl]
동 manageable, realisable, accomplishable
관 v. achieve 성취하다
　　n. achievement 성취

a. 성취할 수 있는, 달성 가능한
Through a simple and **achievable** lifestyle, people can reduce their risks for heart disease.
단순하고 성취할 수 있는 생활방식을 통해서 사람들은 심장병에 대한 위험을 줄일 수 있다.

2
achieve
[ətʃíːv]
achieve – achieved – achieved
동 accomplish, attain
관 a. achievable 성취할 수 있는
　　n. achievement 성취

v. (어떤 일을 노력하여) 성취하다, 달성하다
People need to make an all-out effort to **achieve** their goal.
목적을 달성하기 위해서 전력을 다해야 한다.

 achieve a consensus 의견의 일치를 보다
achieve a goal 목적을 달성하다
achieve success 성공하다

3
active
[ǽktiv]
반 inactive 비활동적인
관 n. activity 활동

a. 활동적인
Active pursuits are recommended for young children to improve their health.
어린 아이들의 건강을 증진시키기 위해서 활동적인 취미가 권장된다.

4
activity
[æktívəti]
관 a. active 활동적인

n. 활동
Networking, sports and various extracurricular **activities** play an important part in students' lives.
네트워킹, 스포츠, 다양한 과외 활동들은 학생들의 삶에서 중요한 역할을 한다.

 extracurricular activities 과외 활동

5
appeal
[əpíːl]
appeal – appealed
– appealed

 attract

v. (사람의 마음에) 호소하다, 어필하다

Facebook **appeals** to a number of young people in the world.

페이스북은 전세계 많은 젊은이들에게 어필하고 있다.

6
aspect
[æspekt]

n. 측면, 양상

I insist that SNS has more positive **aspects** than negative ones.

SNS는 부정적인 면보다는 긍정적인 면을 더 많이 가지고 있다고 생각한다.

7
attitude
[ǽtitjùːd]

n. 태도, 사람의 몸과 마음가짐(UC)

Tommy always has a positive **attitude** toward life.

토미는 삶에 대해 항상 긍정적인 태도를 취한다.

an attitude of arrogance 거만한 태도
an attitude of mind 마음가짐
take a friendly attitude toward ~에 대해 우호적인 태도를 취하다

8
bored
[bɔːrd]

a. 지루한, 싫증난

I am **bored** studying Japanese.

나는 일어 공부하는 것이 지루하다.

※ 사람이 주어로 올 경우에는 bored, 지루한 대상이 주어로 올 경우에는 boring라고 쓴다. 예를 들어 위의 문장의 주어를 지루한 대상, 즉 studying Japanese로 바꾼다면,
'Studying Japanese is boring (to me). 일어 공부하는 것은 (나에게) 지루하다.' 라고 표현한다.

9
choice
[tʃɔis]
동 selection
관 v. choose 선택하다

n. 선택
Making a good **choice** is really important in every aspect.
매사에 좋은 선택을 하는 것은 정말 중요하다.

※ choice는 개인적인 취향이나 의견에 대한 선택이고, selection은 일반적이고 객관적인 선택을 의미하므로, selection이 choice보다 선택의 범위가 더 넓다.

10
choose
[tʃuːz]
choose – chose – chosen
동 select
관 n. choice 선택

v. 선택하다, 고르다
It is personal freedom to **choose** our own lifestyle, therefore the government has nothing to do with it.
우리 자신의 생활방식을 선택하는 것은 개인적 자유이므로 정부가 상관할 바가 아니다.

11
compete
[kəmpíːt]
compete – competed – competed
동 contend
관 n. competition 경쟁
　　n. competitiveness 경쟁력

v. 경쟁하다
Although children should learn to **compete** in the world, they also should be taught to cooperate with others.
비록 아이들은 세상에서 경쟁하는 법을 배워야 하지만 다른 사람들과 협동하는 법도 배워야 한다.

12
competition
[kɔmpətíʃən]
관 n. competitiveness 경쟁력
　　v. compete 경쟁하다

n. 경쟁(U)
A sense of **competition** is essential for success in life.
성공적인 삶을 위해서 경쟁심은 필요하다.

13
competitiveness
[kəmpétətivnis]
관 n. competition 경쟁
　　v. compete 경쟁하다

n. 경쟁력(U)
Competitiveness leads to the progress of individuals in their social life.
사회 생활에서 경쟁력은 개개인의 발전을 이끈다.

14
confused
[kənfjúːzd]

a. 혼란스러운, 당황해서 어찌할 바를 모르는

People living in an information society are **confused** by too much information and too frequent updates.

정보화 사회에 사는 사람들은 너무 많은 정보와 너무 잦은 업데이트들로 인해 혼란을 겪는다.

 ※ 사람이 주어로 올 경우에는 confused, 혼란스러운 대상이 주어로 올 경우에는 confusing이라고 쓴다.

15
cost of living
동 living costs, living expenses

phr. 생활비

The skyrocketing **cost of living** is the main problem in urban areas.

하늘로 치솟는 생활비는 도시 지역의 주요 문제이다.

16
create
[kriéit]
create – created – created

동 make, produce

관 a. creative 창의적인
　　n. creativity 창의력

v. 창조하다, 만들다, ~의 원인이 되다

Facebook has **created** a new way of communication in the world.

페이스북은 세상에 새로운 의사소통의 방식을 만들었다.

 ※ create 스펠링에 주의하자. 많은 학생들이 마지막 알파벳 e를 빼먹는다. 아이엘츠에서는 스펠링을 정확하게 적는 것이 점수와 직결되므로 반드시 정확하게 기억하자.

17
creative
[kriéitiv]

관 n. creativity 창의력
　　v. create 창조하다

a. 창의적인, 독창적인

In the 21st century, the more hours people work, the less **creative** they are.

21세기에는 더 많이 일할수록 창의력이 떨어진다.

18
creativity
[krìːeitívəti]

동 creativeness,
creative thinking

관 a. creative 창의적인
v. create 창조하다

n. 창의력, 독창력(U)

Creativity is the fundamental force in a more convenient and comfortable life.

창의력은 더욱 편리하고 편안한 삶의 원동력이다.

19
daily routines

phr. 반복되는 일상

Holidays and trips are a great chance to escape our **daily routines**.

휴가와 여행은 반복되는 일상을 벗어날 수 있는 좋은 기회이다.

20
desire
[dizáiər]
desire – desired – desired

n. 욕구, 욕망(UC)

Happiness is directly related with our economic success because it could fulfil our physical **desire**.

행복이 경제적인 성공과 직접적으로 연관되어 있는 것은 이것이 우리의 물리적 욕망을 충족시켜줄 수 있기 때문이다.

 용법
arouse a desire 욕망을 불러일으키다
fulfil(realize) a desire 욕망 이루다
suppress a desire 욕망을 억제하다

v. 간절히 바라다

My city having various cultural amenities and entertainment facilities leaves nothing to be **desired**.

내가 사는 도시는 다양한 문화시설과 오락시설을 갖추고 있어서 더 바랄 것이 없다.

leave nothing to be desired 아쉬운 점이 없다(흠잡을 데 없다)
leave something to be desired 아쉬운 점이 좀 있다
leave a lot to be desired 아쉬운 점이 많다

21
DINKY
= Double Income No Kids Yet

phr. 아이가 없는 맞벌이

As the number of **DINKY** couples has increased, there are fewer or no babies in a new family.

아이가 없는 맞벌이 부부들의 수가 증가함에 따라, 오늘날 새로운 가족에는 아이들이 없거나 그 수가 더 적다.

22
disappoint
[dìsəpɔ́int]
disappoint – disappointed – disappointed

판 n. disappointment 실망

v. 실망시키다

We all are sometimes **disappointed** with troubled relationships or poor test scores.

우리 모두는 불편한 인간관계나 낮은 시험 점수로 인해 실망할 때가 있다.

※ disappoint의 반대말이 appoint가 아닌 것에 주의하자. appoint는 '지정하다, 지명하다'라는 뜻으로 disappoint와는 관련이 없다.

23
disappointment
[dìsəpɔ́intmənt]

판 v. disappoint 실망시키다

n. 실망, 기대에 어긋남(U)

Too much optimism could bring **disappointment** when expectations are not met.

지나친 낙관주의는 기대가 충족되지 못하면 실망감을 불러올 수 있다.

※ disappointment의 반대말이 appointment가 아닌 것에 주의하자. appointment는 '약속, 임명, 지명'이라는 뜻으로 disappointment와는 관련이 없다.

24
dissatisfied
[dissǽtisfàid]

반 satisfied 만족한

a. 불만인, ~에 만족 못한

When people tend to be chronically **dissatisfied**, they should look within themselves.

만성적으로 불만족스러운 경향이 있을 때는 자신의 내면을 들여다봐야 한다.

25
enjoy
[indʒɔ́i]
enjoy – enjoyed – enjoyed

v. 즐기다

Not many students learn social skills and healthy ways to **enjoy** their free time at school.

학교에서 사교기술과 여가시간을 건전하게 즐기는 방법을 배우는 학생들은 많지 않다.

26
experience
[ikspíəriəns]
experience – experienced – experienced

n. 경험(UC)

Learning to swim when I was a child never felt like a challenging **experience**.

어릴 때 수영을 배운 것은 도전적인 경험으로 느껴지지 않았다.

v. 경험하다

When people **experience** failures, most of them tend to lose self-confidence.

실패를 겪을 때, 사람들은 대부분 자신감을 잃곤 한다.

27
express
[iksprés]
express – expressed – expressed

[동] show

[관] n. expression 표현

v. 표현하다

In May, Korean people **express** love to their parents and teachers with beautiful carnations.

한국인들은 5월에 아름다운 카네이션으로 부모와 교사에게 사랑을 표현한다.

28
expression
[ikspréʃən]

[관] v. express 표현하다

n. 표현(UC)

Using body language and facial **expressions** is sometimes better than talking in communication.

때로는 바디랭귀지와 얼굴 표정을 사용하는 것이 말하는 것보다 낫다.

freedom of expression 표현의 자유
everyday expressions 일상 용어
a bookish expression 문어적인 말투
a colloquial expression 구어적인 말투

29
fulfil
[fulfil]
fulfil – fulfiled – fulfiled

동 accomplish, achieve, make

관 n. fulfilment 성취

v. 성취하다, 실현하다

Travelling to new countries allows people to **fulfil** their desire.

새로운 나라를 여행하는 것은 사람들의 소망을 실현하게 해준다.

 ※ 영국식 스펠링은 fulfil, 미국식 스펠링은 fulfill인 것에 주의하자. 아이엘츠 시험에서는 두 가지 스펠링을 모두 인정한다.

30
fulfilment
[fulfílmənt]

동 accomplishment, achievement

관 v. fulfil 성취하다

n. 성취, 실현

Work plays an important role in our everyday life and gives us a strong sense of **fulfilment**.

일은 일상생활에서 중요한 역할을 하고 우리에게 강한 성취감을 준다.

 a sense of fulfilment 성취감

31
goal
[goul]

n. 목표, 목적

To make dreams come true, we need to set specific and achievable **goals**.

꿈을 이루기 위해서는 구체적이고 성취할 수 있는 목표를 세워야 한다.

 achieve a goal 목표에 도달하다
pursue a goal 목표를 추구하다
realise a goal 목표를 달성하다
set a goal 목표를 세우다

32
hobby
[hɔ́bi]

동 pastime, pursuits, recreation

n. 취미

My **hobby** is going around the shops looking for a bargain at weekends.

내 취미는 주말마다 세일하는 가게들을 찾으러 돌아다니는 것이다.

※ hobby는 오랜 기간 동안 경험이나 기술을 갖고 즐기는 것으로 우표수집, 사진 찍기 등 특정한 활동을 말하고 pastime, pursuits, recreation은 음악 감상, 컴퓨터 게임 등 여가시간에 기분 전환이나 편안한 느낌으로 손쉽게 하는 것을 말한다. 하지만 아이엘츠에서는 같은 뜻으로 통용된다.

33
improve
[imprúːv]
improve – improved – improved

동 better, advance
관 n. improvement 향상

v. 향상시키다, 관계를 개선시키다

A healthy relationship can **improve** people's lives in all aspects.

건강한 인간관계는 모든 면에서 사람들의 삶을 향상시킨다.

improve one's writing 작문을 향상시키다
improve the situation 상황을 호전시키다
improve one's English 영어를 향상시키다

34
improvement
[imprúːvmənt]

동 betterment, advance
관 v. improve 향상시키다

n. 향상, 개선(UC)

People who help the poor feel **improvements** in their quality of life.

가난한 이들을 돕는 사람들은 자신들의 삶의 질이 향상되는 것을 느낀다.

the improvement of the transportation system 교통망 개선
an improvement in health 건강 증진
self-improvement 자기 계발

35
inactive
[inǽktiv]

반 active 활동적인

a. 비활동적인, 소극적인

Children should minimise their excessive appetites for food and **inactive** pursuits.

아이들은 과도한 식욕과 비활동적인 여가활동을 최소화해야 한다.

36
indoor
[índɔ:r]
반 outdoor 실외의

a. 실내의
Due to the increasing crime rate, people tend to enjoy **indoor** pursuits.
증가하는 범죄율 때문에 사람들은 실내에서 취미생활을 즐기는 경향이 있다.

37
insight
[ínsàit]

n. 통찰력, 식견
My father has his wonderful **insight** into the meaning of life.
아버지는 삶의 의미에 대한 뛰어난 통찰력을 지니고 있다.

38
intense
[inténs]
동 acute, vivid

a. 과도한, 격렬한
For teenagers, enjoying a hobby has taken a back seat to **intense** studying.
10대들은 과도한 학업량 때문에 취미생활이 뒷전으로 밀렸다.

39
lead a busy life

phr. 바쁘게 살다
The Internet has helped people who **lead a very busy life** today to keep in touch with each other.
인터넷은 오늘날 바쁘게 사는 사람들이 서로 연락하며 지내는 것을 돕는다.

40
leisure
[léʒə]

n. 여가(U)
Modern people spend their **leisure** time using computers, such as surfing the Internet or playing computer games.
현대인들은 컴퓨터로 인터넷 서핑이나 게임을 하면서 여가시간을 보낸다.

leisure activities 여가활동
leisure time 여가시간
leisure facilities 여가시설
the leisure industry 레저 산업

41
lifelong ambition

phr. 평생 소원

I have just started to fulfil my **lifelong ambition** to become an English teacher.

나는 내 평생 소원인 영어 선생님이 되기 위한 노력을 막 시작했다.

42
lifestyle
[láifstail]
동 way of life

n. 생활방식

All people have their own **lifestyle** and way of thinking.

모든 사람들은 저마다의 생활방식과 사고방식을 가지고 있다.

43
make a choice

phr. 선택하다

Making a choice is a never ending dilemma in everyday life.

선택은 일상생활의 영원한 딜레마이다.

44
make a decision

phr. 결정하다, 결심하다

One of my weaknesses is that I do something slowly especially when **making a decision**.

내 단점 중 하나는 뭔가를 느리게 하는 것인데, 특히 결정을 내릴 때가 그렇다.

45
make a living

phr. 생계를 꾸리다

His face is full of depression because he is struggling to **make a living**.

그의 얼굴에는 우울함이 가득한데 생계를 꾸려나가기 어렵기 때문이다.

46
materialistic
[mətìəriəlístik]

a. 물질주의의

We live in a **materialistic** world where someone's status is determined by what he or she owns.

우리는 소유한 것에 의해 신분이 결정되는 물질주의 세상에 살고 있다.

47
meet a need
동 meet a demand

phr. 요구에 맞추다

Bars and parties may seem like great spots to **meet a need** for women who like to socialise.

바와 파티는 사교를 좋아하는 여성들의 요구에 맞춘 훌륭한 장소인 것처럼 보인다.

48
miss an opportunity
동 miss a chance

phr. 기회를 놓치다

I do not want to **miss a great opportunity** for travelling all around the world because of my work commitment.

나는 업무 때문에 세계 곳곳을 여행하는 엄청난 기회를 놓치고 싶지 않다.

 ※ 아이엘츠에서는 miss가 흔히 아는 '그리워하다'라는 뜻보다는 '놓치다'라는 의미로 나오는 경우가 더 많다.

49
motivate
[móutəvèit]
motivate – motivated – motivated
관 n. motivation 동기

v. 동기나 자극을 주다, 흥미를 느끼게 하다

The ongoing well-being trend has **motivated** corporations to enlarge organic food businesses.

지속적인 웰빙 트랜드는 기업들이 유기농 식품 산업을 확장하도록 자극했다.

50
motivation
[mòutəvéiʃən]
관 v. motivate 동기를 주다

n. 자극, 동기부여(UC)
With a strong will and powerful **motivation**, people can overcome their difficulties which they are facing.
사람들은 강한 의지와 강력한 동기로 직면한 어려움들을 극복할 수 있다.

51
negative
[négətiv]
반 positive 긍정적인

a. 부정적인
I try to avoid **negative** people complaining about everything all the time.
나는 항상 모든 것에 불평만 하는 부정적인 사람들을 피하려고 한다.

 a negative aspect 부정적인 측면
a negative effect 부정적인 영향

52
once in a lifetime opportunity

phr. 일생에 단 한 번뿐인 기회
For poor people, travelling to overseas countries could be a **once in a lifetime opportunity**.
가난한 사람에게는 해외 여행이 일생에 단 한 번뿐인 기회가 될 수도 있다.

53
opportunity
[ɔ̀pətjúːnəti]
동 chance

n. 기회(UC)
As SNS becomes popular, people have fewer **opportunities** to communicate with people face to face.
SNS가 유행함에 따라 직접 얼굴을 보며 대화할 기회가 줄어든다.

 equal opportunity in employment 고용에서의 기회 균등
miss a golden opportunity 절호의 기회를 놓치다
take an opportunity 기회를 잡다
lose an opportunity 기회를 잃다

54
optimism
[ɔ́ptəmìzm]

[반] pessimism 비관론
[관] n. optimist 낙관론자
　　a. optimistic 낙관적인

n. 낙천주의, 낙관주의(U)

Optimism tends to create pleasant emotions and in essence, leads to an enjoyable life.

낙천주의는 유쾌한 기분을 만들고 본질적으로 즐거운 삶을 이끈다.

55
optimist
[ɔ́ptəmist]

[반] pessimist 비관론자
[관] n. optimism 낙관주의
　　a. optimistic 낙관적인

n. 낙천적인 사람, 낙관적인 사람

In one study of elderly people, **optimists** have a greater life expectancy than pessimists.

노인들을 조사한 연구에 따르면, 낙천적인 사람은 비관적인 사람들보다 기대 수명이 더 높다.

 a born optimist 낙천주의자로 타고난 사람

56
optimistic
[ɔ̀ptəmístik]

[반] pessimistic 비관적인
[관] n. optimism 낙관주의
　　n. optimist 낙관론자

a. 낙천적인

I would like to have a more positive outlook on life and keep an **optimistic** attitude.

나는 인생에 대해 좀 더 긍정적인 견해를 갖고 낙천적인 태도를 유지하고 싶다.

57
outdoor
[áutdɔ̀:r]

[반] indoor 실내의

a. 실외의, 야외의

In modern society, most children play computer games rather than doing **outdoor** sports in their free time.

현대사회에서 대부분의 아이들은 여가시간에 야외 스포츠를 하기보다는 컴퓨터 게임을 한다.

 outdoor activities 야외 활동들
outdoor sports 야외 스포츠
outdoor swimming pools 야외 수영장들

58
outlook
[áutluk]

n. 전망, 경치, 견해

My mother set a good example by working hard and having a positive **outlook** on life.

어머니는 열심히 일하고 인생에 대해 긍정적인 견해를 갖는 좋은 모범을 보이셨다.

59
participate
[pa:rtísəpèit]
participate – participated – participated

v. 참가하다

Ever since I was a child, I have **participated** in programs to aid the poor.

어릴 적부터 나는 가난한 사람들을 돕는 프로그램에 참여해 왔다.

 ※ '참가하다'라는 의미로 아이엘츠에 고르게 나오는 표현 '삼총사'를 외워 두자. attend / participate in / take part in. 특히 attend 다음에는 전치사 in을 사용하지 않는 것에 주의하자.

60
personality
[pə̀:rsənǽləti]
동 character, individuality

n. 성격, 개성(UC)

It is a common misconception that an antisocial **personality** disorder refers to people who have poor social skills.

반사회적 인격장애가 사교 기술이 부족한 사람들과 관련이 있다고 생각하는 것은 흔한 오해이다.

61
pessimism
[pésəmìzm]
반 optimism 낙관주의
관 n. pessimist 비관론자
   a. pessimistic 비관적인

n. 비관주의, 비관론(U)

His **pessimism** about the future of the relationship between South and North Korea depresses me.

남북 관계의 미래에 대한 그의 비관론은 나를 우울하게 만들었다.

62
pessimist
[pésəmist]

반 optimist 낙관주의자

관 n. pessimism 비관주의
　　a. pessimistic 비관적인

n. 비관론자, 염세주의자

Pessimists have a gloomy outlook on life.

비관론자들은 삶에 대해 우울한 시각을 가지고 있다.

63
pessimistic
[pèsəmístik]

반 optimistic 낙관적인

관 n. pessimism 비관주의
　　n. pessimist 비관론자

a. 비관적인, 염세적인

I do not think that I have a **pessimistic** view of life.

나는 내가 세상에 대해 비관적인 시각을 가지고 있다고는 생각하지 않는다.

64
positive
[pázətiv]

반 negative 부정적인

a. 긍정적인, 적극적인

Positive thinking helps people to cope with facing difficulties more wisely and calmly.

긍정적인 생각은 사람들이 직면한 어려움들을 더욱 현명하고 침착하게 해결하도록 도와준다.

 positive thinking 긍정적인 생각
　　take up a positive attitude 적극적인 태도로 나오다

65
priority
[praiɔ́:rəti]

n. 우선순위, 우선사항(UC)

The number one **priority** in my life is happiness.

내 인생의 가장 중요한 우선 순위는 행복이다.

 place a priority on 우선 순위를 두다

66
put pressure on

phr. 압력을 가하다, 압력을 넣다

Schools in urban areas **put a lot of pressure on** only studying rather than making children participate in other activities.

도시지역의 학교들은 아이들을 다른 활동에 참여하게 하기보다는 공부에만 많은 압력을 가하고 있다.

67
quality of life
동 living standard, standard of living

phr. 삶의 질

The government should make an effort on enhancing the **quality of life** for the regular working class.

정부는 일반 노동자의 삶의 질을 향상시키는 데 노력을 기울여야 한다.

68
recreational
[rèkriéiʃənəl]

a. 휴양의, 오락의

In summer, I enjoy camping which is an outdoor **recreational** activity, involving sleeping outside in a tent.

여름에 나는 야외 텐트 취침을 포함한 야외 오락 활동인 캠핑을 즐긴다.

 recreational facilities 오락 시설들
recreational activities 오락 활동들

69
regret
[rigrét]
regret – regretted – regretted

v. 후회하다, 유감으로 여기다

I try not to make a rash decision in the heat of the moment because I may **regret** it later.

나중에 후회할 수도 있기 때문에 나는 몹시 흥분한 상태에서는 성급한 결정을 내리지 않으려고 노력한다.

70
relax
[rilǽks]
relax – relaxed – relaxed

관 a. relaxing 마음을 느긋하게 해주는

v. 긴장을 늦추다, 쉬게 하다

I usually play with my dogs at weekends because they make me feel **relaxed**, comfortable and peaceful.

개들은 차분하고 편안하고 평화로운 기분을 느끼게 해주기 때문에 나는 보통 주말에 개들과 논다.

71
risk taker

phr. 모험가, 위험을 무릅쓰는 사람

She is a **risk taker** who loves extreme sports like bungee jumping and mountain climbing.

그녀는 번지점프와 등산과 같은 익스트림 스포츠를 좋아하는 모험가이다.

72
satisfied
[sǽtisfàid]
반 dissatisfied 불만인

a. 만족한

Some believe that getting richer makes people more **satisfied** with their lives.

어떤 사람들은 더 부유해지면 삶에 대해 더욱 만족하게 된다고 믿는다.

73
satisfy
[sǽtisfài]
satisfy – satisfied – satisfied
동 fulfil, live up to, meet

v. 만족시키다

Not every child can **satisfy** the expectations of their parents.

모든 아이들이 부모의 기대를 만족시킬 수는 없다.

74
self-expression

phr. 자기 표현

Self-expression is about expressing ourselves in words, music, painting, or any activity and it is vital to interact with others.

자기 표현이란 언어, 음악, 그림 혹은 다른 활동을 통해 우리 자신을 표현하는 것이며 이는 타인과 소통할 때 꼭 필요하다.

75
set a goal

phr. 목표를 세우다

Most people abandon goals because they **set their goals** too high.

대부분의 사람들은 목표를 너무 높게 세우기 때문에 목표를 포기해 버린다.

76
success
[səksés]
관 a. successful 성공한

n. 성공(UC)
People often learn from the mistakes and **successes** of others.
사람들은 종종 다른 사람들의 실수와 성공으로부터 배운다.

77
successful
[səksésfəl]
관 n. success 성공

a. 성공한
Having a good personality is very basic for people to live a happy and **successful** life.
좋은 성격을 갖추는 것은 행복하고 성공적인 삶을 살기 위한 가장 기본이다.

78
way of life
동 lifestyle

phr. 생활방식
The **ways of life** between South and North Koreans are too different to unite in the near future.
가까운 미래에 통일이 되기에는 남한과 북한의 삶의 방식이 너무 다르다.

79
wind down
[wáinddàun]

phr. 긴장을 풀고 쉬다
Meeting my friends at weekends is a nice way to **wind down** after a hard week at work.
주말에 친구들을 만나는 것은 직장에서 힘든 한 주를 보낸 후 긴장을 풀면서 휴식을 취하는 좋은 방법이다.

 ※ wind down의 발음에 주의하자. [winddàun]이 아니라 [wáinddàun] 이라고 발음해야 한다.

80
work hard for a living

phr. 생계를 위해 열심히 일하다
I do not **work hard for a living** but work smart for the quality of life.
나는 생계를 위해서 열심히 일하는 것이 아니라 삶의 질을 위해서 영리하게 일한다.

3. Review

3-1) Match the English words to the Korean translations below.

1. recreational activities	a. 긍정적인 생각
2. place a priority on	b. 오락 활동들
3. positive thinking	c. 성취감
4. outdoor activities	d. 우선순위를 두다
5. a sense of fulfilment	e. 야외 활동들

3-2) Complete the sentences using the list of words and phrases below.

1. People need to make an all-out effort to _____ their goal.
2. Tommy always has a positive _____ toward life.
3. The skyrocketing _____ is the main problem in urban areas.
4. She is a _____ who loves extreme sports like bungee jumping and mountain climbing.
5. I try to avoid _____ people complaining about everything all the time.

| a. cost of living | b. achieve | c. attitude | d. risk taker | e. negative |

Answers : 3-1) 1-b / 2-d / 3-a / 4-e / 5-c   3-2) 1-b / 2-c / 3-a / 4-d / 5-e

◀보이는 MP3

줄리정 불법 **IELTS VOCA**
Juli Jung's Immutable Law for IELTS Vocabulary

Day 5

Student Life
학교(학생)생활

▶ MP3 다운 받는 법

- http://sunnysunday.co.kr (Sunny Sunday 출판사)접속 후 다운로드
- 콜롬북스(모바일 앱) : 모바일로 '콜롬북스' 앱을 다운 받은 후 '줄리정' 검색 후 'VOCA' 다운로드

1. Writing Task 2 빈출 문제

1. University graduates should be paid more money than less educated people. This is because they should pay the full cost of their education. Do you agree or disagree with this statement?

2. In modern society, secondary schools should teach science and technology rather than history and art which are useless and boring. Do you agree or disagree with this statement?

3. Some people say that studying at university is the best route to a successful career, while others believe that it is better to get a job straight after finishing high school. Discuss both views and give your opinion.

4. Today schools are facing severe problems with student behaviour. What do you think the reasons are? What can you suggest as a solution?

5. More and more students are choosing to study at universities in English speaking countries. Do the benefits of studying abroad outweigh its drawbacks?

1. 대학 졸업생들은 교육을 덜 받은 사람들보다 더 많은 돈을 받아야 한다. 왜냐하면 그들은 교육비 전액을 지불해야 하기 때문이다. 당신은 이 말에 동의하는가? 또는 동의하지 않는가?
2. 현대 사회에서 중고등학교는 쓸모 없고 지루한 역사와 예술보다는 과학과 기술을 가르쳐야 한다. 당신은 이 말에 동의하는가? 또는 동의하지 않는가?
3. 어떤 사람들은 대학에서 공부하는 것이 성공적인 경력을 위한 가장 좋은 길이라고 말하는 반면, 고등학교를 마친 후에 바로 일자리를 얻는 것이 더 낫다고 생각하는 사람들도 있다. 양쪽의 견해를 논하고 당신의 주장을 제시하라.
4. 오늘날 학교들은 학생의 행동과 관련하여 심각한 문제에 직면해 있다. 원인들은 무엇이라고 생각하는가? 해결책으로 무엇을 제시할 수 있는가?
5. 점점 더 많은 학생들이 영어권 나라의 대학에서 공부하는 것을 선택하고 있다. 해외 유학의 장점이 단점보다 더 많은가?

2. 불법 단어 및 구문

1
academic
[ӕkədémik]

a. 학원의, 학교(교육)의

The **academic** year of the university begins in September in the UK unlike in South Korea.

한국과 달리 영국에서는 9월에 대학 학기(학년도)가 시작된다.

academic achievement 학업 성취
academic performance 학업 성적
academic program 학사과정
academic year 학년도

2
analyse
[ǽnəlàiz]
analyse – analysed
– analysed

v. 분석하다

Teachers should **analyse** students' needs in the learning process.

교사들은 학습 과정에서 학생들의 요구사항들을 분석해야 한다.

3
assignment
[əsáinmənt]

n. 과제

If I were you, I would try to finish the **assignment** on time.

내가 너라면 정시에 과제를 끝내려고 노력할 것이다.

※ homework VS assignment
homework는 초중고 학생이 하는 숙제이고 셀 수 없는 명사이다.
assignment는 주로 대학생들의 과제이고, 셀 수 있는 명사이다.

4
author
[ɔ́ːθər]
동 writer

n. 저자, 작가

The **author** has a plan to write her books in serials.

이 작가는 책을 연재물로 쓰려는 계획이 있다.

5
bachelor's degree = BA

phr. 학사 학위

I am planning to earn a **bachelor's degree** in Geography from the University of Wollongong.

나는 울런공 대학에서 지리학 학사 학위를 취득할 계획이다.

6
bibliography
[bìbliɔ́grəfi]

n. 참고문헌 목록

The **bibliography** of my dissertation is in chronological order.

내 논문의 참고문헌 목록은 연대기 순으로 작성되어 있다.

7
brainstorming
[bréinstɔ̀:rmiŋ]

관 v. brainstorm
브레인 스토밍하다

n. 브레인스토밍, 아이디어를 만들어 가는 과정

Brainstorming is a good way to generate ideas.

브레인스토밍은 아이디어를 끄집어 내는 좋은 방법이다.

8
bully
[búli]
bully – bullied – bullied

v. 왕따시키다

Nowadays, **bullying** is the most severe problem which many pupils face in the world.

오늘날 왕따는 전세계 학생들이 직면하고 있는 가장 심각한 문제이다.

9
candidate
[kǽndidèit]

n. (자격을 갖춘) 지원자

IELTS is designed to assess the English level of **candidates** who want to study or work in English-speaking countries.

아이엘츠는 영어권 국가에서 공부나 일을 하고 싶어하는 지원자들의 영어 수준을 평가하기 위해 고안되었다.

10
co-ed (educational) school
[반] single-sex school
남고나 여고

phr. 남녀공학

The most important advantage of **co-ed schools** is that students of both sexes can learn to interact as they should in a normal society.

남녀공학의 가장 큰 이점은 남녀 학생 모두 보통의 사회에서 해야 하듯이 서로 교류하는 법을 배울 수 있다는 점이다.

11
college
[kɔ́lidʒ]
[동] university

n. 대학

Most Korean high school seniors have to take the state-administered **college** entrance exam.

한국의 고3 학생들 대부분은 국가가 주관하는 대학입학시험을 치러야 한다.

 college entrance exam 대학입학시험, 수능

12
concentrate on

phr. ~에 집중하다

Young students with ADHD are not able to **concentrate on** their study for a long time.

주의력 결핍 과잉행동장애가 있는 어린 학생들은 공부에 장시간 집중할 수 없다.

13
conduct
[kɔ́ndʌkt]
conduct – conducted – conducted

v. 시행하다, 수행하다

International students with an overall IELTS of 6 will be able to **conduct** studies in an Engllsh-speaking environment.

아이엘츠 6.0 이상을 받은 외국인 학생들은 영어로 말하는 환경에서 학업을 수행할 수 있을 것이다.

14
consider
[kənsídər]
consider – considered – considered

관 n. consideration 고려

v. 고려하다, ~라고 여기다

Most students move smoothly from high school to college because they **consider** it the normal "next step" in the educational process.

대부분의 학생들은 자연스럽게 고등학교에서 대학교로 진학하는데 그들은 이것을 교육과정의 일반적인 "다음 단계"로 여기기 때문이다.

15
controversial
[kɔ̀ntrəvə́ːrʃəl]

관 n. controversy 논쟁

a. 논쟁의, 논란이 되는

Having a part-time job in an academic term is a **controversial** issue.

학기 중에 아르바이트를 하는 것은 논란이 되는 문제이다.

16
controversy
[kɔ́ntrəvə̀ːrsi]

관 a. controversial 논쟁의

n. 논쟁, 논의(UC)

The **controversy** about free lunches for all students has been around for some time in South Korea.

한국에서는 모든 학생들을 대상으로 하는 무료 급식에 대한 논란이 한동안 지속되었다.

 in controversy 논쟁 중에
beyond controversy 논의할 여지없이, 물론
arouse controversy 논쟁을 일으키다

17
cooperate
[kouɔ́pərèit]
cooperate – cooperated – cooperated

동 collaborate
관 n. cooperation 협동

v. 협동하다

Children should not only learn to compete in the world, but also they should be taught to **cooperate** with other people.

아이들은 세상에서 경쟁하는 것뿐만 아니라 다른 사람들과 협동하는 것도 배워야 한다.

18
curriculum
[kəríkjuləm]
동 program, syllabus

n. 교육과정, 커리큘럼(U)
The government will increase online education courses to provide students with more options when choosing their **curriculum**.
정부는 학생들이 교육과정을 선택할 때, 더 많은 옵션을 제공하는 온라인 교육 과정을 확대할 것이다.

19
dissertation
[dìsərtéiʃən]
동 paper, thesis

n. 논문
Books, magazines, journals and the Internet are common sources of information for writing a **dissertation**.
책, 잡지, 저널 그리고 인터넷은 논문 작성에 필요한 정보를 얻는 일반적인 자료들이다.

20
doctor's degree = PhD
동 doctorate

phr. 박사 학위
The number of unemployed people having a **doctor's degree** is on the rise because of growing competition and the poor economy.
심화되는 경쟁과 불경기 때문에 박사 학위를 소지한 실업자 수가 증가하고 있다.

21
educate
[édʒukèit]
educate – educated – educated

관 n. education 교육
　　a. educated 교육 받은

v. 교육하다, 양성하다
Parents and teachers play a key role in **educating** children.
부모와 교사들은 아이들을 교육하는 데 중요한 역할을 한다.

22
educated
[édʒukèitid]

관 v. educate 교육하다
　　n. education 교육

a. 교육 받은

More than two thirds of Korean students enter the university because they want to be well-**educated** for their future job.

3분의 2가 넘는 한국 학생들이 대학에 진학하는데, 이는 그들이 미래의 직업을 위해 좋은 교육을 받고 싶어하기 때문이다.

 well-educated people 교육을 잘 받은 사람들
self-educated 독학의
an educated eye for painting 그림에 대한 안목

23
education
[èdʒukéiʃən]

관 v. educate 교육하다
　　a. educated 교육받은

n. 교육(UC)

All Korean nationals shall be eligible for free-of-charge compulsory **education** from elementary to middle school.

모든 한국인은 초등학교에서 중학교까지 무상으로 의무교육을 받을 자격이 있다.

 compulsory education 의무 교육
sex education 성교육
vocational education 직업 교육
complete one's education 교육 과정을 마치다

24
eligible
[élidʒəbl]

a. 자격이 있는

I am **eligible** to get a scholarship because I earned higher than a 4.0 GPA.

나는 4.0 이상의 학점을 받았기 때문에 장학금을 받을 자격이 있다.

 ※ '~할 자격이 있다'라는 표현으로 be eligible to + 동사원형과 be eligible for + 명사를 기억하자.

25
fees
[fiːz]
동 tuition, tuition fees, school fees

n. 등록금, 수업료

There are no refunds on Academic English course **fees**, unless the course is cancelled.

폐강되지 않은 한 아카데믹 영어코스 수업료는 환불되지 않는다.

 ※ fee는 요금, 수수료라는 뜻인데 복수 fees가 되면 수업료라는 뜻으로 쓰인다.

26
field of study

phr. 연구 분야

In a world dominated by cut-throat competition, choosing the right **field of study** is certainly the most crucial decision.

과열경쟁이 들끓는 세상에서 올바른 연구 분야를 선택하는 것은 가장 중요한 결정이다.

27
find out

phr. 발견하다

Students can **find out** more useful information about how to write a dissertation through the website.

학생들은 논문 쓰는 법에 대한 좀 더 유용한 정보를 그 웹사이트에서 찾을 수 있다.

28
findings
[fáindiŋs]

n. 연구결과, 발견

Findings indicated that students were highly satisfied with most student life programs.

연구 결과는 학생들이 대부분의 학생 생활 프로그램에 상당히 만족했다는 것을 보여 준다.

29
full-time student

반 part-time student
파트타임 학생

phr. 풀타임 학생

Full-time students are allowed to borrow a maximum of three books on a single subject from the library.

풀타임 학생들은 도서관에서 한 과목당 최대 3권까지 대출이 가능하다.

 ※ full-time student는 일반적인 대학(원)생을 말한다. 예를 들어 1년 3학기, 9과목을 이수하는 영국의 대학원에서 풀타임 학생은 1년 동안에 이수해야 할 과목 9개를 모두 이수해야 한다. 이에 반해, part-time student는 직장 생활과 병행하는 학생이거나, 언어 때문에 학업을 따라가기 힘든 외국인 학생으로, 파트타임 학생들은 대학원 1년 과정을 2년 혹은 3년으로 연장해서, 1년에 2~3 과목씩 이수한다.

30
funding
[fʌ́ndiŋ]

동 support, financial support

n. 재정적 지출, 재원, 자금(U)

We provide **funding** to international students, which covers their fees.

우리는 외국인 학생들에게 수업료에 대한 자금을 제공하고 있다.

31
grade
[greid]

n. 학년

Young students are risking their health in return for higher **grades**.

어린 학생들은 고학년으로 갈수록 건강 상태가 위태로워지고 있다.

n. 성적, 점수

I stayed up all night studying to get a better **grade** this exam.

나는 이번 시험에서 더 좋은 성적을 받기 위해 밤새워 공부했다.

32
graduate
명 [grǽdʒuət]
동 [grǽdʒueɪt]
graduate – graduated – graduated
관 n. graduation 졸업

n. 졸업생

University **graduates** are able to have access to more and better job opportunities, and they tend to earn higher salaries.

대학 졸업생들은 더 넓고 나은 직업의 기회를 얻을 수 있고, 더 높은 월급을 받는 경향이 있다.

v. 졸업하다

I **graduated** from the University of Westminster with a master's degree in Conference Management.

나는 웨스트민스터 대학의 컨퍼런스 매니지먼트 석사과정을 졸업했다.

 ※ 미국에서는 학교과정에 상관없이 '졸업하다'라는 의미로 graduate를 쓴다. 하지만 영국에서는 대학교 이상의 과정을 졸업할 때만 graduate라고 하고, 초중고를 졸업하는 것은 finish라고 한다.

33
graduation
[ɡrædʒuéɪʃən]
관 n./v. graduate 졸업생/졸업하다

n. 졸업(U)

Since **graduation**, I have been working for this company as a marketer.

졸업 후, 나는 이 회사에서 마케터로 일해오고 있다.

 a graduation ceremony 졸업식
a graduation certificate 졸업증명서

34
grant
[ɡrɑːnt]
grant – granted – granted

n. 보조금

The student **grants** program is a funding opportunity for students living on a very limited budget.

학생 보조금 프로그램은 아주 빠듯한 예산으로 살아가는 학생이 자금을 얻을 수 있는 기회이다.

v. 주다, 수여하다

This university **grants** a scholarship to full-time students for tuition fees and living costs.

이 대학은 풀타임 학생에게 수업료와 생활비에 대한 장학금을 수여한다.

 take for granted 당연한 것으로 여기다

35
hall of residence
동 dormitory

phr. 기숙사
Halls of residence can be an excellent choice for accommodation in London as a student.
학생으로서 런던에서 살기에는 기숙사가 훌륭한 선택이 될 수 있다.

36
home schooling

phr. 홈 스쿨링
As bullying is now becoming serious, more parents are choosing **home schooling** for their children.
왕따가 요즘 심각해짐에 따라, 더 많은 부모들이 자녀들을 위해 홈 스쿨링을 선택하고 있다.

> 용법 ※ home schooling이란 아이를 학교에 보내지 않고 집에서 교육을 하는 것을 말한다.

37
homesick
[hóumsìk]
관 n. homesickness 향수병

a. 향수병의, 집을 그리워하는
Most overseas students feel **homesick** and miss their families.
대부분의 외국인 학생들은 집을 그리워하고 가족들을 보고 싶어한다.

38
homesickness
[hóumsìknis]
관 a. homesick 향수병의

n. 향수병, 향수병에 걸림(U)
Many students drop out from foreign universities to come back home because of **homesickness**.
많은 학생들이 향수병 때문에 외국 대학을 중퇴하고 고국으로 돌아온다.

> 용법 ※ nostalgia VS homesickness
> nostalgia는 옛날을 그리워하는 것, 옛 시절을 생각하는 것이고 homesickness는 고향과 집을 그리워하는 것이다. 해외 유학생이 집을 그리워하는 것은 homesickness이다.

39
homework
[hóumwəːrk]

n. 숙제(U)

If pupils got less **homework**, they might get less stress.

숙제가 적다면 학생들은 스트레스를 덜 받을지도 모른다.

40
international student
[동] foreign student, overseas student

phr. 외국인 학생

Most **international students** whose native language is not English are likely to have difficulty in writing a dissertation.

영어가 모국어가 아닌 대부분의 외국인 학생들은 논문 작성에 어려움을 겪을 수 있다.

41
learn
[ləːrn]
learn — learned/learnt — learned/learnt

v. 배우다

I **learned** to play the piano in secondary school.

나는 중고등학교에서 피아노 치는 법을 배웠다.

42
learning disorder
[동] learning disability

phr. 학습장애

Students with a **learning disorder** have a lower ability to receive, process, store and respond to information.

학습장애가 있는 학생들은 정보를 받아들이고 처리하고 저장하고 반응하는 능력이 낮다.

43
lecture
[léktʃər]

n. 강의

Online **lectures** are very popular among students living in remote areas.

온라인 강의는 멀리 떨어진 지역에 사는 학생들에게 매우 인기가 있다.

44
librarian
[laibréəriən]
관 n. library 도서관

n. 도서관 사서
During the first week of a term, students are shown around the library by a **librarian**.
학기 첫 주에 학생들은 사서와 함께 도서관을 둘러본다.

45
library
[láibrəri]
관 n. librarian 도서관 사서

n. 도서관
Recently, most **libraries** have encouraged students to read magazines online because the stock of printed articles has decreased.
최근 대부분의 도서관들은 학생들에게 온라인으로 잡지를 읽는 것을 권장하는데, 이것은 종이로 인쇄된 책들의 재고가 줄어 들고 있기 때문이다.

46
limit
[límit]
동 limitation

n. 제한, 한계
There is no age **limit** for learning.
배움에는 나이의 제한이 없다.

47
master's degree
= MA

phr. 석사 학위
Earning a **master's degree** takes only one year in the UK unless students fail.
낙제하지 않는다면 학생들은 영국에서 석사 학위를 1년이면 취득할 수 있다.

48
nursery
[nə́:səri]

n. 유치원, 탁아소
Bell is eligible to work for this **nursery** as a teacher.
벨은 이 유치원에서 교사로 일할 자격이 있다.

nursery education 유아 교육
a nursery teacher 유치원 교사
※ nursery는 영국식 표현, 미국에서는 유치원을 kindergarten이라고 한다.

49
organise a team

phr. 팀을 조직하다

We should **organise a team** for group work in the science class.

우리는 과학 시간 조별 과제를 위해 팀을 조직해야 한다.

50
overcome
[òuvərkÁm]
overcome – overcame
– overcome

v. 극복하다

My tutor taught me how to **overcome** difficulties in the process of learning.

선생님은 나에게 학습 과정에서 어려운 점을 어떻게 극복해야 하는지 가르쳐 주셨다.

 overcome difficulties 어려움을 극복하다
overcome one's weaknesses 자기 약점을 극복하다

51
overdue book

phr. 기일이 지난 책, 연체된 책

I got a reminder about three **overdue books** from the library.

도서관에서 연체된 세 권의 책을 반납하라는 독촉장을 받았다.

52
part-time student
반 full-time student
풀타임 학생

phr. 파트타임 학생

New **part-time students** starting their courses in the 2013/2014 academic year will benefit from new loans for tuition fees.

2013/2014학년도 과정을 시작하는 신입생 파트타임 학생들은 수업료에 대해 새로운 대출 혜택을 받을 것이다.

53
periodical
[pìəriɔ́dikəl]

n. 정기간행물, 잡지

Although back issues of **periodicals** are able to be borrowed from the library, current issues are not.

도서관에서 정기간행물의 과월호는 대출이 가능하지만, 최신호는 대출이 안 된다.

54
playful fighting

phr. 장난으로 싸우는 것

Tutors should supervise their students and distinguish bullying from **playful fighting** in the playground at lunchtime.

교사는 점심시간에 운동장에서 학생들이 왕따를 하는 것인지 장난으로 싸우는 것인지를 구별하고 감독해야 한다.

55
postgraduate school

phr. 대학원

I would like to enrol in **postgraduate school** to study deeper in the marketing field.

나는 마케팅 분야를 좀 더 깊게 공부하기 위해 대학원에 진학하고 싶다.

 ※ postgraduate school은 영국식 표현, 미국에서는 대학원을 graduate school이라고 한다.

56
postgraduate student

phr. 대학원생

The employment rate for **postgraduate students** has continuously decreased for the last 5 years.

대학원생들의 취업률은 지난 5년간 꾸준히 떨어졌다.

 ※ postgraduate student는 영국식 표현, 미국에서는 대학원생을 graduate student라고 한다.

57
primary school

phr. 초등학교

According to the spread of globalisation, the teaching of a foreign language should be compulsory at all **primary schools**.

세계화 확산에 따라, 외국어 교육은 모든 초등학교에서 의무가 되어야 한다.

※ primary school은 영국식 표현, 미국에서는 초등학교를 elementary school이라고 한다.

58
primary school student

phr. 초등학생

Today, the weight of the **primary school students'** bags looks heavier than the weight of the students themselves.

오늘날 초등학생들의 가방 무게는 그들의 몸무게보다 더 무거운 것처럼 보인다.

※ primary school student는 영국식 표현, 미국에서는 초등학생을 elementary school student라고 한다.

59
punishment
[pʌ́niʃmənt]
반 reward 상

n. 벌(UC)

The ban on corporal **punishment** in schools is a controversial issue nowadays.

학내 체벌 금지는 요즘 논란이 되고 있는 이슈이다.

60
pupil
[pjúːpl]

n. 학생(초중고 학생)

Pupils are required to be in their classrooms by 8.30 a.m. each morning, otherwise they will be punished.

학생들은 매일 아침 8시 30분까지 교실에 입실해야 하고, 그렇지 않으면 처벌을 받을 것이다.

※ 영국에서 초등, 중등, 고등학생은 pupil이고 대학생은 student이다. 미국에서는 나이와 상관없이 학생은 보통 student라고 한다. 요즘 영국에서도 미국처럼 구분 짓지 않고 사용하는 경우가 많다.

61
recall a book

phr. (대출한) 책을 회수하다, 책을 리콜하다
When **a book is recalled** by someone, a librarian e-mails the borrower a notice stating that the book has been recalled.

누군가 대출한 책을 리콜하면 사서는 대출한 사람에게 그 책이 리콜되었다는 것을 이메일로 통지해준다.

※ 실제로 영국뿐만 아니라 국내 대학의 도서관에서도 '리콜' 시스템을 도입하여 시행하고 있다. 이미 대출 중인 도서 A에 대해 다른 이용자가 리콜하면, A를 대출한 사람은 일정 기간 내에 A를 반납해야 하는 시스템이다.

62
relatively
[rélətivli]

ad. 비교적, 상대적으로
German people can learn English **relatively** quickly because German grammar is similar to English grammar in some ways.

독일어 문법은 어떤 면에서 영문법과 유사하기 때문에 독일 사람들은 비교적 영어를 빨리 배울 수 있다.

63
relevant
[réləvənt]

a. 관련이 있는
When students search for useful information **relevant** to their dissertation through the Internet, they should be critical because all data are not always reliable.

인터넷으로 논문과 관련한 유용한 정보를 검색할 때, 모든 정보가 항상 신뢰할 만한 것은 아니기 때문에 학생들은 비판적이어야 한다.

64
renew a book

phr. (책의) 대출 기한을 연장하다
Students can always **renew a book** if it is not required by anyone else by telephoning or emailing.
다른 사람들의 요청이 없다면 학생들은 항상 전화나 이메일로 대출 기한을 연장할 수 있다.

65
requirements for admission

phr. 입학 요건
One of the **requirements for admission** to this school is knowledge of Latin.
이 학교의 입학 요건 중 하나는 라틴어이다.

66
research
[ríːsəːrtʃ]

n. 연구, 조사(U)
I have a plan to do **research** on teenagers' eating disorders in this term.
나는 이번 학기에 청소년의 섭식장애에 대해 연구할 계획이다.

67
result
[rizʌ́lt]

n. 성적, 결과
The final exam **results** will be available on the 13th day after the exam date.
기말고사 결과는 시험일 이후 13일이 지나야 알 수 있다.

68
revise
[riváiz]
revise – revised – revised
동 review

v. 복습하다, 수정하다
I have no idea what the best way to **revise** for the Math test tomorrow is.
나는 내일 보는 수학 시험을 위한 가장 좋은 복습 방법을 모르겠다.

69
reward
[riwɔ́ːrd]
반 punishment 벌
관 a. rewarding
보람이 있는

n. 상, 보상(UC)
Some insist that pupils study harder as long as there is a **reward**.
어떤 사람들은 상이 있으면 학생들이 더욱 열심히 공부한다고 주장한다.

70
rivalry
[ráivəlri]
동 competition

n. 경쟁, 대립관계(UC)
There is no **rivalry** between us.
우리 사이에 경쟁의식은 없다.

71
scholarship
[skɔ́lərʃip]

n. 장학금
I entered the University of Westminster and won a full **scholarship** in 2013.
2013년에 나는 웨스트민스터 대학에 입학했고 전액 장학금을 받았다.

a full scholarship 전액 장학금
receive a scholarship 장학금을 타다
study on a scholarship 장학금을 받아 공부하다
apply for a scholarship 장학금을 신청하다

72
scope
[skoup]

n. 범위, 한계(U)
Maths deepens and widens the **scope** of students' thoughts.
수학은 학생들의 사고 범위를 깊고 넓게 만든다.

73
secondary school

phr. 중고등학교

There is less bullying in **secondary schools** than in primary schools generally.

일반적으로 초등학교보다는 중고등학교에 왕따가 적다.

 ※ secondary school은 영국식 표현. 영국은 중학교와 고등학교를 나누지 않는다. 미국에서는 중학교는 middle school, 고등학교는 high school이라고 한다.

74
secondary school student

phr. 중고등학생

Some people think that **secondary school students** should travel for a period of time instead of going directly to study at university after finishing school.

어떤 사람들은 중고등학생들이 학교를 졸업한 후 바로 대학에서 공부를 시작하기보다는 일정 기간 동안 여행을 해야 한다고 주장한다.

 ※ secondary school student는 영국식 표현. 영국은 중학생과 고등학생을 나누지 않는다. 미국에서는 중학생은 middle school student, 고등학생은 high school student라고 한다.

75
senior
[síːnjər]

a. 상급생의, 선배의

Most high school **seniors** will not be going on vacation because they are preparing for the college entrance exam.

대부분의 고등학교 3학년 학생들은 수능 준비로 휴가를 가지 않을 것이다.

76
single-sex school

반 co-ed school 남녀공학

phr. 남고나 여고, 남녀공학이 아닌 학교

In general, students who studied in co-ed schools had lower test results than students who attended **single-sex schools**.

일반적으로 남녀공학을 다닌 학생들은 남고나 여고를 다닌 학생들보다 시험 성적이 낮았다.

77
source
[sɔːrs]

n. 자료, 출처

The Internet is a good **source** for studying.

인터넷은 좋은 학습 자료이다.

78
struggle
[strʌ́gl]
struggle – struggled – struggled

v. 애쓰다, 고군분투하다

Students sometimes **struggle** to finish their writing in time due to lack of ideas.

학생들은 때때로 아이디어 부족으로 인해 주어진 시간 안에 작문을 끝내는데 고군분투한다.

79
studious
[stjúːdiəs]

a. 열심히 공부하는, 학구적인

Halls of residence are designated as "24-hour quiet" buildings for students who prefer a more **studious** lifestyle.

기숙사는 좀 더 학구적인 생활방식을 선호하는 학생들을 위해 "24시간 조용한" 건물로 설계되었다.

80
study abroad

phr. 유학하다

The number of Korean students **studying abroad** has steadily risen.

한국인 유학생 수는 꾸준히 증가해 왔다.

81
syllabus
[síləbəs]
동 program, curriculum

n. 강의 계획서

On the first day of classes, tutors hand out the course **syllabus**, which has all the requirements and the due dates of assignments.

수업 첫 날 교사는 모든 필요한 사항과 과제 제출일이 기재된 강의계획서를 나눠준다.

82
take a course

phr. 수강하다, 수업을 듣다
When I was a secondary school student, I **took a course** in physics and it was very interesting.
중고등학생 때, 나는 물리학 수업을 들었는데 매우 흥미로웠다.

83
task
[ta:sk]

n. 과제, 학업
Teachers should prescribe learning **tasks** appropriate to a student's level.
교사는 아이들의 수준에 맞는 학습과제를 정해야 한다.

84
textbook
[tékstbùk]

n. 교과서
The government will first develop digital **textbooks** for primary school students in the following year.
정부는 다음 해에 초등학교 학생들을 위한 디지털 교과서를 처음으로 개발할 것이다.

 ※ textbook은 text와 book의 합성어이다. 따라서 text book이라고 두 단어로 적지 않고, textbook 한 단어로 붙여 쓴다.

85
theory
[θíəri]
동 hypothesis

n. 이론
Ever since I was a child, I have been interested in Einstein's **theory** of relativity.
나는 어릴 적부터 아인슈타인의 상대성 이론에 관심 있었다.

 ※ theory는 hypothesis보다 일반적이고 타당성이 높다.

86
undergraduate school

phr. 대학교

Law schools have different requirements for admission than normal **undergraduate schools**.
로스쿨은 일반 대학교와는 다른 입학 요건들을 가지고 있다.

 ※ undergraduate school은 영국식 표현, 미국에서는 대학교를 university라고 한다.

87
undergraduate student

phr. 대학생

The office provides **undergraduate students** with work-related workshops every summer.
이 부서는 여름마다 대학생들에게 직업 관련 워크샵을 제공한다.

 ※ undergraduate student는 영국식 표현, 미국에서는 대학생을 university student라고 한다.

88
work-related

phr. 일과 관련된

Improving student employability is a vital part of the curriculum that encourages **work-related** learning.
학생들의 취업 능력을 향상시키는 것은 일과 관련된 배움을 장려하는 이 커리큘럼에서 중요한 부분이다.

3. Review

3-1) Match the English words to the Korean translations below.

1. apply for a scholarship	a. 유아 교육
2. overcome difficulties	b. 어려움을 극복하다
3. nursery education	c. 의무 교육
4. compulsory education	d. 대학입학시험, 수능
5. college entrance exam	e. 장학금을 신청하다

3-2) Complete the sentences using the list of words and phrases below.

1. Nowadays, _____ is the most severe problem which many pupils face in the world.
2. Young students with ADHD are not able to _____ their study for a long time.
3. Parents and teachers play a key role in _____ children.
4. We provide _____ to international students which covers their fees.
5. There is no age _____ for learning.

a. concentrate on	b. bullying	c. educating	d. limit	e. funding

◀ 보이는 MP3

줄리정 불법 **IELTS VOCA**
Juli Jung's Immutable Law for IELTS Vocabulary

Day 6

Communication
의사소통

▶ MP3 다운 받는 법
- http://sunnysunday.co.kr (Sunny Sunday 출판사)접속 후 다운로드
- 쿨롬북스(모바일 앱) : 모바일로 '쿨롬북스' 앱을 다운 받은 후 '줄리정' 검색 후 'VOCA' 다운로드

1. Writing Task 2 빈출 문제

1. Some people insist that the world would be a better place if everyone spoke the same language. To what extent do you agree or disagree with this opinion?
2. As more and more people are communicating via computers and mobile telephones, we are losing the ability to communicate with others face to face. Do you agree or disagree with this statement?
3. The Internet is making it easier for people to communicate with one another. Do you agree or disagree with this statement?
4. The Internet has destroyed communication among friends and family members. Do you agree or disagree with this statement?
5. Compare the advantages and disadvantages of the three following methods for communicating information; audio systems, televisions, the Internet and state which you consider to be the most effective.

1. 어떤 사람들은 모든 사람들이 같은 언어를 사용해야 더 좋은 세상이 될 것이라고 주장한다. 당신은 이 의견에 얼마만큼 동의하는가? 또는 동의하지 않는가?
2. 점점 더 많은 사람들이 컴퓨터와 휴대 전화로 의사소통 함에 따라, 얼굴을 직접 보며 대화하는 능력을 잃어 가고 있다. 당신은 이 말에 동의하는가? 또는 동의하지 않는가?
3. 인터넷은 사람들이 서로 대화하는 것을 더욱 쉽게 해 주고 있다. 당신은 이 말에 동의하는가? 또는 동의하지 않는가?
4. 인터넷은 친구 및 가족 구성원 간의 대화를 단절시키고 있다. 당신은 이 말에 동의하는가? 또는 동의하지 않는가?
5. 정보를 전달하는 다음 세 가지 방법인 오디오, TV 그리고 인터넷의 장단점을 비교하고 어떤 것이 가장 효과적인지 말하시오.

2. 불법 단어 및 구문

1
accent
[æksent]

n. 악센트, 강세(UC)

I used to learn American English, but I like the British **accent** more.

나는 미국 영어를 배웠지만, 영국식 악센트를 더 좋아한다.

2
accuracy
[ǽkjərəsi]

n. 정확(U)

Accuracy and fluency are important for successful communication.

정확성과 유창함은 성공적인 의사소통을 위해 중요하다.

3
ambiguous
[æmbígjuəs]

a. 애매모호한, 두 가지 이상의 해석이 가능한

Students should not hesitate to ask for clarification when the question is **ambiguous**.

질문이 애매모호할 때 학생들은 주저하지 말고 설명해 달라고 요구해야 한다.

4
bilingual
[bailíŋgwəl]

a. 두 가지 언어를 구사하는

In a globalised era, there are more employment opportunities for people who are **bilingual**.

세계화 시대에는 두 가지 언어를 구사하는 사람들에게 좀 더 많은 고용의 기회가 주어진다.

 monolingual 한 가지 언어를 구사하는(모국어만 구사하는)
bilingual 두 가지 언어를 구사하는
trilingual 세 가지 언어를 구사하는
multilingual 여러 가지 언어를 구사하는

5
clarify
[klǽrəfài]
clarify – clarified – clarified

동 clear up

v. 분명히 하다, 이해하기 쉽게 하다

He tried to **clarify** what those mistakes were.

그는 실수가 무엇이었는지 정확하게 밝히려고 노력했다.

 clarify an issue 논점을 분명히 설명하다
clarify one's position 자신의 입장을 분명히 하다

6
coherent
[kouhíərənt]

동 consistent, logical

반 incoherent
논리가 맞지 않는

a. 시종 일관된, 논리적인

Suggesting clear and **coherent** ideas is important in persuading others.

분명하고 시종 일관된 생각을 제시하는 것은 다른 사람들을 설득하는 데 중요하다.

7
communicate
[kəmjú:nəkèit]
communicate –
communicated –
communicated

관 n. communication
의사소통

v. 의사소통 하다

The Internet is making it much easier for people to **communicate** with each other.

인터넷은 사람 사이의 의사소통을 훨씬 쉽게 만들고 있다.

8
communication
[kəmjù:nəkéiʃən]

관 v. communicate
의사소통 하다

n. 의사소통(U)

The development of the Internet has interrupted face to face **communication** among friends and family.

인터넷의 발달은 친구와 가족 간의 직접적인 의사소통을 방해해 왔다.

9
comprehend
[kɔ̀mprihénd]
comprehend –
comprehended –
comprehended

동 understand
관 n. comprehension 이해

v. 이해하다
Physics is one of the most difficult subjects to **comprehend**.
물리학은 가장 이해하기 어려운 과목 중의 하나이다.

 ※ comprehend VS understand
comprehend는 주로 지적 이해에 한정되며, 현상 또는 사실의 인식인 경우가 많다. understand는 지적 이해뿐만 아니라 감정적 이해, 경험적 이해 모두를 포함한다.

10
comprehension
[kɔ̀mprihénʃən]
관 v. comprehend 이해하다

n. 이해(U)
The speaking test will measure a person's grammar, pronunciation, vocabulary, intonation, and **comprehension**.
말하기 시험은 응시자의 문법, 발음, 어휘, 억양 그리고 이해력을 측정할 것이다.

11
concept
[kɑ́nsept]
동 conception

n. 개념
Explaining abstract **concepts** of friendship and love is not always easy.
우정이나 사랑과 같은 추상적인 개념을 설명하는 것이 항상 쉬운 것은 아니다.

12
conclude
[kənklúːd]
conclude – concluded – concluded

관 n. conclusion 결론

v. 결론 내리다
The government **concluded** that foreign English teachers at secondary schools were less efficient than those at primary schools.
정부는 중고등학교 원어민 영어 교사들이 초등학교 원어민 영어 교사들보다 덜 효율적이라고 결론 내렸다.

13
conclusion
[kənklúːʒən]
[관] v. conclude 결론 내리다

n. 결론(U)

In **conclusion**, Internet use is not breaking community bonds because individuals still socialise outside of the Internet world.

결론적으로 개인들은 여전히 인터넷 공간 밖에서 다른 사람들과 어울리고 있기 때문에, 인터넷 사용이 공동체 결속을 끊고 있는 것은 아니다.

14
confirm
[kənfə́ːrm]
confirm – confirmed – confirmed
[관] n. confirmation 승인

v. 승인하다, 확인하다

As soon as the booking process is complete, we will send the booker an email to **confirm** the reservation.

예약 진행이 완료되는 대로 우리는 예약자에게 예약을 승인하는 이메일을 보낼 것이다.

15
confirmation
[kɔ̀nfərméiʃən]
[관] v. confirm 승인하다

n. 승인, 확인(UC)

His silence was in effect a **confirmation** of the rumour.

그의 침묵은 루머를 확정 짓는 효력을 발휘했다.

16
conjecture
[kəndʒéktʃər]

n. 추측, 억측(UC)

The speaker's opinion was a mere **conjecture** based on limited information and facts.

그 강연자의 의견은 한정된 정보와 사실에 기초한 단순한 추측이었다.

- a mere conjecture 단순한 추측
- a mistaken conjecture 틀린 추측
- a plausible conjecture 그럴싸한 추측

17
conversation
[kɔ̀nvərséiʃən]
관 v. converse 대화하다

n. 대화(UC)

Most teenagers do not know how to start a **conversation** with their father.

대부분의 10대들은 아버지와 어떻게 대화를 시작해야 하는지 모른다.

불법 have a conversation with ~와 대화하다
interrupt a conversation 대화를 가로막다
turn a conversation to 화제를 돌리다

18
converse
[kənvə́ːrs]
converse – conversed
– conversed

관 n. conversation 대화

v. 대화하다

Multicultural companies require their employees to know business English to **converse** with customers in the world.

다국적 기업들은 전세계 고객들과 대화하기 위해서 비즈니스 영어를 구사할 수 있는 직원들을 필요로 한다.

19
crusade
[kruːséid]

n. 개혁 운동

The governments in poor countries should launch a **crusade** against illiteracy to overcome their poverty.

가난한 나라의 정부들은 가난을 극복하기 위해 문맹 퇴치 운동을 착수해야 한다.

 a crusade against illiteracy 문맹 퇴치 운동

20
define
[difáin]
define – defined – defined

v. 정의하다

Teachers often cite a part of Lincoln's speech to **define** democracy in the classroom.

교사들은 교실에서 민주주의를 정의하기 위해서 종종 링컨의 연설 일부분을 인용한다.

21
definition
[dèfəníʃən]

n. (단어의) 정의

Giving a **definition** of some ambiguous words is effective in making people understand each other in conversation.

의미가 모호한 단어들에 대해 정의를 내리는 것은 대화에서 서로를 이해하는 데 효과적이다.

22
demonstrate
[déməntrèit]
demonstrate – demonstrated – demonstrated

v. 실제로 사용하여 설명하다, 증명하다

Foreign students should **demonstrate** English language proficiency to gain entry to universities in English speaking countries.

외국인 학생들은 영어권 국가의 대학에 입학하기 위해서 영어 능력을 증명해야 한다.

23
dialect
[dáiəlèkt]
[반] standard language 표준어

n. 사투리(UC)

As residents on Jeju Island use a very unique **dialect**, sometimes people in Seoul cannot understand what they say.

제주도 사람들은 매우 독특한 사투리를 사용하기 때문에 때때로 서울 사람들은 그들이 말하는 것을 이해할 수 없다.

24
distinguish
[distíŋgwiʃ]
distinguish – distinguished – distinguished

v. 구별하다, 식별하다

I am able to **distinguish** between the voices of two people who speak at once.

나는 동시에 말하는 두 사람의 목소리를 구별할 수 있다.

25
emerge
[imə́ːrdʒ]
emerge – emerged
– emerged

v. 나타나다, 드러나다

New problems have **emerged** since the last meeting.

지난 미팅 이후로 새로운 문제점들이 나타나고 있다.

 emerging market 신흥 시장
emerging country 신흥 국가

26
evolve
[ivɔ́lv]
evolve – evolved – evolved

동 develop

v. 차츰 발전시키다, 전개시키다

Languages naturally either **evolve** over time or die out.

언어는 자연적으로 시간에 걸쳐 진화하거나 사라진다.

27
explain
[ikspléin]
explain – explained
– explained

v. 설명하다

The police officer is going to **explain** soon what happened and how many people were hurt.

경찰관은 무슨 일이 일어났는지 그리고 얼마나 많은 사람들이 다쳤는지 곧 설명할 예정이다.

28
face to face

phr. 마주 보고, 서로 얼굴을 보고

After the terrorist attacks of September 11, business people have preferred video or teleconferences to **face to face** meetings.

911 테러리스트 공격 이후에 사업가들은 직접 회의를 하는 것보다 비디오나 전화로 회의하는 것을 선호한다.

 face to face communication 서로 얼굴을 보고 하는 대화
a face to face interview 서로 얼굴을 보고 하는 인터뷰
a face to face meeting 서로 얼굴을 보고 하는 회의
※ face to face는 직역하면 얼굴 대 얼굴이라는 뜻으로 직접 만나서 서로 얼굴을 보는 것을 말한다.

29 fall behind

phr. 뒤처지다

Some people who do not speak a major world language **fall behind** in their society.

세계 주요 언어를 구사하지 못하는 일부 사람들은 사회에서 뒤처진다.

30 fluency
[flúːənsi]

n. 유창함(U)

Although Diane has never been to England, she speaks with great **fluency** in English.

다이앤은 영국에 가본 적도 없지만 영어를 매우 유창하게 구사한다.

 speak with great fluency 매우 유창하게 말하다

31 fluently
[flúːəntli]

ad. 유창하게

I would like to speak English **fluently** because I have a plan to travel around the world in the near future.

나는 가까운 미래에 세계 곳곳을 여행할 계획이 있기 때문에 영어를 유창하게 구사하고 싶다.

32 foreign language

[반] mother tongue 모국어

phr. 외국어

It is not easy for me to express myself in a **foreign language** fluently.

외국어로 유창하게 내 생각을 표현하기란 쉽지 않다.

33
gesture
[dʒéstʃər]
gesture – gestured
– gestured

n. 제스처, 몸짓

Designing a teaching method that uses **gestures** to help children learn English is important.

아이들이 영어를 배우는데 도움이 되는 제스처를 사용해서 교수법을 계획하는 것은 중요하다.

facial gesture 표정
speak by gesture 손짓으로 말하다
communicate by gesture 몸짓 손짓으로 의사소통을 하다

v. 몸짓하다

The manager **gestured** to his staff members out of the office.

매니저는 그의 직원들에게 사무실에서 나가라는 제스처를 취했다.

34
Globish
[glóubiʃ]

n. 글로비시(U)

Globish is becoming popular as a means of communicating for non-native speakers, rather than a formal language.

글로비시는 공식적인 언어라기보다는 비영어권 사람들을 위한 의사소통 수단으로써 인기가 높아지고 있다.

※ Globish는 global과 English의 합성어. 영어가 모국어가 아닌 사람들이 쓰는 단순화된 형태의 영어. 가장 일반적인 단어와 구들로 이뤄지고 문법에 크게 구애 받지 않고 사용한다. 보통 첫 글자는 대문자로 쓴다.

35
hesitation
[hèzətéiʃən]
관 v. hesitate 망설이다

n. 망설임, 주저

I hope to speak English fluently without any **hesitation** or fear.

나는 어떠한 망설임이나 두려움 없이 영어를 유창하게 말하고 싶다.

36
illustrate
[íləstrèit]
illustrate – illustrated
– illustrated

v. 예를 들어 설명하다, 보여주다

The pie chart above **illustrates** the dramatic increase in unemployment.

위의 파이 차트는 실업률의 극적인 증가를 보여준다.

37
imply
[implái]
imply – implied – implied

v. 암시하다, 의미하다, 내포하다

Dr. Jung's suggestion **implies** that teenagers need to learn how to interact with their parents at school.

정박사의 제안은 10대들이 부모와 소통하는 방법을 학교에서 배워야 한다는 것을 의미한다.

38
incoherent
[ìnkouhíərənt]
반 coherent 시종 일관된

a. 논리가 맞지 않는, 앞뒤가 맞지 않는

When I speak to people a lot, my speaking becomes more **incoherent**.

말을 많이 하면 내가 한 말은 더욱더 앞뒤가 맞지 않게 된다.

39
indicate
[índikèit]
indicate – indicated
– indicated

v. 나타내다, 가리키다

The teacher **indicated** her permission with a nod.

교사는 고개를 끄덕거리며 허락의 뜻을 나타냈다.

40
inherent
[inhíərənt]

a. 고유의, 본질적인, 선천적으로 가지고 태어난

Everyone is born with an **inherent** ability to get along well with other people.

모든 사람은 다른 사람들과 잘 지낼 수 있는 선천적인 능력을 가지고 태어난다.

41
interpret
[intə́ːrprit]
interpret – interpreted
– interpreted

동 translate

관 n. interpreter 통역사

v. 해석하다, 통역하다

Wherever people who use different languages have a business meeting, **interpreting** is essential.

서로 다른 언어를 사용하는 사람들이 비즈니스 미팅을 할 때는 통역이 항상 필요하다.

 ※ translate VS interpret
translate는 표면적 사실만을 전달하는 것이고, interpret는 눈에 보이지 않는 숨겨진 의미까지 해석하는 것을 말한다.

42
interpreter
[intə́ːrpritər]

동 translator

관 v. interpret 통역하다

n. 통역사

Crystal was an English **interpreter** of the 2002 FIFA World Cup.

크리스탈은 2002 FIFA 월드컵 영어 통역사였다.

 a sign-language interpreter 수화 통역사

43
intonation
[ìntounéiʃən]

n. 억양, 음조(UC)

One of the most important things, when it comes to learning English, is being aware of **intonation**.

영어를 배울 때 가장 중요한 것 중 하나는 억양을 아는 것이다.

44
language
[læŋgwidʒ]

n. 언어, 말(UC)

The number of young students with bad **language** habits is increasing.

나쁜 언어 습관을 가진 어린 학생들의 수가 증가하고 있다.

 spoken language 구어
written language 문어
the language of flowers 꽃말
one's first(native) language 모국어
an international language 국제어

45
language barrier

phr. 언어 장벽

The most important thing to people who immigrate is not overcoming the **language barrier** but accepting cultural differences.

이주자들에게 가장 중요한 것은 언어 장벽을 극복하는 것이 아니라 문화적 차이를 받아들이는 것이다.

46
linguist
[líŋgwist]

통 linguistic scientist
관 n. linguistics 언어학

n. 언어학자

Some **linguists** argue that the ability to acquire and use language is innate.

어떤 언어학자들은 언어를 습득하고 사용하는 능력은 타고나는 것이라고 주장한다.

47
linguistics
[liŋgwístiks]

관 n. linguist 언어학자

n. 언어학(U)

I major in **linguistics**, which is the study of the nature of human language.

나는 인간 언어의 본질을 연구하는 언어학을 전공한다.

48
make a compromise

phr. 타협하다

To **make a compromise**, someone has to be willing to listen carefully and accept the other person's point of view.

타협하기 위해서는 기꺼이 다른 사람의 의견을 주의 깊게 듣고 받아들이려고 해야 한다.

49
means of communication

phr. 의사소통 수단

The Internet is the fastest and most effective **means of communication** in modern society.

인터넷은 현대사회에서 가장 빠르고 효과적인 의사소통 수단이다.

50
miscommunication
[mìskəmjùːnəkéiʃən]

n. 잘못된 의사소통(U)

The right pronunciation is very important because mispronouncing a word leads to **miscommunication**.

단어를 잘못 발음하면 잘못된 의사소통이 이루어지기 때문에 정확한 발음은 매우 중요하다.

51
mother tongue

동 one's first language, native language

반 foreign language 외국어

phr. 모국어

Nowadays, some Korean students learning English tend to neglect their **mother tongue**.

요즘 영어를 배우는 한국 학생 중 일부는 모국어를 소홀히 하는 경향이 있다.

52
native speaker

phr. 원어민, 어떠한 언어를 모국어로 하는 사람

Jenny does not have a lot of difficulty in carrying on a conversation with **native speakers** of English.

제니는 영어가 모국어인 사람들과 대화할 때 많은 어려움을 겪지 않는다.

53
needless to say

phr. 말할 필요도 없이, 물론

Needless to say it takes time and costs money to master a foreign language.

말할 필요도 없이 외국어를 마스터 하기 위해서는 시간과 돈이 든다.

 ※ needless to say는 보통 문장의 맨 앞에 쓰인다.

54
pronounce
[prənáuns]

pronounce – pronounced – pronounced

관 n. pronunciation 발음

v. 발음하다

The accent does not really matter in English as long as non-native speakers **pronounce** the words correctly.

비영어권 사람들이 정확하게 단어를 발음하는 한 영어에서 악센트는 그다지 문제가 되지 않는다.

55
pronunciation
[prənʌ̀nsiéiʃən]
관 v. pronounce 발음하다

n. 발음(UC)

It is not easy for English learners to distinguish the difference in **pronunciation** between work and walk.

영어 학습자들이 work와 walk의 발음 차이를 구별하는 것은 쉽지 않다.

56
recall
[rikɔ́:l]
recall – recalled – recalled

v. 상기하다, 회상하다, 회수하다

I have a good memory for people's faces, but can hardly **recall** their names.

나는 사람들의 얼굴은 잘 기억하지만 그들의 이름은 거의 기억하지 못한다.

57
refer
[rifə́:r]
refer – referred – referred

v. 인용하다, 언급하다

My father often **refers** to the Bible when I ask him for advice.

내가 아버지에게 조언을 구할 때 아버지는 종종 성경(구절)을 언급한다.

58
rumour
[rú:mər]

n. 소문, 낭설(UC)

There have been various **rumours** about his divorce.

그의 이혼에 대해 다양한 루머들이 있었다.

spread a rumour 소문을 퍼트리다
deny a rumour 소문을 부인하다

59
second language

phr. 제 1 외국어, 모국어 다음의 언어

French is one of Canada's two official languages, therefore many Canadian students learn it as a **second language**.

프랑스어는 두 개의 캐나다 공식 언어 중 하나이므로 많은 캐나다 학생들이 제1 외국어로 프랑스어를 배운다.

※ second language는 모국어 다음으로 구사하는 첫 번째 외국어이다.

60
sign language

phr. 수화(UC)

I would like to be a **sign language** interpreter for helping the deaf.

나는 청각 장애인들을 돕기 위해 수화통역사가 되고 싶다.

61
sophisticated
[səfístəkèitid]

a. 세련된, 복잡한

It is better to write in regular, not very **sophisticated** English if students do not fully understand.

학생들이 완벽하게 이해하지 못한다면, 너무 복잡한 영어보다는 평범한 영어로 글을 쓰는 편이 낫다.

62
speech impediment

phr. 언어 장애

Speech impediments can interfere with interpersonal skills.

언어 장애는 다른 사람들과 어울릴 때 문제가 될 수 있다.

63
spontaneous
[spɔntéiniəs]

a. 자발적인, 자연스러운

The spoken English exam requires more **spontaneous** answers.

영어 말하기 시험에서는 좀 더 자연스러운 대답을 요구한다.

 spontaneous gestures 자연스러운 몸동작(제스처)

64
standard language
[반] dialect 사투리

phr. 표준어

The **standard language** usually is associated with economically and culturally important regions such as Seoul in South Korea and London in the UK.

표준어는 한국의 서울이나 영국의 런던과 같이 경제적으로나 문화적으로 중요한 지역들과 관련이 있다.

65
stutter
[stʌ́tər]
stutter – stuttered – stuttered

[관] n. stutterer 말을 더듬는 사람

v. 말을 더듬다

'The King's Speech' is a movie about England's King George VI who **stuttered**.

'킹스 스피치'는 말을 더듬었던 영국의 왕, 조지 6세에 관한 영화이다.

66
stutterer
[stʌ́tərər]

[관] v. stutter 말을 더듬다

n. 말을 더듬는 사람, 말더듬이

If a child often stops in the middle of a sentence, this does not always mean that the child is a **stutterer**.

만약 어떤 아이가 말하는 도중에 말을 종종 멈춘다 하더라도, 반드시 그 아이가 말더듬이라는 의미는 아니다.

67
suggest
[səd3ést]
suggest – suggested – suggested

[동] propose
[관] n. suggestion 제안

v. 제안하다, ~하자고 말을 꺼내다

I **suggested** to my boyfriend that we enjoy our holiday in Dubai.

나는 내 남자친구에게 이번 휴가를 두바이에서 보내자고 제안했다.

68
suggestion
[səd3éstʃən]

[동] proposition
[관] v. suggest 제안하다

n. 제안

I accepted her **suggestion** to do business together right on the spot.

나는 사업을 같이 하자는 그녀의 제안을 그 자리에서 즉시 받아들였다.

69
superficial
[sjùːpərfíʃəl]

a. 피상적인, 외관상의

Although it is possible to make new friends on the Internet, the relationships are usually **superficial**.

인터넷에서 새로운 친구들을 사귀는 것이 가능하지만 그 관계들은 보통 피상적이다.

 superficial relationships 피상적인 관계

70
translate
[trænsléit]
translate – translated – translated

동 interpret
관 n. translator 번역가

v. 번역하다, 해석하다

The book, which was released in 2012, went on to sell more than 100 million copies and has been **translated** into 20 languages.

2012년에 출간된 이 책은 1억 권 이상이 팔려 나갔고 20개의 언어로 번역되었다.

71
translator
[trænsléitər]
동 interpreter
관 v. translate 번역하다

n. 번역가

We need to find a **translator** who can translate documents of the upcoming talks from Korean to English.

우리는 곧 있을 회의에 필요한 자료를 한국어에서 영어로 번역해 줄 번역가를 구해야 한다.

72
unanimous
[juːnǽnəməs]

a. 만장일치의

The board made a **unanimous** decision to sell 10 retail shops next year.

이사회는 만장일치로 내년에 10개의 매장들을 팔기로 결정했다.

73
vocabulary
[voukǽbjuləri]

n. 어휘(UC)
Reading newspapers and journals helps to improve **vocabulary** and writing skills.
신문과 저널을 읽는 것은 어휘와 작문 실력을 향상시키는 데 도움이 된다.

3. Review

3-1) Match the English words to the Korean translations below.

1. superficial relationships	a. 두 가지 언어를 구사하는
2. spontaneous gestures	b. 자연스러운 몸동작(제스처)
3. spoken language	c. 서로 얼굴을 보고 하는 회의
4. a face to face meeting	d. 구어
5. bilingual	e. 피상적인 관계

3-2) Complete the sentences using the list of words and phrases below.

1. I used to learn American English, but I like the British _____ more.
2. Suggesting clear and _____ ideas are important to persuading others.
3. Most teenagers do not know how to start a _____ with their father.
4. I am able to _____ between the voices of two people who speak at once.
5. I hope to speak English fluently without any _____ or fear.

a. coherent   b. accent   c. conversation   d. distinguish   e. hesitation

Answers : 3-1) 1-e / 2-b / 3-d / 4-c / 5-a   3-2) 1-b / 2-a / 3-c / 4-d / 5-e

◀ 보이는 MP3

줄리정 불법 IELTS VOCA
Juli Jung's Immutable Law for IELTS Vocabulary

Day 7
Travelling & Transport
여행과 교통

▶ MP3 다운 받는 법
- http://sunnysunday.co.kr (Sunny Sunday 출판사)접속 후 다운로드
- 콜롬북스(모바일 앱) : 모바일로 '콜롬북스' 앱을 다운 받은 후 '줄리정' 검색 후 'VOCA' 다운로드

1. Writing Task 2 빈출 문제

1. Tourism is becoming a good source of revenue for many countries. Discuss the advantages and the disadvantages of developing this industry.
2. Some people argue that travellers visiting other countries should follow the local customs and behaviour. Others think that the host countries should accept cultural differences. Discuss both these views and give your own opinion.
3. Today more people are travelling than ever before. What is the reason? What are the benefits of travelling?
4. In order to solve traffic problems, the government should impose a heavy tax on private car owners and use the money to improve public transport systems. What are the advantages and disadvantages of such a solution?
5. Traffic congestion is becoming a severe problem for large cities. Suggest some measures that could be taken to reduce traffic in big cities.

1. 관광 산업은 많은 나라들의 좋은 수입원이 되고 있다. 이러한 산업 발달의 장단점을 논하라.
2. 어떤 사람들은 다른 나라를 방문하는 관광객들이 그 지역의 관습과 행동을 따라야 한다고 주장한다. 반면 그 관광국들이 문화적 차이를 받아들여야 한다고 생각하는 사람들도 있다. 양쪽의 견해를 논하고 당신의 주장을 제시하라.
3. 오늘날에는 전보다 더 많은 사람들이 여행을 한다. 이유는 무엇인가? 여행이 여행객들에게 주는 이점은 무엇인가?
4. 교통 문제를 해결하기 위해서 정부는 차량 소유자들에게 무거운 세금을 부과하고 이 돈을 대중교통 시스템을 개선하는데 사용해야 한다. 이러한 해결책의 장단점을 논하라.
5. 교통 체증은 대도시의 심각한 문제가 되고 있다. 대도시 교통량을 줄일 수 있는 방법들을 제시하라.

2. 불법 단어 및 구문

1
accommodation
[əkɔ̀mədéiʃən]

n. 숙박(UC)

I have booked a tour package to Europe including airline tickets, **accommodation** and ground transportation.

나는 항공권, 숙박, 육상 교통이 포함된 유럽여행 패키지를 예약했다.

2
adventurous
[ədvéntʃərəs]

a. 모험심이 강한, 대담한

My sister is the most **adventurous** person to me because she travelled to 10 countries alone last year.

언니는 내가 볼 때 가장 모험심이 강한 사람인데, 작년에 혼자 10개국을 여행했기 때문이다.

 an adventurous person 모험심이 강한 사람
an adventurous journey 모험적인 여행

3
affect
[əfékt]
affect – affected – affected

동 influence, impact
관 n. effect 영향

v. 영향을 미치다, 영향을 주다

The weather can considerably **affect** a trip.

날씨는 여행에 상당한 영향을 미친다.

 ※ affect는 '영향을 미치다'라는 동사, effect는 '영향'이라는 명사이다. 많은 학생들이 두 개의 단어를 혼동하곤 하는데, 아이엘츠에 상당히 자주 등장하는 단어이므로 주의해야 한다.

4
allow
[əláu]
allow – allowed – allowed

v. 허락하다, 허가하다

Passengers are not **allowed** to use their mobile phone in airplanes.

승객들은 비행기 안에서 휴대전화를 사용할 수 없다.

 allow A to B A가 B하는 것을 허락하다

5 boarding
[bɔ́ːrdiŋ]

n. 탑승, 승선(U)

My boarding gate is 24 and the **boarding** time is 1.20.

탑승 게이트는 24번이고, 탑승 시각은 1시 20분이다.

6 breathtaking
[bréθtèikiŋ]

a. 가슴을 뛰게 하는, 깜짝 놀랄만한, 숨막히게 아름다운

LA has a lot of **breathtaking** beaches and surfing is a very popular sport with the locals.

로스앤젤레스에는 숨막히게 아름다운 해변들이 많고 서핑은 현지인들에게 매우 인기 있는 스포츠이다.

breathtaking scenery 멋있는 풍경
a breathtaking car race 손에 땀을 쥐게 하는 자동차 경주
a breathtaking beauty 굉장한 미인

7 budget
[bʌ́dʒit]

n. 예산, 경비

Taking a cab from the airport to my hotel would be way beyond my **budget**.

공항에서 호텔까지 택시를 탄다면 예산을 훨씬 초과하게 될 것이다.

beyond one's budget 예산을 초과한
on a budget 한정된 예산으로
a budget restaurant 값싼 식당
a budget traveller 검소한 여행자

8 bus route

phr. 버스 노선

I usually go to school by bus because there are many **bus routes** to my school.

학교로 가는 버스 노선들이 많아서 나는 보통 버스를 타고 학교에 간다.

9
coach
[koutʃ]

n. 대형 장거리 버스

The cheapest way to Glasgow from London is taking a **coach**.

런던에서 글라스고를 가는 가장 저렴한 방법은 코치(대형 장거리 버스)를 타고 가는 것이다.

> **불법** ※ 영국의 coach는 한국의 고속버스와 유사하다. 하지만 coach의 원래 뜻은 '대형의 호화로운 마차'이다. Coach는 지붕이 있고 사방이 막힌 차체는 가동성 있게 고정되어 있으며, 안에는 서로 마주보는 2개의 가로 의자가 있어 4인이나 6명이 탑승할 수 있다. 해외 브랜드인 'Coach'의 로고도 마차인 것을 확인할 수 있다. 참고로 coach 중에서 캠브리지 아이엘츠에 등장하는 Greyhound bus는 미국, 캐나다, 멕시코 등에서 운행하는 대형버스의 이름이다.

10
coastal
[kóustəl]

a. 해안의

The famous Sydney to Brisbane **coastal** drive has captivated overseas and domestic travellers.

그 유명한 시드니-브리즈번 해안 드라이브는 국내외 여행객들을 매혹시켰다.

11
community
[kəmjú:nəti]

n. 지역 공동체, 사회

The educational tour we designed is a visit to the local **communities** so students can see what life in a rural village in South Africa is really like.

우리가 계획한 수학여행은 지역 사회들을 방문해서 학생들이 남아공 시골의 삶이 실제로 어떤지를 보게 하는 것이다.

12
commute
[kəmjú:t]
commute – commuted – commuted

v. 출퇴근하다

I need my own car to **commute** to work.

나는 출퇴근용 자가용이 필요하다.

13
congestion
[kəndʒéstʃən]

n. (교통) 혼잡(U)

There are a couple of benefits associated with imposing a **congestion** charge to tackle traffic jams.

교통 체증을 막기 위해 혼잡 통행료를 부과하는 것과 관련하여 두 가지 장점이 있다.

 impose a congestion charge 혼잡 통행료를 부과하다
traffic congestion 교통 체증
the congestion charge zone 혼잡 통행료 부과 구간

14
cosmopolitan
[kɔ̀zməpɔ́lətn]

a. 국제적인, 세계인의

My mother has an excellent **cosmopolitan** outlook because she spent her 30s in London as a fashion designer.

어머니는 패션 디자이너로서 런던에서 30대를 보냈기 때문에 탁월한 국제적 식견을 가지고 있다.

15
countryside
[kʌ́ntrisaid]

n. 시골(U)

I am going to visit my grandmother living in the **countryside** this summer vacation.

나는 이번 여름방학 때 시골에 사시는 할머니를 찾아 뵐 예정이다.

16
destination
[dèstənéiʃən]

n. 여행의 목적지, 행선지

Jeju is one of the most popular tourist **destinations**, attracting more than five million visitors per year.

제주도는 매년 오백만 명 이상의 관광객들이 찾는 가장 인기 있는 관광지 중 하나이다.

17
diverse
[daivə́:rs]
동 various

a. 다양한

Mexico is an attractive place to visit with unique and **diverse** experiences for all travellers.

멕시코는 모든 여행객들에게 독특하고 다양한 경험을 선사할 수 있는 매력적인 장소이다.

18
duty free shop

phr. 면세점

I have purchased a bag from the **duty free shop** in Hong Kong for a much cheaper price.

나는 홍콩 면세점에서 훨씬 더 저렴한 가격으로 가방을 구입했다.

19
ecotourism
[í:koutùərizm]

n. 생태 관광(U)

Ecotourism also boosts local economies.

생태 관광은 또한 지역 경제를 부양시킨다.

※ ecotourism이란 환경 훼손을 최소화하는 환경 친화적 관광으로 수익금의 일부가 환경보호에 쓰인다.

20
effect
[ifékt]
동 influence, impact
관 v. affect 영향을 끼치다

n. 영향, 효과(UC)

From an environmental perspective, tourism can have a negative **effect** on the environment.

환경적인 시각에서 보면 관광산업은 환경에 부정적인 영향을 끼친다.

side effects 부작용
adverse effects 역효과
harmful effects of smoking 담배의 해로운 영향

21
exotic
[igzɔ́tik]

a. 이국적인, 색다른

Eating **exotic** food on the beach was the most memorable part of this trip.

해변에서 이국적인 음식을 먹은 것이 이번 여행에서 가장 기억에 남는다.

22
facility
[fəsíləti]

n. 시설(UC)

My city has more theme parks and entertainment **facilities** for travellers than any other city in the world.

내가 사는 도시는 전세계 어떤 도시보다도 관광객들을 위한 테마 파크와 오락 시설을 더 많이 갖추고 있다.

23
flexible
[fléksəbl]

a. 융통성 있는, 유연한

The airline company provides a comfortable service and **flexible** scheduling to their passengers.

그 항공사는 승객에게 편안한 서비스와 융통성 있는 스케줄을 제공한다.

24
guided tour

phr. 가이드가 동행하는 여행

In recent times, **guided tours** have not been popular with young people.

최근 가이드가 동행하는 여행은 젊은 사람들에게 인기가 없다.

 ※ guide tour는 콩글리쉬이다.

25
hindrance
[híndrəns]

[통] obstacle, impediment

n. 방해, 장애(U)

Australians can have a visa-free trip to a number of overseas countries without a **hindrance**.

호주 사람들은 수많은 나라들을 아무런 방해 없이 무비자로 여행할 수 있다.

26
identification = ID
[aidèntifəkéiʃən]

n. 신분 확인, 신분증, 식별(UC)

For all domestic flights, every passenger is required to have valid photo **identification** to confirm their identity as a ticket holder.

모든 국내선 승객들은 티켓 구매자로서 신분을 증명할 수 있는 사진이 부착된 유효한 신분증을 소지해야 한다.

27
inhabitant
[inhǽbətənt]
동 dweller

n. 주민, 거주자

I would like to travel to the Amazon and meet the **inhabitants** in person.

나는 아마존에 가서 직접 주민들을 만나고 싶다.

28
itinerary
[aitínərəri]

n. 여행 일정, 일정표

The travel agent sent me my **itinerary** after booking my flight to London.

여행사 직원이 런던행 항공권을 예약한 후, 나에게 여행 일정표를 보내주었다.

29
jet lag

phr. 시차증

Jinhee hates going abroad due to **jet lag**.

진희는 시차증 때문에 해외에 가는 것을 싫어한다.

 get jet lag 시차증에 걸리다
suffer from jet lag 시차증으로 고생하다

30
journey
[dʒə́ːrni]

n. 여행, 여정

The **journey** in South Africa was not easy and I faced many difficulties in communicating with the local people.

남아공 여행은 쉽지 않았고 나는 현지인들과 의사소통 하는데 많은 어려움을 겪었다.

31
landscape
[lǽndskèip]

n. 경관, 풍경

I love travelling for the purpose of taking pictures of beautiful **landscapes** in different countries.

나는 다른 나라의 아름다운 경관 사진을 찍기 위해 여행하는 것을 매우 좋아한다.

urban landscapes 도시 경관
beautiful landscapes 아름다운 경관
magnificent landscapes 장관인 경관
landscape photographs 풍경 사진

32
local
[lóukəl]

a. 그 고장의, 지방의, 지역의

Immigrants should adopt the **local** culture when immigrating to a new country.

새로운 나라로 이민 가는 이주자들은 그 지역 문화에 적응해야 한다.

33
Lonely Planet

phr. 세계적인 베스트 셀러 여행 책자

I always buy **Lonely Planet** guides before I take a trip to overseas countries.

나는 해외 여행을 가기 전에 항상 론리 플래닛 여행 책자를 구매한다.

34
luggage
[lʌ́gidʒ]
동 baggage

n. 수화물(U)

Each domestic and international airline imposes its own specific guidelines for **luggage** size and weight restrictions.

모든 국내외 항공사들은 수화물 크기와 무게 제한에 대해 상세한 가이드라인을 적용한다.

 ※ luggage는 영국식 표현, 미국에서는 수화물을 baggage라고 한다.

35
luxurious
[lʌgˈʒuəriəs]

a. 호화스러운, 사치스러운

On a honeymoon, new couples prefer a **luxurious** hotel to basic accommodation.

신혼 여행에서 새로운 커플들은 기본적인 숙박시설보다는 호화로운 호텔을 선호한다.

36
memorable
[mémərəbl]

a. 기억에 남는, 인상적인

The most **memorable** event in my life was travelling to Hong Kong in 2011.

내 인생에게 가장 기억에 남는 이벤트는 2011년에 홍콩을 여행한 것이다.

37
Michelin Guide

phr. 미쉐린(미슐랭) 가이드

When I travelled to London, I went to one of the restaurants which was selected by the **Michelin Guide**.

런던을 여행했을 때 나는 미쉐린 가이드에서 선정한 레스토랑 중 한 곳에 갔었다.

※ Michelin Guide란 타이어회사 미쉐린(미슐랭)이 매년 봄 발간하는 식당 및 여행 책자로 세계 각국의 맛있는 레스토랑에 대해 별 1개부터 3개까지 등급을 매긴다. 별 3개 등급이 최고의 레스토랑이다.

38
mountainous
[máuntənəs]

a. 산이 많은

I enjoyed the beautiful view of narrow valleys and **mountainous** landscapes by cable car.

나는 케이블카를 타고 좁은 계곡과 산악 지대의 아름다운 풍경을 감상했다.

39
navigation
[nævəgéiʃən]

n. 네비게이션, 주행지시

Thanks to the **navigation** system, drivers cannot get lost today.

네비게이션 시스템 덕분에 오늘날 운전자들은 길을 잃을 염려가 없다.

40
overcrowded
[òuvərkráudid]

a. 사람이 너무 많아 붐비는, 초만원인

The buses and undergrounds in my town are always **overcrowded**.

우리 마을의 버스와 지하철은 항상 사람들로 붐빈다.

41
peaceful
[píːsfəl]

a. 평화로운

I would like to travel to Malaysia because of its natural surroundings and **peaceful** atmosphere.

나는 자연환경과 평화로운 분위기 때문에 말레이시아로 여행을 가고 싶다.

42
peak
[piːk]

n. 산꼭대기, 정상

When we got to the **peak** of the mountain, the view was incredible and magnificent.

우리가 산의 정상에 도달했을 때 그 경관은 놀랍고 웅장했다.

43
pedestrian
[pədéstriən]

동 walker

n. 보행자

Crossing at the crosswalk is sometimes dangerous for bicycle riders and **pedestrians**.

횡단보도를 건너는 것은 자전거 타는 사람들과 보행자들에게 위험할 때가 있다.

44
picturesque
[pìktʃərésk]

a. 그림 같은, 생생한

Australia is one of the most **picturesque** countries that one can travel to for recreation.

호주는 기분 전환을 위해 여행하기 좋은 가장 그림 같은 나라 중 하나이다.

45
punctual
[pʌ́ŋktʃuəl]

a. 약속한 시간을 엄수하는, 제 시간에 오는

I prefer to travel by train because it is safe, **punctual** and inexpensive in most countries.

나는 기차로 이동하는 것을 선호하는데, 대부분의 나라에서 기차는 안전하고 제 시간에 도착하며 비싸지 않기 때문이다.

46
quaint
[kweint]

a. 예스럽고 멋있는
While travelling on the outskirts of Paris, I stayed in a luxurious hotel retaining a **quaint** atmosphere.
파리 주변 도시들을 여행하면서 나는 예스러운 분위기를 간직한 고급스러운 호텔에서 묵었다.

47
recharge one's batteries

phr. 재충전하다, 원기를 회복하다
People can **recharge their batteries** and experience different customs and cultures through travelling.
사람들은 여행을 통해서 재충전할 수 있고 다른 관습들과 문화들을 경험할 수 있다.

48
refresh
[rifréʃ]
refresh – refreshed – refreshed

관 n. refreshment 원기 회복

v. 새롭게 하다, 상쾌하게 하다, 원기를 회복하다
Teachers also need a break and to be **refreshed** so they can give their full attention to their students.
아이들에게 오롯이 주의를 기울일 수 있도록 교사도 휴식과 원기 회복이 필요하다.

feel refreshed 기분이 상쾌하다
refresh the spirits 기분을 상쾌하게 하다
refresh the body 몸을 상쾌하게 하다

49
refreshment
[rifréʃmənt]

관 v. refresh 원기를 회복하다

n. 원기 회복, 휴식(U)
Kyoto has many welcoming **refreshment** places so visitors can recharge their batteries here.
교토에는 방문객들이 재충전할 수 있는 휴식처가 많다.

※ refreshment는 원기 회복이라는 뜻의 셀 수 없는 명사인데, 여기에 's'를 붙이면 다과, 가벼운 식사라는 뜻이 된다. Soft drinks and refreshments are free to all passengers in the flight. 비행기에 탑승한 모든 승객에게 음료와 다과가 무료이다.

50
remote
[rimóut]

a. 멀리 떨어진, 원격의

The market for the tourist industry in **remote** areas is booming as never before.

외딴 지역의 관광 산업 시장은 전에 없이 활황이다.

51
reserve
[rizə́:rv]
reserve – reserved – reserved

동 book

v. 예약하다

Passengers can select an available seat based on seat inventory when they **reserve** their flight.

항공권을 예약할 때 승객들은 남은 좌석 중에서 이용 가능한 좌석을 선택할 수 있다.

 용법
- reserve a seat (교통수단 : 비행기, 기차 등의) 좌석을 예약하다
- reserve a table (레스토랑에서) 테이블을 예약하다
- reserve a room (숙박시설 : 호텔 등의) 방을 예약하다

52
rip off

phr. 바가지를 씌우다

Some travel organisations are **ripping off** customers during peak season.

몇몇 여행사들은 성수기에 소비자들에게 바가지 요금을 씌운다.

53
rural
[rúərəl]

반 urban 도시의

a. 시골의, 전원의

Children in **rural** areas have few opportunities to travel very far from where they were born.

시골 아이들은 태어난 곳에서 아주 멀리 떨어진 곳으로 여행할 기회가 거의 없다.

54
rush hour

phr. 혼잡한 출퇴근 시간

I travel during the **rush hours**, so there is quite a lot of traffic.

나는 혼잡한 출퇴근 시간에 이동하기 때문에 교통량이 많다.

55
scenic
[síːnik]

a. 경치가 좋은, 아름다운

From the top of the cliff there was a **scenic** panorama of the coast and ocean.

절벽 위에서 내려다보니 해안과 바다의 아름다운 전경이 펼쳐졌다.

56
seaside resort

phr. 해변 휴양지, 해수욕장

The **seaside resort** in Sydney was wonderful and we had such a great time.

시드니에 있는 해변 휴양지는 정말 멋있었고 우리는 매우 즐거운 시간을 보냈다.

57
seat belt

phr. 안전 벨트

Fastening a **seat belt** is important because it will protect passengers in case of an accident.

안전 벨트 착용은 사고 발생 시 승객들을 보호하기 때문에 중요하다.

58
shortcut
[ʃɔ́ːrtkʌt]
동 shorter way

n. 지름길, 최단 거리

This road is a **shortcut** so getting to school is much faster and safer.

이 길은 지름길이라서 훨씬 빠르고 안전하게 학교에 도착할 수 있다.

59
souvenir
[sùːvəníər]

n. 기념품

I try to buy **souvenirs** for my friends and family whenever I go on a trip.

여행을 갈 때마다 나는 친구와 가족에게 줄 기념품을 사려고 노력한다.

60
spectacular
[spektǽkjulər]

a. 장관인, 장대한, 사람들의 시선을 사로잡는

I travelled alone to a small town near the **spectacular** Rocky Mountains in Canada.

나는 혼자 캐나다의 장대한 록키 산맥 근처에 있는 작은 마을을 여행했다.

61
stop over

phr. 여행 도중 잠시 체류하다

Before going to Brisbane, I will **stop over** in Tokyo on Tuesday and Wednesday to meet some Japanese friends.

브리즈번에 가기 전 나는 화요일과 수요일에 도쿄에 잠깐 들러 일본인 친구들을 만날 것이다.

62
stunning
[stʌ́niŋ]

a. 놀랄 만큼 아름다운, 기절시키는, 놀라게 하는

I stayed in a hotel having a **stunning** view of the ocean.

나는 놀랍도록 아름다운 바다 경치가 보이는 호텔에 묵었다.

63
subway
[sʌ́bwèi]

n. 지하도

In **subways**, ventilation systems should be installed to purify the air.

지하도에는 공기 정화를 위한 환기 시스템을 설치해야 한다.

※ subway는 영국에서는 지하도, 미국에서는 지하철이다.
　underground는 영국에서는 지하철, 미국에서는 지하도이다.

64
time difference

phr. 시차

The **time difference** between countries should be considered when planning a teleconference.

원격 회의를 준비할 때는 양국 간의 시차를 고려해야 한다.

65
to and from

phr. 왕복하다

It takes about one and a half hours travelling **to and from** work.

출퇴근하는데 약 1시간 반이 걸린다.

66
tough
[tʌf]

a. 고된, 힘든, 거친

It is **tough** finding good accommodating facilities during holidays.

휴가철엔 좋은 숙박 시설을 찾기가 어렵다.

67
tour
[tuər]

동 travel
관 n. tourism 관광 산업
　　n. tourist 관광객

n. 여행

I enjoy a cycling or walking **tour** of rural areas when I want to get away from my daily routine.

반복되는 일상에서 벗어나고 싶을 때, 나는 시골에서 자전거나 도보 여행을 즐긴다.

68
tourism
[túərizm]

동 the tourism industry, the tourist industry
관 n. tour 여행
　　n. tourist 관광객

n. 관광산업(U)

Most of the world's poor live in countries where tourism is a growing industry therefore **tourism** does not benefit the poorest.

전세계 대부분이 가난한 사람들은 관광 산업이 발달하고 있는 나라에 살고 있으므로 관광 산업은 극빈층 사람들에게 이득이 없다.

 ※ tourism은 셀 수 없는 명사임에 주의하자.

69

tourist
[túərist]

동 visitor, holidaymaker, traveller
관 n. tour 여행
n. tourism 관광

n. 관광객

It is too hard for **tourists** to follow local customs and manners and it can be rather stressful.

관광객들이 현지의 관습과 매너를 따르는 것은 너무나 어렵고 다소 스트레스가 될 수 있다.

70

tourist attraction

phr. 관광명소

The 63-story building became one of the most popular **tourist attractions** in Seoul.

63빌딩은 서울에서 가장 인기 있는 관광 명소 중 하나가 되었다.

71

tradition
[trədíʃən]

n. 전통(UC)

It is true that cultural **traditions** attract tourists from all over the world.

문화적 전통이 전세계 모든 관광객을 유치하는 것은 사실이다.

72

traffic
[træfik]

n. 교통(량)(U)

To solve **traffic** jams, the government should impose heavy taxes on car drivers and use this money to make public transport better.

교통 혼잡을 해결하기 위해서 정부는 운전자들에게 세금을 무겁게 부과하고, 대중교통을 개선하는데 그 돈을 사용해야 한다.

 heavy traffic, traffic jams, traffic congestion 교통 혼잡
※ traffic jams은 셀 수 있고, heavy traffic과 traffic congestion 셀 수 없다는 것에 주의하자.

73
transport
[trǽnspɔːrt]
동 transportation

n. 교통(U)

Hong Kong has a safe, affordable and frequent public **transport** system so it is convenient for travellers.

홍콩에는 안전하고 저렴하며 배차시간이 짧은 대중교통수단이 있어서 여행객들에게 편리하다.

 public transport 대중교통
means of transport 교통 수단
transport of goods 화물 수송
※ transport는 셀 수 없는 명사임에 주의하자.
　미국에서는 transportation을 주로 사용한다.

74
travel
[trǽvəl]
travel — travelled
— travelled
동 tour
관 n. traveller 여행객

n. 여행(U)

Adventure **travel** involves exploration or travel to remote and exotic areas.

모험 여행에는 멀리 떨어진 이색적인 지역들로의 탐험이나 여행이 포함된다.

 a travel bureau 여행 안내소
a travel agency 여행사

v. 여행하다, 이동하다

I prefer to **travel** with groups such as friends or family.

나는 친구나 가족 같은 그룹과 함께 여행하는 것을 선호한다.

 travel on business 사업차 여행하다

75
traveller
[trǽvələr]
동 tourist, visitor, holidaymaker
관 n./v. travel 여행/여행하다

n. 여행객

Most tourist attractions in the world charge higher fees to **travellers** than local people.

전세계 대부분의 관광명소들은 여행객들에게 지역주민들보다 더 높은 요금을 부과한다.

76
underground
[ʌ́ndərgràund]
동 tube

n. 지하철

My house is located in a quiet area about a 5 minute walk from the **underground** station.

우리 집은 지하철역에서 도보로 5분 정도 거리의 조용한 지역에 위치해 있다.

77
urban
[ə́ːrbən]
반 rural 시골의

a. 도시의

The government gives more and more importance to the impact of cultural tourism on the **urban** environment.

정부는 문화 관광이 도시 환경에 미치는 영향을 점점 더 중시한다.

 용법
urban areas 도시 지역들
urban tourism 도시 관광
urban life 도시 생활

78
visit
[vízit]
visit – visited – visited
동 tour, travel
관 n. visitor 방문객

v. 방문하다, 구경하러 가다

After **visiting** Singapore, I am eager to travel to Malaysia as well.

싱가포르를 방문한 후에 나는 말레이시아도 꼭 여행하고 싶다.

79
visitor
[vízitər]
동 tourist, traveller, holidaymaker
관 v. visit 방문하다

n. 관광객, 방문객

Visitor visas will generally allow visitors to stay in Australia for a period of up to 3 months.

관광 비자가 있으면 관광객들은 호주에서 보통 3개월까지 체류할 수 있다.

3. Review

3-1) Match the English words to the Korean translations below.

1. tourist attraction	a. 여행사
2. travel agency	b. 재충전 하다
3. spectacular	c. 관광 명소
4. recharge one's batteries	d. 장관인
5. reserve	e. 예약하다

3-2) Complete the sentences using the list of words and phrases below.

1. It is true that cultural _____ attract tourists from all over the world.
2. Adventure _____ involves exploration or travel to remote and exotic areas.
3. Most tourist attractions in the world charge higher fees to _____ than local people.
4. This road is a _____ getting to school much faster and safer.
5. Before going to Brisbane, I will _____ in Tokyo on Tuesday and Wednesday to meet some Japanese friends.

a. travellers   b. stop over   c. traditions   d. travel   e. shortcut

Answers : 3-1) 1-c / 2-a / 3-d / 4-b / 5-e   3-2) 1-c / 2-d / 3-a / 4-e / 5-b

Note

◀ 보이는 MP3

줄리정 불법 IELTS VOCA
Juli Jung's Immutable Law for IELTS Vocabulary

Day 8
Past & History
과거와 역사

▶ MP3 다운 받는 법

- http://sunnysunday.co.kr (Sunny Sunday 출판사)접속 후 다운로드
- 콜롬북스(모바일 앱) : 모바일로 '콜롬북스' 앱을 다운 받은 후 '줄리정' 검색 후 'VOCA' 다운로드

1. Writing Task 2 빈출 문제

1. Some people think studying history has little value in modern society. To what extent do you agree or disagree with this opinion?
2. Some people feel admission should be free to national museums, galleries, and major historical sites, while others argue that admission fees are necessary. Discuss both views and give your own opinion.
3. Some people say cities should preserve their historic buildings. Others insist that these buildings should be replaced by modern buildings. Discuss both views and give your own opinion.
4. It is more important for students to study history than it is for them to study science. Do you agree or disagree with this statement?
5. Tradition plays a key role in our lives. Therefore it is very essential that we hand down our tradition to our children. Do you agree or disagree with this statement?

1. 어떤 사람들은 현대 사회에서 역사를 배우는 것이 거의 가치가 없다고 생각한다. 당신은 이 의견에 얼마만큼 동의하는가? 또는 동의하지 않는가?
2. 어떤 사람들은 국립 박물관, 미술관 그리고 주요 역사 유적지의 입장료를 무료로 해야 한다고 생각하는 반면, 입장료가 필요하다고 주장하는 사람들도 있다. 양쪽의 견해를 논하고 당신의 주장을 제시하라.
3. 어떤 사람들은 도시가 역사적 건물들을 보존해야 한다고 말한다. 반면 이러한 건물들을 현대식 건물로 대체해야 한다고 주장하는 사람들도 있다. 양쪽의 견해를 논하고 당신의 주장을 제시하라.
4. 학생들이 역사를 배우는 것은 과학을 배우는 것보다 더 중요하다. 당신은 이 말에 동의하는가? 또는 동의하지 않는가?
5. 전통은 우리의 삶에 중요한 역할을 한다. 따라서 아이들에게 전통을 물려주는 것은 매우 중요하다. 당신은 이 말에 동의하는가? 또는 동의하지 않는가?

2. 불법 단어 및 구문

1
age
[eidʒ]

n. 시대, 시기
During the Ice **Age** much of North America lay under a huge glacier.
빙하기 동안 북아메리카 대륙의 상당 부분은 커다란 빙하 밑에 있었다.

the Iron Age 철기 시대
the Stone Age 석기 시대
the Ice Age 빙하 시대, 빙하기
the age of space travel 우주 여행 시대
the computer age 컴퓨터 시대

2
ancestor
[ǽnsestər]
반 descendant 후손

n. 조상, 선조
On Thanksgiving Day, we thank nature and our **ancestors** for a good harvest.
추수감사절(추석)에 우리는 풍작에 대해 자연과 조상께 감사를 드린다.

※ ancestor는 grandparents 보다 위쪽을 말한다.

3
ancient
[éinʃənt]
반 modern 현대의

a. 고대의, 옛날의
Modern buildings are almost all similar in both size and shape, but every **ancient** building has its own uniqueness.
현대 건물들은 크기나 모양이 대부분 비슷하지만, 고대 건물들은 모두 고유한 특성을 지니고 있다.

4
ape
[eip]

n. 유인원
According to some research, **apes** have the same proportion of left- and right-handers as humans.
연구 결과에 따르면 유인원은 왼손잡이와 오른손잡이의 비율이 인간과 같다.

5
archaeologist
[ὰːrkiɔ́lədʒist]

관 n. archaeology 고고학

n. 고고학

Archaeologists study artefacts to find out how people lived in earlier cultures and societies.

고고학자들은 고대 문명과 사회에서 사람들이 어떻게 살았는지를 알아내기 위해 유물들을 연구한다.

6
archaeology
[ὰːrkiɔ́lədʒi]

관 n. archaeologist 고고학자

n. 고고학(U)

Gyeongju is famous as an area for academic research, particularly in the field of **archaeology**.

경주는 특히 고고학 분야에서 학문 연구를 위한 지역으로 유명하다.

7
artefact
[ὰːrtəfǽkt]

n. 유물, 공예품

I used to spend my free time on appreciating historical and cultural **artefacts** at museums.

나는 박물관에서 역사적이고 문화적인 유물들을 감상하면서 여가시간을 보내곤 했다.

8
century
[séntʃəri]

n. 100년, 1세기

The 18th **century** gave birth to the first Industrial Revolution.

18세기에 첫 번째 산업혁명이 탄생했다.

in the 21st century 21세기에
in the early 21st century 21세기 초반에
a half century 50년

9
chronological order

phr. 연대별, 연대순

The many sections of this book regarding historical events are arranged in **chronological order**.

이 책에는 역사적 사건들에 관한 많은 부분들이 연대별로 정리되어 있다.

10
colonise
[kɔ́lənàiz]
colonise – colonised – colonised

관 n. colony 식민지

v. 식민지화하다

After Japan **colonised** Korea in the early 20th century, the term, Sea of Japan, began being used.

20세기 초 일본이 한국을 식민지로 삼은 뒤로 일본해라는 명칭이 사용되기 시작했다.

11
colony
[kɔ́ləni]

관 v. colonise 식민지화하다

n. 식민지

Hong Kong is no longer a British **colony** because the whole territory of Hong Kong was handed back to China in 1997.

홍콩의 모든 영토가 1997년 중국으로 반환되었기 때문에 홍콩은 더 이상 영국의 식민지가 아니다.

12
cultural
[kʌ́ltʃərəl]

관 n. culture 문화

a. 문화의

Cultural heritage is important to developing the national economy.

문화 유산은 국가 경제를 발전시키는 데 중요하다.

 용법
cultural heritage 문화 유산
cultural amenities 문화 시설
human cultural assets 인간 문화재
the preservation of cultural assets 문화재 보호

13
culture
[kʌ́ltʃər]

관 v. colonise 식민지화하다

n. 문화(UC)

We are very proud of our **culture**, history and traditions.

우리는 우리 문화와 역사와 전통을 매우 자랑스럽게 여긴다.

14
decade
[ˈdekeɪd]

n. 10년

People say that the 2000s will be the hottest **decade** in recorded history.

사람들은 2000년대가 역사상 가장 뜨거운 10년이 될 것이라고 말한다.

 for the last few decades 지난 20~30년 동안에
for the last decade 지난 10년 동안에
three decades ago 30년 전에

15
descendant
[diséndənt]

반 ancestor 조상

n. 자손, 후예

At present, around 40 percent of the population in Australia are immigrants or **descendants** of immigrants.

현재 호주 인구의 약 40퍼센트가 이민자이거나 이민자들의 자손들이다.

16
dinosaur
[dáinəsɔ̀:r]

n. 공룡

According to one research study, **dinosaurs** became extinct about 65 million years ago.

한 조사에 따르면 공룡은 약 6천5백 만년 전에 멸종되었다.

17
discover
[diskʌ́vər]
discover – discovered – discovered

동 find
관 n. discovery 발견

v. 발견하다

Buddhist monuments were **discovered** in numerous cities near the Silk Road.

불교 기념물들이 실크로드(비단길) 주변의 수많은 도시에서 발견되었다.

18
era
[íərə]

n. 시대

The importance of Confucianism in Korean culture was solidified in the Joseon **era**.

한국 문화에서 유교의 중요성은 조선시대에 확고해졌다.

 the Joseon era 조선 시대
the era of space travel 우주 여행 시대
the Internet era 인터넷 시대

19
evidence
[évədəns]

n. 증거, 징후(U)

Evidence is used by historians to come to a balanced judgment on events in the history of mankind.

역사가들은 인류 역사의 사건들에 대해 균형 있는 판단을 내리기 위해 증거를 활용한다.

20
excavation
[èkskəvéiʃən]
동 dig

n. 발굴, 발굴물

I was born in Gyeongju, the capital of the ancient Shilla Kingdom and would like to devote my whole life to **excavation** of cultural relics of Shilla.

고대 신라의 수도인 경주에서 태어난 나는 신라의 문화 유적 발굴에 평생을 바치고 싶다.

21
former
[fɔ́ːrmər]
반 latter 나중의, 후반의

a. 과거의, 이전의

Former British Prime Minister Margaret Thatcher was the first female Prime Minister in England's history.

전 영국 수상 마가렛 대처는 영국 역사상 최초의 여성 수상이다.

22
fossil
[fɔ́səl]

n. 화석

Archaeologists discovered a pterosaurs **fossil** in Kazakhstan.

고고학자들은 카자흐스탄에서 익룡의 화석을 발견했다.

23 hand down

phr. 물려주다

The ring **handed down** to me from my mother is my treasure.

어머니로부터 물려받은 이 반지는 내 보물이다.

---

24 heritage
[héritidʒ]

n. (문화, 자연) 유산, 전통(UC)

Due to its breathtaking beauty, Jeju was selected unanimously as the first World Natural **Heritage** Site in South Korea.

숨막히는 아름다움 덕분에 제주는 만장일치로 한국의 첫 번째 세계 자연 유산으로 선정되었다.

---

25 history
[hístəri]

관 n. historian 역사학자
　　a. historical 역사적인

n. 역사(U)

Studying **history** helps to prevent most of the factors that could lead to conflicts in the future.

역사를 공부하면 미래에 갈등을 초래할 만한 대부분의 요소들을 방지하는데 도움이 된다.

 Korean history 한국사
ancient history 고대사
modern history 근대사

---

26 historian
[histɔ́:riən]

관 n. history 역사
　　a. historical 역사적인

n. 역사학자, 사학자

Some **historians** are worried about historical dramas which contain a lot of historical errors.

일부 역사학자들은 역사적 허구가 많이 담긴 역사 드라마에 대해 우려한다.

27
historical
[hìsttɔ́rikəl]
동 historic
관 n. history 역사
    n. historian 역사학자

a. 역사적인

People should protect **historical** places, because the places are priceless connections of the past to the present.

사람들이 역사적인 장소들을 보호해야 하는 이유는, 이 장소들이 과거와 현재를 잇는 소중한 연결고리이기 때문이다.

historical novels 역사 소설
historical characters 역사적 인물
historical events 역사적 사건
historical moments 역사적 순간
※ historical VS historic
  historical 은 '역사에 있었던' 사실을 말하고, historic은 '역사에 길이 남을 가치 있는' 이라는 뜻이다.

28
inherit
[inhérit]
inherit – inherited
– inherited

v. 상속하다, 유전하다

Our individual preferences are mostly **inherited** from our parents or shaped by our environment.

우리의 개인 성향은 대부분 부모를 통해 물려받거나 주변 환경에 의해 형성된다.

29
intangible
[intǽndʒəbl]
반 tangible 유형의

a. 무형의, 만질 수 없는

UNESCO has well acknowledged the importance of **intangible** cultural heritage in the world.

유네스코는 전세계 무형 문화 유산의 중요성을 잘 알고 있다.

30
lose track of time

phr. 시간 가는 줄 모르다

I **lose track of time** whenever I am with my old friends talking about our school life.

오랜 친구들과 학창생활에 대해 이야기할 때면 나는 시간 가는 줄 모른다.

31
millennium
[miléniəm]

n. 천년

The start of the third **millennium** was the 1st of January in 2001.

세 번째 맞는 천 년의 시작은 2001년 1월 1일이다.

  ※ millennium의 복수는 millennia과 millenniums 두 가지이다.

32
nostalgia
[nɔstǽldʒiə]

관 a. nostalgic
향수를 불러 일으키는

n. 향수, 그리움(U)

His poetry released last year shows the Korean immigrants' **nostalgia**, anger, laughter, and love.

작년에 출간된 그의 시집은 한국인 이민 세대들의 향수, 분노, 해학, 사랑 등을 보여준다.

  ※ nostalgia VS homesickness
nostalgia는 옛날을 그리워하는 것, 옛 시절을 생각하는 것이고, homesickness는 고향과 집을 그리워하는 것이다.
해외 유학생이 집을 그리워하는 것은 homesickness이다.

33
nostalgic
[nɔstǽldʒik]

관 n. nostalgia 향수

a. 향수를 불러 일으키는, 옛날을 그리워하는

I become **nostalgic** listening to pop songs from the 1970's.

1970년대 팝송을 들으면 나는 향수에 젖는다.

34
period
[píːəriəd]

n. 시대

The Victorian era of British history is the **period** of Queen Victoria's reign from June 20, 1837 until her death on January 22, 1901.

영국 역사에서 빅토리아 시대는 빅토리아 여왕이 통치하던 시대를 말하는데 1837년 6월 20일부터 그녀가 죽은 1901년 1월 22일까지이다.

  a transition period 과도기
the greatest musician of the period 당대 최고의 음악가

35
pioneer
[pàiəníər]

n. 선구자, 창시자

The passing of Apple co-founder, technology **pioneer** and entrepreneur Steve Jobs, was one of the biggest events of 2011.

애플의 공동 창립자이자 기술적 선구자인 기업인 스티브 잡스의 죽음은 2011년 가장 큰 사건 중 하나였다.

36
predate
[pri:déit]
predate – predated – predated

v. (시간적으로) 선행하다, 앞서다

According to a recent report, the oldest fossils of sharks found actually **predate** the dinosaurs by more than 200 million years.

최근 연구에 따르면, 발견된 가장 오래된 상어의 화석은 사실상 공룡보다 2억만 년 이상 앞서 있다.

37
prehistoric
[prì:histɔ́:rik]
관 n. prehistory 선사 시대

a. 선사 시대의

I am an archaeologist who is looking for evidence of **prehistoric** culture.

나는 선사 시대 문화의 증거를 찾는 고고학자이다.

prehistoric times 선사 시대
prehistoric burial grounds 선사 시대의 고분
prehistoric monuments 유사 이전의 유적

38
previous
[prí:viəs]

a. (시간, 순서에서) 이전의, 사전의

Pyeongchang finally won their 2018 bid after two **previous** failed attempts for the 2010 and 2014 Winter Olympics.

평창은 이전의 2010년과 2014년 두 번의 동계 올림픽 유치 도전에 실패한 후, 마침내 2018년 유치에 성공했다.

the previous night 전날 밤
without previous notice 사전 예고 없이
in a previous conversation 지난 대화에서

39
recorded history

phr. 역사상

The magnitude 8.9 quake off Japan's coast on March 11, 2011 is the biggest earthquake in Japan's **recorded history**.

2011년 3월 11일 일본 해안에서 발생한 진도 8.9의 지진은 일본 역사상 가장 큰 지진이다.

40
relics
[réliks]

n. 유물, 유적

Italy is one of the most popular tourist destinations for people interested in Roman **relics**.

이탈리아는 로마 유물에 관심 있는 사람들에게 가장 인기 있는 관광지 중의 하나이다.

 ※ relics 주로 복수 형태로 쓴다.

41
survival of the fittest

phr. 적자생존

Although the **survival of the fittest** led to the extinction of the weakest animals in the past, they are protected in zoos today.

과거에는 적자생존으로 인해 가장 약한 동물들이 멸종 당했지만, 오늘날에는 동물원에서 보호된다.

42
tangible
[tǽndʒəbl]

반 intangible 무형의

a. 유형의, 가시적인, 명백한

Digitally available images of cultural assets are not reliable and **tangible**.

디지털로 볼 수 있는 문화재의 이미지는 신뢰성과 확실성이 떨어진다.

43

treasure
[tréʒər]

n. 보물(UC)

Thanks to free access to museums, everyone can appreciate national **treasures** as often as they want.

박물관 무료 입장 덕분에 모든 사람들이 원할 때마다 국보를 감상할 수 있다.

 national treasures 국보
cultural treasures 문화재

44

word of mouth

phr. 구전의, 입에서 입으로 전해지는

Most myths were passed down by **word of mouth**.

대부분의 신화는 입에서 입으로 전해졌다.

3. Review

3-1) Match the English words to the Korean translations below.

1. national treasures	a. 역사적 사건
2. prehistoric times	b. 지난 10년 동안에
3. historical events	c. 빙하 시대
4. for the last decade	d. 국보
5. the Ice Age	e. 선사 시대

3-2) Complete the sentences using the list of words and phrases below.

1. On Thanksgiving Day, we thank nature and our _____ for a good harvest.
2. Gyeongju is famous as an area for academic research, particularly in the field of _____ .
3. I used to spend my free time on appreciating historical and cultural _____ at museums.
4. According to one research study, _____ became extinct about 65 million years ago.
5. Archaeologists discovered a pterosaurs _____ in Kazakhstan.

a. ancestors	b. dinosaurs	c. archaeology	d. fossil	e. artefacts

Answers : 3-1) 1-d / 2-e / 3-a / 4-b / 5-c   3-2) 1-a / 2-c / 3-e / 4-b / 5-d

◀ 보이는 MP3

줄리정 불법 IELTS VOCA
Juli Jung's Immutable Law for IELTS Vocabulary

Day 9
Natural Environment & Wildlife
자연환경과 야생동식물

▶ MP3 다운 받는 법

• http://sunnysunday.co.kr (Sunny Sunday 출판사)접속 후 다운로드
• 콜롬북스(모바일 앱) : 모바일로 '콜롬북스' 앱을 다운 받은 후 '줄리정 검색 후 VOCA' 다운로드

1. Writing Task 2 빈출 문제

1. In the 21st century, environmental problems are too serious to be solved by individuals or one country. In other words, they are international problems. Do you agree or disagree with this statement?
2. International animal rights groups argue it is wrong to use and kill animals for the benefit of human beings. Do you agree or disagree with this statement?
3. Some people insist that keeping animals in a zoo is wrong, while others think that zoos are both educationally and ecologically important. Discuss both views and give your own opinion.
4. Nowadays many species of animals and plants are in danger of becoming extinct. What do you think the reasons are? What can you suggest as a solution?
5. Zoos that keep wild animals in an artificial environment should soon disappear. Do you agree or disagree with this statement?

1. 21세기 환경 문제는 개인이나 한 국가에 의해 해결될 수 없을 정도로 심각하다. 다시 말해 이것은 국제적인 문제이다. 당신은 이 말에 동의하는가? 또는 동의하지 않는가?
2. 국제 동물 보호 단체들은 인간의 이익을 위해 동물을 사용하고 죽이는 것이 잘못되었다고 주장한다. 당신은 이 말에 동의하는가? 또는 동의하지 않는가?
3. 어떤 사람들은 동물을 동물원에 가두는 것이 잘못되었다고 주장하는 반면, 동물원이 교육적으로나 생태학적으로 중요하다고 생각하는 사람들도 있다. 양쪽의 견해를 논하고 당신의 주장을 제시하라.
4. 요즘 많은 동식물들이 멸종 위기에 처해있다. 원인이 무엇이라고 생각하는가? 해결책으로 무엇을 제시할 수 있는가?
5. 야생동물을 인공적인 환경에 가두는 동물원은 곧 사라져야 한다. 당신은 이 말에 동의하는가? 또는 동의하지 않는가?

2. 불법 단어 및 구문

1
adapt to

phr. (새로운 환경에) 적응하다
Despite extreme climate changes, most plants are well **adapted to** today's natural environment.
극심한 기후변화에도 불구하고 대부분의 식물들은 오늘날의 자연환경에 잘 적응하고 있다.

2
agriculture
[ǽgrəkʌ̀ltʃər]
동 farming

n. 농업, 농경(U)
Organic farming has become one of the fastest growing trends in **agriculture** over the last ten years.
지난 10년 간, 유기농법은 농업에서 가장 빠르게 성장하는 트렌드 중 하나이다.

3
animal
[ǽnəməl]

n. 동물
With the rapid development of standards of living, increasing numbers of **animal** experiments are done to create new medicines.
생활수준이 급속도로 향상됨에 따라 신약 개발을 위한 동물 실험이 증가하고 있다.

 불법
domestic animals 가축
wild animals 야생 동물
pet animals 애완 동물
animal experiments 동물 실험

4
arid
[ǽrid]

a.(토지 등에 물이 마른) 불모의, 건조한
Texas was a large and **arid** desert with big cactuses and hot-tempered cowboys.
텍사스는 커다란 선인장과 다혈질 카우보이들이 있었던 크고 건조한 사막이었다.

불법
arid climates 건조 기후
arid areas(regions) 건조 지역
arid deserts 건조한 사막

5
atmosphere
[ǽtməsfiər]

n. 대기, 분위기

The ozone layer in the Earth's upper **atmosphere** protects people from the sun's dangerous ultraviolet(UV) rays.

지구의 상층 대기에 있는 오존층은 태양의 위험한 자외선으로부터 사람들을 보호해준다.

6
burrow
[bʌ́rou]

n. 땅굴, 은신처

Frogs are mostly found in their **burrows** in river banks and close to marshes, streams and lakes.

개구리는 대부분 강기슭에 있는 땅굴이나 늪지대, 개울, 호수 근처에서 발견된다.

7
catastrophe
[kətǽstrəfi]

동 disaster
관 a. catastrophic 대재앙의

n. 대재앙, 대참사

A global environmental **catastrophe** is one associated with global warming and environmental destruction.

지구 환경의 대재앙은 지구 온난화 및 환경 파괴와 연관되어 있다.

8
catastrophic
[kæ̀təstrɑ́fik]

관 n. catastrophe 대재앙

a. 대재앙의, 대참사의

Most of the survivors of the **catastrophic** disaster, September 11, are still suffering from depression and sadness.

911 대재앙의 생존자들은 대부분 우울증과 슬픔에 여전히 시달리고 있다.

9
climate
[kláimit]

n. 기후(UC)

The **climate** change has become considerably worse with the rapid development of civilisation.

기후변화는 문명의 급속한 발전과 함께 더욱 심하게 악화되고 있다.

 the temperate climate 온대기후
the climate change 기후변화

10
crater
[kréitər]

n. (화산의) 분화구

In volcanic **craters**, mostly gas comes out and more than 90% of this gas is water vapour from the deep earth.

화산의 분화구에서는 대부분 가스가 나오고, 이 가스의 90퍼센트 이상은 지구 심층에서 나오는 수증기이다.

11
crop
[krɔp]

n. 농작물, 수확물

Elephants destroy **crops** or attack humans in Africa especially when water is short.

아프리카에서는 특히 가뭄이 들 때 코끼리들이 농작물을 망치거나 사람들을 공격한다.

12
cultivate
[kʌ́ltəvèit]
cultivate – cultivated
– cultivated

v. 경작하다, 재배하다

Rice has been **cultivated** in China since ancient times and it is still their main food.

쌀은 고대로부터 중국에서 경작되어 왔고 여전히 그들의 주식이다.

13
disaster
[dizǽ:stər]

동 catastrophe

관 a. disastrous
　　재난을 일으키는

n. 재난, 천재지변, 참사(UC)

If a nuclear war breaks out, it would lead to **disaster**.

핵전쟁이 발발하면 대참사로 이어질 것이다.

불 natural disaster 자연재해

14
disastrous
[dizǽ:strəs]

관 n. disaster 재난

a. 재난을 일으키는, 피해가 막심한

Global warming will lead to climate change next century, with potentially **disastrous** impacts on coasts and agriculture.

지구 온난화는 해안과 농업에 잠재적인 재앙의 여파를 가져오고, 다음 세기 기후 변화를 초래할 것이다.

15
ecological
[ikəlɔ́dʒikəl]

관 n. ecology 생태학
　　n. ecologist 생태학자

a. 생태학의

Water is the most important resource for keeping the **ecological** balance.

물은 생태학적 균형을 유지하는데 가장 중요한 자원이다.

16
ecology
[ikɔ́lədʒi]

관 a. ecological 생태학의
　　n. ecologist 생태학자

n. 생태학(U)

Dokdo is also a valuable spot for the study of **ecology**, as it is a breeding place for various seabirds.

독도는 다양한 바닷새의 서식지로 생태학 연구에도 가치가 있는 장소이다.

17
endangered
[indéindʒərd]

a. 멸종 위기에 처한

Endangered animals should be protected in zoos.

멸종 위기에 처한 동물들은 동물원에서 보호해야 한다.

 endangered species 멸종 위기에 처한 종들
endangered animals 멸종 위기에 처한 동물들
endangered tigers 멸종 위기에 처한 호랑이들

※ endangered VS extinct
endangered는 멸종 위기에 처한, 개체 수가 일부 남아있는 상태이고, extinct는 완전히 멸종된, 개체 수가 하나도 남아있지 않은 상태이다.

18
environment
[inváiərənmənt]

n. 환경(UC)

Currently the **environment** is so contaminated that urgent measures should be taken.

현재 환경은 오염이 심해서 긴급한 조치를 취해야 한다.

 the living environment 생활 환경
destroy the environment 환경을 파괴하다
pollute(contaminate) the environment 환경을 오염시키다
protect the environment 환경을 보호하다
※ 일반적으로 environment 앞에는 관사 the를 사용한다.

19
erode
[iróud]
erode – eroded – eroded

v. 서서히 침식하다, 파괴하다

The cliffs along this coast are slowly **eroding** away.

이곳 해안을 낀 절벽이 서서히 침식되고 있다.

20
evolution
[ìːvəlúːʃən]
관 v. evolve 진화하다

n. 진화, 발전(U)

The incredible story of our **evolution** from ape ancestors spans about 6 million years.

유인원 조상에서부터 시작된 인류의 놀라운 진화 스토리는 약 6백 만년에 이른다.

21
evolve
[ivɔ́lv]
evolve – evolved – evolved

관 n. evolution 진화

v. 진화하다, 발전하다

There is an opinion that human beings will stop **evolving** because we have much more control over our own environment.

인간은 환경을 통제할 힘을 가졌기 때문에 더 이상 진화하지 않을 것이라는 의견이 있다.

22
exploit
[ikspl ɔ́it]
exploit – exploited – exploited

v. 개발하다, 착취하다

People excessively **exploit** natural resources due to economic development.

사람들은 경제 개발 때문에 천연자원을 지나치게 개발한다.

23
extinct
[ikstíŋkt]

관 n. extinction 멸종

a. 멸종된

Without urgent measures, endangered animals such as tigers will be **extinct** in one century.

신속한 조치가 없다면 호랑이와 같이 멸종 위기에 처한 동물들은 100년 안에 멸종될 것이다.

24
extinction
[ikstíŋkʃən]

관 a. extinct 멸종된

n. 멸종(U)

There are several theories explaining the cause of the **extinction** of large reptiles such as dinosaurs in North America.

북미 지역에서 공룡과 같이 커다란 파충류가 멸종된 원인을 설명하는 몇 가지 이론이 있다.

25
fertiliser
[fə́ːrtəlàizər]

n. 비료(UC)

Higher crop yields are possible by doubling the use of chemical **fertilisers**.

화학 비료 사용을 두 배로 늘리면 더 많은 수확이 가능하다.

26
gene
[dʒiːn]

관 n. genetics 유전학
　　phr. genetically modified
　　유전자 조작의

n. 유전자, 유전인자

Gorillas have similar **genes** to humans.

고릴라는 인간과 비슷한 유전자를 지니고 있다.

27
genetic engineering

phr. 유전공학

Genetic engineering is used to produce crops that are more resistant to insects and diseases.

유전 공학은 해충과 질병에 더욱 잘 견딜 수 있는 작물을 생산하는데 사용된다.

 genetic engineering은 유전자를 조작해서 식량부족과 환경문제를 해결하는 첨단 과학기술이다.

28
genetically modified

관 n. gene 유전자
　　n. genetics 유전학

phr. 유전자 조작의

Genetically modified food can be a good way to produce a huge amount of food in a short term and with less money.

유전자 조작 식품은 적은 비용으로 단기간에 많은 양의 음식을 생산하는 좋은 방법일 수 있다.

불법 genetically modified food 유전자 조작 식품
Genetically Modified Organism(GMO) 유전자 변형 작물

29
genetics
[dʒənétiks]

관 n. gene 유전자
　　phr. genetically modified
　　유전자 조작의

n. 유전학, 유전적 특징(UC)

Some argue that the character of people is influenced by environment rather than **genetics**.

어떤 사람들은 인간의 성격이 유전적 특징보다는 환경의 영향을 받는다고 주장한다.

 ※ genetics를 단수로 취급할 때는 유전학, 복수로 취급할 때는 유전적 특징을 말한다.

30 habitat
[hǽbitæt]

n. 서식지

The natural **habitat** for the lion is threatened by deforestation and poaching in Africa.

아프리카에서 사자의 자연 서식지는 삼림 벌채와 밀렵에 의해 위협받고 있다.

 the natural habitat 자연 서식지

31 harvest
[hάːrvist]

n. 수확, 수확량(UC)

Floods and droughts are the main reasons why **harvests** have declined.

홍수와 가뭄은 수확량이 줄어든 주된 이유이다.

32 hibernate
[háibərnèit]
hibernate – hibernated – hibernated

v. 동면하다

Black bears in Alaska **hibernate** throughout the winter.

알래스카에 서식하는 흑곰은 겨울 동안 동면에 들어간다.

33 human beings

phr. 인간

Animals have been used by **human beings** in various ways such as food and drugs.

동물은 인간에 의해 식품과 제약 같은 다양한 분야에 사용되어 왔다.

 ※ 사회적인 사람을 말할 때는 people, 자연, 신 등에 대한 인간을 말할 때는 human(s) 혹은 human beings라고 한다.

34 human nature

phr. 인간성, 인간의 본성

I think **human nature** is evil instead of innately good.

나는 인간의 본성은 선천적으로 착한 것이 아니라 악하다고 생각한다.

35
insect
[ínsekt]

n. 곤충, 벌레

Some kinds of **insects** use their ability to stick to surfaces as a way of defending themselves.

어떤 곤충들은 스스로를 방어하는 방법으로, 표면에 달라붙는 능력을 사용한다.

36
marine
[mərí:n]

a. 바다의

The oil spill caused extensive damage to **marine** ecosystems.

기름 유출은 해양 생태계에 막대한 손상을 끼쳤다.

37
Mother Nature

phr. 대자연

Leisure time is better when it is spent with **Mother Nature** rather than a television set.

텔레비전을 보기보다는 대자연에서 여가를 보내는 것이 더 낫다.

38
natural
[nǽtʃərəl]

관 n. nature 자연

a. 자연의, 천연의

Huge forests are the best **natural** environment for endangered tigers.

커다란 숲은 멸종 위기에 처한 호랑이들에게 최고의 자연환경이다.

protection of the natural environment 자연환경 보호
natural food 자연 식품
natural ingredients 천연 재료
natural wood 자연목

39
nature
[néitʃər]

관 a. natural 자연의

n. 자연(U)

The destruction of **nature** in my country is very serious and immediate steps are needed.

우리나라의 자연 파괴는 너무 심각해서 즉각적인 조치가 필요하다.

the law of nature 자연의 법칙
nature conservation 자연 보호
preserve nature 자연을 보호하다
destroy nature 자연을 파괴하다
※ nature가 '자연'이라는 뜻으로 쓰일 때는 셀 수 없는 명사이며,
  관사 the도 붙이지 않는다.

40
pesticide
[péstisàid]

n. 농약, 살충제

Unless we reduce **pesticides**, more and more people will develop cancer.

살충제 사용을 줄이지 않으면, 점점 더 많은 사람들이 암에 걸릴 것이다.

41
pet
[pet]

n. 애완동물

If too much money is spent on **pets**, many poor people all over the world will die from starvation.

만약 애완동물에 돈을 너무 많이 쓴다면, 전세계 수많은 가난한 사람들이 굶어 죽을 것이다.

42
plant
[pla:nt]

n. 식물

Water is the most essential factor in growing **plants** and taking care of animals.

물은 식물을 기르고 동물을 보살피는 데 가장 중요한 요소이다.

43
poach
[poutʃ]
poach – poached – poached

v. 밀렵하다, 남의 땅에 침입하다

Pandas in China are in danger of extinction because they are **poached** illegally.

중국에서 팬더는 불법 밀렵으로 인해 멸종 위기에 처해있다.

44
predator
[prédətər]

n. 포식자, 약탈자

Although homes for animals in zoos are much smaller than their natural habitat, there is no threat from **predators**.

비록 동물원에 마련된 동물들을 위한 공간은 그들의 자연 서식지보다 훨씬 작지만, (여기에는) 포식자로부터의 위험이 없다.

45
prey
[prei]

n. 먹이

Mice are the favourite **prey** of cats.

쥐는 고양이가 가장 좋아하는 먹이이다.

46
resistant
[rizístənt]

동 immune, tolerant, repellent

a. 저항력 있는

The super bacteria are **resistant** to even the most powerful antibiotics.

슈퍼박테리아는 가장 강력한 항생제에조차 저항력이 있다.

47
resources
[rizɔ́:sis]

n. 자원

If we keep exploiting natural **resources**, we will soon face severe consequences like global warming.

만약 우리가 계속해서 천연자원을 개발한다면, 곧 지구 온난화 같은 심각한 결과에 직면할 것이다.

 natural resources 천연자원
exploit resources 자원을 개발하다
waste resources 자원을 낭비하다
※ resources 주로 복수 형태로 쓴다.

48
scent
[sent]

n. 냄새, 향기

As a folk remedy for insomnia, the **scent** in lavender flowers has been proven to be effective.

불면증에 대한 민간요법으로, 라벤더 꽃 향기는 효과가 있다는 것이 증명되었다.

49
soil
[sɔil]

n. 흙, 토양(U)

This area has ideal weather and **soil** conditions for growing rice.

이 지역은 쌀 재배에 이상적인 날씨와 토양 조건을 갖추고 있다.

50
species
[spíːʃiːz]

n. (생물의) 종

Even now, new **species** of plants and animals are constantly being discovered in the Amazon.

아직도 아마존에서는 새로운 종의 식물과 동물이 계속해서 발견되고 있다.

51
summit
[sʌ́mit]

[동] top, peak

n. (산의) 정상

Many climbers reach the **summit** of Jiri Mountain in the summer.

많은 등산객들이 여름에 지리산 정상을 등반한다.

52
tolerate
[tɔ́lərèit]
tolerate – tolerated – tolerated

v. 내성이 있다, 견디다

Most trees can **tolerate** the force of flowing water for a few days.

대부분의 나무들은 며칠동안 물살에 견딜 수 있다.

Day 9 자연환경과 야생동식물 **Natural Environment & Wildlife**

53
tropical
[trάpikəl]

a. 열대의, 열대 지방의

Indonesia, which is located close to the equator, has a **tropical** climate.

적도 부근에 위치한 인도네시아는 열대성 기후를 띠고 있다.

tropical vegetation 열대 식물
tropical fish 열대어
tropical climate 열대 기후

54
vegetable
[védʒətəbl]

관 n. vegetarian 채식주의자

n. 야채, 채소

Eating enough fresh **vegetables** and fruits is important for everyone.

신선한 채소와 과일을 충분히 먹는 것은 누구에게나 중요하다.

55
vegetarian
[vèdʒətéəriən]

관 n. vegetable 야채

n. 채식주의자

For many different reasons, many people live as **vegetarians** and reject the consumption of meat, fish and other animal products entirely.

여러 가지 다른 이유 때문에, 많은 사람들이 채식주의자로 살아가고, 고기와 생선을 비롯한 육류 식품 섭취를 완전히 거부한다.

a vegetarian diet 채식
vegetarian animals 채식 동물
※ 채식주의자는 크게 세 가지 부류로 나뉜다.
  1. lacto-vegetarian 우유만 먹는, 유제품 채식주의자
  2. lacto-ovo vegetarian 우유와 계란을 먹는, 유제품 계란채식주의자
  3. vegan 극단적인 채식주의자, 우유와 계란도 먹지 않는 채식주의자

56
vermin
[və́ːrmin]

n. 해충

Vermin cause problems for humans by carrying disease and damaging crops or food.

해충은 질병을 옮기고 농작물이나 식량에 피해를 줌으로써 인간에게 문제를 일으킨다.

 ※ vermin은 보통 복수로 취급한다.

57
veterinarian
[vètərənέəriən]

n. 수의사

Some **veterinarians** in South Africa treat endangered wild animals free of charge.

남아프리카의 어떤 수의사들은 멸종 위기에 처한 야생 동물들을 무료로 치료해 준다.

58
volcano
[vɔlkéinou]

n. 화산

Hualalai is an inactive **volcano** in Hawaii and is located on the main Hawaiian island.

후알랄라이는 하와이에 있는 휴화산으로 하와이 중앙 섬에 있다.

an active volcano 활화산
an inactive volcano 휴화산
an extinct volcano 사화산
a submarine volcano 해저화산

59
vulnerable
[vʌ́lnərəbl]

a. 취약한, 상처받기 쉬운

Tourism in remote areas is quite successful but these regions are highly **vulnerable** to abnormal pressures.

오지에서의 관광산업은 꽤 성공적이지만 이러한 지역은 비정상적인 압력에 상당히 취약하다.

60
weed
[wi:d]

n. 잡초

After pulling **weeds** and trimming trees, I am going to plant red roses in my garden.

잡초를 뽑고 나무를 손질한 후에, 나는 정원에 붉은 장미를 심을 예정이다.

61
wild
[waild]

a. 야생의

Zoos should use their income wisely in preserving **wild** animals.

동물원은 야생 동물 보호에 그들의 수입을 현명하게 사용해야 한다.

 wild animals 야생 동물
wildlife 야생 생물(동식물 모두 포함)

62
zoo
[zu:]

관 n. zoologist 동물학자
　　phr. zoo keeper 사육사

n. 동물원

Zoos are important for education as well as the ecosystem.

동물원은 생태계뿐만 아니라 교육에도 중요하다.

3. Review

3-1) Match the English words to the Korean translations below.

1. wild animals	a. 야생 동물
2. an active volcano	b. 채식 동물
3. vegetarian animals	c. 자연 보호
4. nature conservation	d. 활화산
5. destroy the environment	e. 환경을 파괴하다

3-2) Complete the sentences using the list of words and phrases below.

1. Despite extreme climate changes, most plants are well _____ today's natural environment.
2. Rice has been _____ in China since ancient times and it is still their main food.
3. The cliffs along this coast are slowly _____ away.
4. Black bears in Alaska _____ throughout the winter.
5. Tourism in remote areas is quite successful but these regions are highly _____ to abnormal pressures.

a. hibernate	b. cultivated	c. eroding	d. vulnerable	e. adapted to

Answers : 3-1) 1-a / 2-d / 3-b / 4-c / 5-e 3-2) 1-e / 2-b / 3-c / 4-a / 5-d

◀ 보이는 MP3

줄리정 불법 **IELTS VOCA**
Juli Jung's Immutable Law for IELTS Vocabulary

Day 10
Earth & Space
지구와 우주

▶ MP3 다운 받는 법

- http://sunnysunday.co.kr (Sunny Sunday 출판사)접속 후 다운로드
- 쿨롬북스(모바일 앱) : 모바일로 '쿨롬북스' 앱을 다운 받은 후 '줄리정' 검색 후 'VOCA' 다운로드

1. Writing Task 2 빈출 문제

1. Some people say that a huge amount of money spent on space exploration is a complete waste. To what extent do you agree or disagree with this opinion?
2. Although in the 20th century human beings landed on the moon surprisingly, it has made little difference to our daily lives. Do you agree or disagree with this statement?
3. Space travel to the moon will soon be accessible to the general public. Do you agree or disagree with this statement?
4. Space exploration is beneficial for mankind. Do you agree or disagree with this statement?
5. Some people think governments should spend as much money as possible exploring outer space. Others argue they should spend the money for poor people. Discuss both views and give your own opinion.

1. 어떤 사람들은 우주 탐험에 막대한 돈을 쓰는 것이 완전히 낭비라고 생각한다. 당신은 이 의견에 얼마만큼 동의하는가? 또는 동의하지 않는가?
2. 비록 20세기에 놀랍게도 인간이 달에 착륙했지만, 이것은 우리의 일상을 거의 변화시키지 않았다. 당신은 이 말에 동의하는가? 또는 동의하지 않는가?
3. 달나라 여행은 일반 대중들에게도 곧 가능해질 것이다. 당신은 이 말에 동의하는가? 또는 동의하지 않는가?
4. 우주 탐험은 인간에게 이롭다. 당신은 이 말에 동의하는가? 또는 동의하지 않는가?
5. 어떤 사람들은 정부가 가능한한 많은 돈을 우주탐험에 써야 한다고 생각한다. 반면 정부는 가난한 사람들을 위해 그 돈을 써야 한다고 주장하는 사람들도 있다. 양쪽의 견해를 논하고 당신의 주장을 제시하라.

2. 불법 단어 및 구문

1
acclimatise
[əkláimətàiz]
acclimatise – acclimatised – acclimatised
통 acclimate, adapt to

v. (새로운 환경에) 순응하다, 적응하다
To prepare for human space travel one must **acclimatise** to eating, drinking and even using the toilet in space.
우주 여행을 준비하기 위해서는 우주에서 먹고 마시고 화장실을 사용하는 것까지 적응해야 한다.

2
Antarctic
[æntάːrktik]
반 Arctic 북극 지역

n. 남극 지역
In the **Antarctic**, penguins spend most of their lives in the water.
남극에서 펭귄은 삶의 대부분을 물속에서 보낸다.

3
Arctic
[άːrktik]
반 Antarctic 남극 지역

n. 북극 지역
Canada's Inuit people are facing threats posed by climate change in the **Arctic**.
캐나다 이뉴잇 족들은 북극의 기후변화에 따른 위험에 직면해 있다.

 ※ Inuit은 캐나다 북부 그린랜드에서 사는 에스키모들을 말한다.

4
artificial satellite

phr. 인공 위성
The world's first **artificial satellite** was launched by the Soviet Union into the earth's orbit in 1957.
세계 최초의 인공위성이 1957년 소련 연방에 의해 지구 궤도로 발사되었다.

5
asteroid
[æstərɔ̀id]

n. 소행성
If a large **asteroid** approaches Earth, that could end all living organisms on the planet.
거대한 소행성이 지구로 접근하면, 지구에 있는 모든 살아 있는 유기체를 파멸시킬 수도 있다.

6
astronaut
[ǽstrənɔ̀ːt]

동 spaceman, cosmonaut

n. 우주 비행사

So-yeon Yi is the first Korean **astronaut** and 475th one in the world.

이소연은 한국인으로는 최초이자, 세계적으로는 475번째 우주 비행사이다.

7
astronomer
[əstrɔ́nəmər]

n. 천문학자

Astronomers have made a great effort to find planets and moons that may be inhabitable.

천문학자들은 생명체가 살기에 적합한 행성과 달을 발견하는데 많은 노력을 기울였다.

8
cosmic
[kɔ́zmik]

동 universal
관 n. cosmos 우주

a. 우주의, 무한한

I am keen on watching various and viewable **cosmic** phenomena in the sky.

나는 하늘에 펼쳐지는 다양하고 눈으로 볼 수 있는 우주 현상들을 관찰하는 것을 좋아한다.

9
cosmos
[kɔ́zmɔs]

동 universe
관 a. cosmic 우주의

n. 우주(U)

My science teacher used to talk about interesting cutting edge science and the **cosmos**.

과학 선생님은 흥미로운 최신 과학과 우주에 대해 이야기 하곤 했다.

 ※ cosmos가 우주라는 단어로 사용될 때는 셀 수 없는 명사이며, 관사 the와 함께 쓴다.

10
debris
[déibri:]

n. 파편, 잔해

In the Earth's atmosphere, a lot of **debris** comes off of shuttles and rockets during launches.

지구 대기는 우주 왕복선과 로켓이 발사되는 동안 발생하는 잔해들로 가득하다.

 ※ **debris** 발음에 주의하자. debris는 ~s로 끝났지만, 단수일 경우, /s/나 /z/의 발음이 나지 않는다. 또한 단수일 경우와 복수일 경우의 스펠링은 같으나, 복수일 경우에는 [deibri:z] 라고 발음한다. 위의 예문에서 **debris**는 단수이다.

11
exploration
[èksplǝréiʃǝn]

관 v. explore 탐험하다
　　n. explorer 탐험가

n. 탐험, 개발

Some people say that the huge amount of money spent on space **exploration** is a waste of money.

어떤 사람들은 우주탐험에 엄청난 돈을 쓰는 것이 돈 낭비라고 말한다.

12
explore
[iksplɔ́:r]
explore – explored
– explored

관 n. exploration 탐험
　　n. explorer 탐험가

v. 탐험하다, 탐사하다

Exploring the moon is a significant achievement of the twentieth century.

달 탐사는 20세기의 중요한 성과이다.

13
explorer
[iksplɔ́:rǝr]

관 n. exploration 탐험
　　v. explore 탐험하다

n. 탐험가, 답사자

Neil Armstrong was the first **explorer** to walk on the moon.

닐 암스트롱은 달에 발을 디딘 최초의 탐험가였다.

14
extreme
[ikstrí:m]

a. 극도의, 극심한

Space is one of the most **extreme** environments.

우주는 가장 극한 환경 중 하나이다.

 the extreme limits of outer space 우주의 끝(극한)
extreme weather conditions 극심한 기상 조건

15 float
[flout]
float – floated – floated

v. 뜨다, 떠다니다

Astronauts **float** around in space because there is no gravity there.

우주 비행사들은 중력이 없기 때문에 우주를 떠다닌다.

16 galaxy
[gǽləksi]

n. 은하, 성운

There are more than 100 billion **galaxies** in space and each **galaxy** contains a huge number of stars.

우주에는 1천억 개 이상의 은하가 있고, 각 은하에는 엄청나게 많은 별들이 있다.

17 gravitational
[græ̀vətéiʃənl]
관 n. gravity 중력

a. 중력의, 중력 작용의

A black hole has an enormous **gravitational** pull and even light cannot escape it.

블랙홀은 거대한 중력을 가지고 있어서 빛조차 그것을 피해갈 수 없다.

18 gravity
[grǽvəti]
동 gravitation
관 a. gravitational 중력의

n. 중력(U)

The work of Isaac Newton on the discovery of **gravity** has contributed to the development of the world.

중력을 발견한 아이작 뉴턴의 업적은 전세계의 발전에 공헌했다.

 the law of gravity 중력의 법칙

19 horizon
[həráizn]

n. 수평선, 지평선

Sunset is the daily disappearance of the sun below the **horizon** in the west due to the Earth's rotation.

일몰은 지구의 자전으로 인해 태양이 매일 서쪽에서 지평선 아래로 사라지는 현상이다.

20
inevitable
[inévətəbl]
반 evitable 피할 수 있는
관 a. inevitably 불가피하게

a. 불가피한, 피할 수 없는, 당연한

Although there is some opinion that space research is a waste of money, I am convinced that it is **inevitable** for our future.

비록 우주연구는 돈 낭비라는 의견이 있지만, 나는 우리의 미래를 위해서는 불가피하다고 생각한다.

21
launch
[lɔːntʃ]

n. 발사, 착수

Despite the failure of the second **launch** of the rocket, the South Korean government announced it would continue the Naro project.

두 번째 로켓 발사 실패에도 불구하고, 한국 정부는 나로호 프로젝트를 지속하기로 공표했다.

22
lunar
[lúːnər]

a. 달의, 음력의

Last week I went to my grandmother's house to celebrate the **Lunar** New Year.

지난주에 나는 설날을 맞이하기 위해 할머니 댁에 갔다.

 a lunar eclipse 월식
the Lunar New Year 음력 설

23
lunar eclipse
반 solar eclipse 일식

phr. 월식

The **lunar eclipse** occurred while we were travelling to Scotland.

우리가 스코틀랜드를 여행하는 동안에 월식이 일어났다.

 a partial lunar eclipse 부분 월식
a total lunar eclipse 개기 월식

24 observatory
[əbzə́:rvətəri]

관 v. observe 관측하다

n. 천문대, 전망대

At the Sydney **Observatory**, there were about 130 people to view the lunar eclipse.

시드니 천문대에는 월식을 보기 위한 약 130명의 사람들이 있었다.

25 ocean
[óuʃən]

동 sea

n. 대양, 해양

The world is mostly divided into five major **oceans** - the Pacific **Ocean**, Atlantic **Ocean**, Antarctic **Ocean**, Arctic **Ocean**, and the Indian **Ocean**.

전세계는 대체로 5대양 즉 태평양, 대서양, 남극해, 북극해, 인도양으로 나뉜다.

26 orbit
[ɔ́:rbit]

orbit – orbited – orbited

n. 궤도(UC)

Satellites in lower Earth **orbits** are better for obtaining high quality data.

지구의 낮은 궤도에 위치한 위성들은 양질의 데이터를 얻기가 더 좋다.

v. 주위를 궤도를 그리며 돌다

The earth orbits the sun in an elliptical **orbit** and the moon orbits the earth with the same kind of orbit.

지구는 태양 주위를 타원형 궤도로 돌고, 달도 지구 주위를 같은 형태의 궤도로 돈다.

27 outer space

phr. 대기권 밖의 공간, 우주

Outer space exploration has been one of the most favourable areas of study.

우주 탐험은 가장 인기 있는 연구 분야 중의 하나가 되었다.

28
planet
[plǽnit]

n. 행성

So far, astronomers have discovered nearly 700 **planets** orbiting stars in our galaxy.

지금까지 천문학자들은 우리 은하에서 궤도를 그리며 별들 주위를 도는 약 700여 개의 행성들을 발견했다.

29
polar
[póulər]

a. 극지방의, 남극의, 북극의

In severe cold, baby **polar** bears can survive longer than adult polar bears.

혹한 속에서 아기 북극곰은 다 자란 북극곰보다 더 오래 살 수 있다.

 polar bears 북극곰
polar expeditions 극지 탐험

30
revolution
[rèvəlúːʃən]
관 v. revolve 공전하다

n. 공전

Earth's **revolution** around the sun takes 365.25 days to complete.

태양 주위를 도는 지구의 공전에는 365.25일이 소요된다.

31
revolve
[rivɔ́lv]
revolve – revolved – revolved

관 n. revolution 공전

v. 공전하다, 회전하다

The earth **revolves** around the sun and the moon **revolves** around the earth.

지구는 태양 주위를 공전하고 달은 지구 주위를 공전한다.

32
rotate
[róuteit]
rotate – rotated – rotated

관 n. rotation 자전

v. 자전하다, 회전하다

The Earth, the third planet from the Sun, takes 24 hours to **rotate** which causes day and night.

태양에서부터 3번째 행성인 지구는 자전하는데 24시간이 걸리는데 이것이 밤과 낮의 원인이 된다.

33 rotation
[routéiʃən]

관 v. rotate 자전하다

n. 자전, 회전

The **rotation** period of the Earth is almost the same as the length of a day.

지구의 자전 주기는 하루의 길이와 거의 같다.

34 simulate
[símjulèit]

simulate – simulated – simulated

관 n. simulator 모의 실험장치

v. 모의 실험하다

Some applicants were locked away in steel tubes for a year-and-a-half to **simulate** a mission to Mars.

몇몇 지원자들은 화성에서의 임무를 모의 실험하기 위해 1년 반 동안 강철 파이프 안에 갇혀 있었다.

35 simulator
[símjulèitər]

관 v. simulate 모의 실험하다

n. 모의 실험 장치

In a computer **simulator** we can travel to black holes and neutron stars.

컴퓨터 모의 실험 장치 안에서 우리는 블랙홀과 중성자 별을 여행할 수 있다.

36 solar
[sóulər]

a. 태양의, 양력의

Many people enjoy **solar** eclipses.

많은 사람들이 일식을 즐긴다.

 용법
a solar eclipse 일식
solar energy 태양 에너지
the solar system 태양계

37
space
[speis]

n. 우주, 대기권 밖(U)

People can get information about **space** travel by visiting the AMC Travel Site, or by contacting the nearest military passenger terminal.

AMC 여행 사이트를 방문하거나 가까운 군부대 여객터미널에 연락하면 우주 여행에 대한 정보를 얻을 수 있다.

 a spacecraft 우주선
a space shuttle 우주 왕복선
a space station 우주 정거장
space travel 우주 여행

38
surface
[sə́ːrfis]

n. 표면

Recently the average air temperature at the **surface** of the Earth has risen.

최근 지구 표면의 평균 공기 온도가 상승했다.

39
telescope
[téləskòup]

n. 망원경

I love to see the wonders of space through a **telescope** at the observatory.

나는 천문대에서 망원경을 통해 우주의 경이로움을 감상하는 것을 매우 좋아한다.

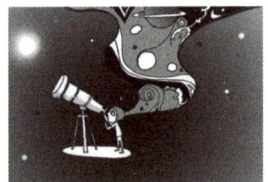

40
terrestrial
[təréstriəl]

a. 지구상의, 육지의

Biosciences emphasise the relationships between living organisms and the **terrestrial** and marine environments.

생물학은 살아있는 유기체들과 육지와 해양 환경과의 관계에 중점을 둔다.

41
universal
[jùːnəvə́ːrsəl]
관 n. universe 우주

a. 우주의

My science teacher gave me a detailed explanation of Newton's Law of **Universal** Gravitation with simulation demonstrations.

과학 선생님은 뉴턴의 만유 인력의 법칙에 대해 시뮬레이션 시연과 함께 자세하게 설명했다.

 universal gravity(gravitation) 만유 인력

42
ultraviolet radiation

phr. 자외선

The human skin can be damaged by direct exposure to **ultraviolet radiation** so we need to use sun cream or sun block every day.

사람의 피부는 자외선에 직접 노출되면 손상될 수 있기 때문에, 우리는 매일 선크림이나 선블럭을 발라야 한다.

43
universe
[júːnəvəːrs]
동 cosmos
관 a. universal 우주의

n. 우주

The problem of the origin of the **universe** is a bit like the old question of which came first, the chicken or the egg.

우주의 기원에 대한 문제는 닭이 먼저냐 달걀이 먼저냐는 오래된 질문과 같다.

44
unmanned
[ənmǽnd]

a. 무인의

China announced it successfully launched an **unmanned** spacecraft on November 1st, 2011 to carry out a key docking mission.

중국은 주요 도킹 임무를 수행하기 위해 2011년 11월 1일 에 성공적으로 무인 우주선을 발사했다고 발표했다.

 an unmanned satellite 무인 인공 위성
an unmanned spacecraft 무인 우주선
※ docking 우주 공간에서 2개 이상의 우주선을 결합하는 일

45
voyage
[vɔ́iidʒ]

n. 항해

In the near future, **voyages** into space will become a common trip for the public.

가까운 미래에는 우주 항해가 대중들에게 흔한 여행이 될 것이다.

46
weightlessness
[wéitlisnis]

n. 무중력 상태(U)

Astronauts do not usually use their legs to walk around due to **weightlessness**, so after a certain period, muscles and bones begin to become weaker.

우주 비행사들은 무중력 상태로 인해 걷는 데 다리를 사용하지 않아서, 일정한 기간 이후에는 근육과 뼈가 약해지기 시작한다.

3. Review

3-1) Match the English words to the Korean translations below.

1. an unmanned spacecraft	a. 월식
2. a solar eclipse	b. 무인 우주선
3. a lunar eclipse	c. 중력의 법칙
4. the law of gravity	d. 일식
5. extreme weather conditions	e. 극심한 기상 조건

3-2) Complete the sentences using the list of words and phrases below.

1. Canada's Inuit people are facing threats posed by climate change in the _____ .
2. So-yeon Yi is the first Korean _____ and 475th one in the world.
3. Astronauts _____ around in space because there is no gravity there.
4. Satellites in lower Earth _____ are better for obtaining high quality data.
5. Recently the average air temperature at the _____ of the earth has risen.

a. astronaut	b. Arctic	c. surface	d. orbits	e. float

Answers : 3-1) 1-b / 2-d / 3-a / 4-c / 5-e   3-2) 1-b / 2-a / 3-e / 4-d / 5-c

 ◀ 보이는 MP3

줄리정 불법 **IELTS VOCA**
Juli Jung's Immutable Law for IELTS Vocabulary

Day 11
Building & Design
빌딩과 디자인

▶ **MP3 다운 받는 법**
- http://sunnysunday.co.kr (Sunny Sunday 출판사)접속 후 다운로드
- 쿨롬북스(모바일 앱) : 모바일로 '쿨롬북스' 앱을 다운 받은 후 '줄리정' 검색 후 'VOCA' 다운로드

1. Writing Task 2 빈출 문제

1. Many old buildings are protected by law. Why is it important to maintain old buildings? How do we maintain them?
2. Some people say that the design of newly constructed buildings in big cities should be controlled by governments. Others insist that there should be no regulation to design the buildings. Discuss both views and give your own opinion.
3. Some people prefer to live in a traditional house. Others prefer to live in a modern apartment building. Discuss both views and give your own opinion.
4. In the past, buildings often reflected the culture of a society but today all modern buildings look alike. Therefore cities throughout the world are becoming more and more similar. What do you think the reasons are? Is it a positive or negative development?
5. Many people prefer to rent a house rather than buying one. Describe the advantages and disadvantages of renting a house.

1. 오래된 많은 건물들이 법에 의해 보호되고 있다. 오래된 건물들을 유지하는 일이 왜 중요한가? 그 건물들을 어떻게 유지할 수 있는가?
2. 어떤 사람들은 대도시에 새롭게 건설되는 건물의 디자인을 정부가 규제해야 한다고 말한다. 반면 이러한 건물 디자인에 규제가 없어야 한다고 주장하는 사람들도 있다. 양쪽의 견해를 논하고 당신의 주장을 제시하라.
3. 어떤 사람들은 전통적인 주택에 사는 것을 선호한다. 반면 현대식 아파트에 사는 것을 선호하는 사람들도 있다. 양쪽의 견해를 논하고 당신의 주장을 제시하라.
4. 과거의 건물들은 사회 문화를 반영하는 경우가 많았지만 오늘날에는 모든 현대식 건물들이 매우 비슷하다. 그러므로 전세계의 도시들은 점점 비슷해지고 있다. 그 원인은 무엇이라고 생각하는가? 이것은 긍정적인 발전인가? 아니면 부정적인 발전인가?
5. 많은 사람들이 집을 사는 것보다 임대하는 것을 더 선호한다. 주택 임대의 장단점을 논하라.

2. 불법 단어 및 구문

1
airy
[ɛ́əri]

a. 바람이 잘 통하는, 통풍이 잘 되는
Classrooms should be large and **airy** in order to be an ideal atmosphere for studying.
교실이 이상적인 학습 공간이 되기 위해서는 넓고 통풍이 잘 되어야 한다.

2
automate
[ɔ́:təmèit]
automate – automated – automated

v. 자동화하다
The hospital facility is clean and fully **automated** for the disabled.
이 병원 시설은 깨끗하고 장애인들을 위해 완전히 자동화되었다.

3
balcony
[bǽlkəni]

n. 발코니
The one thing that I like most about my apartment is its **balcony** where I spend my days reading a book.
내가 아파트에서 가장 좋아하는 공간은 책을 읽으며 하루를 보내는 발코니이다.

4
brick
[brik]

n. 벽돌
I would like to live in a **brick** house with a lovely rose garden.
나는 사랑스러운 장미 정원이 있는 벽돌집에서 살고 싶다.

5
build
[bild]
build – built – built

[동] construct
[관] n. building 빌딩

v. (건축물을) 짓다, 세우다
This house has eight glass windows **built** at many different angles.
이 집에는 여러 다른 각도로 만들어진 유리창이 8개 있다.

6 building
[bíldiŋ]
동 construction
관 v. build 짓다

n. 빌딩, 건물

The world's tallest **building** is the 829.84 m (2,723 ft) tall Burj Khalifa in Dubai built in 2010.

세상에서 가장 높은 건물은 2010년 두바이에 지어진 버즈 칼리파로 높이는 829.84 미터(2,723 피트)이다.

7 ceiling
[síːliŋ]

n. 천장

I discovered that water had seeped through the cracks in the **ceiling** and dropped on my books.

나는 천정에 난 틈으로 배어 나온 물이 내 책들 위에 떨어져 있는 것을 발견했다.

8 concrete
[kɔ́ŋkriːt]

n. 콘크리트(U)

In recent years, the world's most commonly used building material has been **concrete**.

최근 세상에서 가장 널리 사용되는 건축 자재는 콘크리트이다.

9 construct
[kənstrʌ́kt]
construct – constructed – constructed
동 build
관 n. construction 건설

v. 건설하다, 만들다

The fund is used to promote employment creation and **construct** the social infrastructure.

이 기금은 일자리 창출과 사회 기반시설 건설에 사용된다.

 ※ 대규모의 복잡한 건물을 지을 때는 build보다 construct를 주로 사용한다.

10 construction
[kənstrʌ́kʃən]
동 building
관 v. construct 건설하다

n. 건설(U)

Increased air traffic is leading to more noise, pollution and airport **construction**.

항공 교통량이 늘어나면서 소음과 오염, 공항 건설이 증가하고 있다.

11
conventional
[kənvénʃənl]
동 traditional
반 modern, new, novel
현대의

a. 전통적인, 전통양식에 따른

A green building costs less than a **conventional** building despite public perception to the contrary.

대중의 인식과는 반대로 친환경 건물은 전통적인 건물보다 비용이 덜 든다.

12
corridor
[kɔ́ridɔ̀ː]

n. 복도

The library is next to the Main Hall, at the end of the **corridor**.

도서관은 대강당 옆, 복도 끝에 있다.

13
cosy
[kóuzi]

a. 아늑한, 편안한

My house located in the suburbs has three large bedrooms, a **cosy** living room and a modern kitchen.

교외에 있는 내 집에는 3개의 큰 침실과, 아늑한 거실 그리고 현대식 주방이 있다.

14
cottage
[kɔ́tidʒ]
동 bungalow

n. 작은 별장

There are a number of affordable self-catering holiday **cottages** based in the UK and France.

영국과 프랑스에는 저렴하고 취사가 가능한 휴가용 별장들이 많다.

15
cramped
[kræmpt]

a. 비좁고 갑갑한

The house was really small and my bedroom was so **cramped**, so I had no choice but to move out.

그 집은 정말 작았고 내 침실은 너무나 비좁아서 이사를 할 수밖에 없었다.

 용법 a cramped little apartment 비좁은 작은 아파트

16
decorate
[dékərèit]
decorate – decorated – decorated

관 n. decoration 장식

v. 장식하다, 꾸미다

My room is well **decorated** with a lot of family photos hanging on the wall.

내 방은 벽에 걸린 여러 장의 가족 사진들로 잘 꾸며져 있다.

 decorate the walls with pictures 벽을 그림으로 장식하다
a room decorated with flowers 꽃으로 장식된 방

17
decoration
[dèkəréiʃən]

관 v. decorate 장식하다

n. 장식, 장식물(UC)

Seoul has spent a lot of money on various **decoration** projects such as 'the World Design Capital 2010'.

서울시는 '세계 디자인 수도 2010' 같은 다양한 외관장식 프로젝트에 많은 돈을 소비했다.

 interior decoration 실내 장식

18
demolish
[dimɔ́liʃ]
demolish – demolished – demolished

관 n. demolition 파괴

v. (건물을 의도적으로) 파괴하다, 철거하다

Old buildings play an indispensable role in reflecting history, so the government should not **demolish** them without reasonable purposes.

오래된 건물들은 역사를 반영하는 데 없어서는 안 될 역할을 하기 때문에, 정부는 타당한 목적 없이 그것들을 철거해서는 안 된다.

19
demolition
[dèməlíʃən]

관 v. demolish 파괴하다

n. 파괴, 철거(U)

As historic monuments are targets for terrorists, some countries consider the **demolition** of many temples and ancient buildings.

역사 기념물들이 테러리스트들의 표적이 됨에 따라, 몇몇 나라에서는 많은 절들과 고대 건축물들을 철거하려고 한다.

 ※ 동사 demolish와 demolition의 스펠링 변화에 주의하자.

20
deposit
[dipɔ́zit]

n. 보증금, 예약금

A **deposit** will not be refunded if the student cancels without a month's notice.

만약 학생이 한 달 전에 미리 통지하지 않고 취소한다면 보증금은 환불되지 않는다.

 leave a deposit 보증금을 지불하다
※ 집을 이사할 때에는 처음에 지불한 deposit을 되돌려 받는다. 하지만 마루바닥이 긁혔다든가 창문이 깨졌다든가 등의 집의 상태에 따라 집 수리가 필요하다고 집주인(landlord) 또는 관리인(house manager)이 판단하면, deposit을 되돌려 받지 못하게 되므로 항상 빌린 집은 깨끗하게 써야 한다. 실제로 한국 유학생들 중에는 기숙사 등에서 시설물 파괴해서 deposit을 돌려받지 못하거나, 심지어는 추가로 변상해 주는 경우도 종종 있다.

21
dwell
[dwel]
dwell – dwelled/dwelt
– dwelled/dwelt

동 live, inhabit

v. 살다, 거주하다

I want to **dwell** in a remote area for a while.

나는 잠시 외딴 지역에서 살고 싶다.

22
engineering
[èndʒiníəriŋ]

n. 공학(U)

Civil **engineering** designers should be able to visualise 3-dimensionally when given a 2-dimensional sketch of buildings.

토목 공학 디자이너들은 건축물의 2차원 도면을 받으면, 이것을 3차원으로 시각화할 수 있어야 한다.

 civil engineering 토목 공학
mechanical engineering 기계 공학
military engineering 공병학

23
exterior
[ikstíəriər]

반 interior 실내의

a. 외부의, 외관의

The **exterior** design of houses really matters in calculating the value of them.

주택 외관 디자인은 주택의 가치를 계산하는데 정말 중요하다.

24
foyer
[fɔ́iər]
동 lobby

n. 로비, 현관

People need to register in the **foyer** of the gym and pay 50 pounds for the joining fee.

사람들은 헬스 클럽 로비에서 등록하고 가입비로 50파운드를 지불해야 한다.

25
frame
[freim]

n. (건조물의) 뼈대, 틀

My friend who is pretty tall often hits his head on the top of the door **frame** in the classroom.

키가 꽤 큰 내 친구는 교실 문틀 상단에 머리를 종종 부딪히곤 한다.

26
function
[fʌ́ŋkʃən]
관 a. functional 기능 위주의

n. 기능, 작용

A kitchen in a house serves basic and essential **functions** associated with eating a meal and having a chat with family members.

집에서 주방은 가족들과 밥을 먹고 대화를 나누는 것과 관련하여 기본적이고 중요한 기능을 수행한다.

27
functional
[fʌ́ŋkʃənl]
관 n. function 기능

a. 기능 위주의, 실용적인

Although the budget is important for building a house, the design to make it useful and **functional** should be also considered.

집을 지을 때는 예산이 중요하지만, 유용하고 실용적인 설계도 반드시 고려해야 한다.

 functional modern furniture 실용적인 현대식 가구
a functional arrangement of furniture 가구의 기능적 배치

28
furnished
[fə́:rniʃt]

a. 가구가 갖추어진

I am looking for a fully **furnished** one bedroom apartment with a parking lot.

나는 주차장이 있고 가구가 잘 갖춰진 침실 하나짜리 아파트를 찾고 있다.

 ※ **furnished room**은 가구가 갖추어진 방이라는 뜻으로 우리가 흔히 말하는 풀옵션(full-option)의 올바른 영어 표현이다. 또한 우리가 말하는 원룸(one room)의 올바른 영어 표현은 studio이고, one bedroom apartment는 침실 1개, 주방, 그리고 거실이 있는 아파트를 말한다.

29
futuristic
[fjù:tʃərístik]
관 n. future 미래

a. 초현대적인, 미래의, 시간을 앞서가는

New York is famous for its unbelievable **futuristic** skyscrapers and they attract a number of tourists from all over the world.

뉴욕은 믿기 힘들 정도의 초현대적인 고층 건물들로 유명하고, 이 건물들은 전세계에서 온 많은 관광객들을 매료시킨다.

30
high-rise

phr. 고층의, 고층 건물의

There is a competition among major cities to build the highest of all the **high-rise** buildings in South Korea.

한국에는 고층 건물 중에서도 가장 높은 건물을 짓기 위한 주요 도시들 간의 경쟁이 있다.

 a high-rise apartment building 고층 아파트

31
insulation
[ìnsjuléiʃən]

n. 단열재

Asbestos was commonly used as **insulation** before its harmful effects were discovered.

석면은 유해성이 밝혀지기 전까지 단열재로 흔히 사용되었다.

32
internal
[intə́:rnl]
반 external 외부의

a. 내부의

People in the UK should not have to apply for planning permission for internal alterations like removing an **internal** wall.

영국 사람들은 내벽 철거 같은 내부 개조를 위해서 건축 허가를 신청할 필요가 없다.

33
landlord
[lǽndlɔ̀:rd]
반 tenant 세입자

n. 집주인

Most **landlords** require tenants to pay four weeks' rent in advance with eight weeks' deposit.

대부분의 집주인들은 세입자들에게 8주치 보증금과 4주치 방세를 선불로 요구한다.

34
landmark
[lǽndmɑ̀:rk]

n. 명소, 유명한 건물

If tourists get to the London Eye, they can see 55 of London's most famous **landmarks** in 30 minutes.

관광객들이 런던 아이에 탑승하면, 30분 동안 런던의 가장 유명한 명소 55곳을 볼 수 있다.

35
lease
[li:s]
lease – leased – leased

v. (토지나 집 등을) 임대하다, 임차하다

The mayor should focus more on providing a number of houses for the poor to **lease** at low costs.

시장은 가난한 사람들이 저가에 임대할 수 있는 많은 집들을 제공하는 데 더 집중해야 한다.

36
lift
[lift]
동 elevator

n. 승강기

It is never appropriate to use the **lift** during a fire or similar building emergency.

화재 또는 그와 비슷한 건물 비상사태 시 승강기를 사용하는 것은 결코 바람직하지 않다.

※ 승강기는 영국에서는 lift, 미국에서는 elevator라고 한다.

37
mass-produced

phr. 대량 생산된

All over the world **mass-produced** housing blocks are being built to solve housing shortages.

전세계는 주택난을 해결하기 위해 대량 생산 주택 단지를 짓고 있다.

38
modern
[mɔ́dərn]
동 new, novel
반 conventional, traditional 전통적인

a. 현대의

Improvements in **modern** home-building methods are helping to lessen the negative effect humans have on the environment.

현대 주택 건설 방식의 개선은 인간이 환경에 미치는 부정적인 영향을 줄이는 데 도움이 되고 있다.

39
modify
[mɔ́dəfài]
modify – modified – modified
동 alter, change

v. (일부를) 수정하다, 고치다, 변경하다

I am going to **modify** my home interior design in keeping with spring season.

나는 봄철에 맞춰 우리 집 실내 장식을 변경할 예정이다.

40
multi-storey
동 multi-story, multi-storied
반 single-storey, single-story 단층의

phr. 다층의, 고층의

I am against the construction of **multi-storey** buildings in the park.

나는 공원 사이에 고층 건물을 건설하는 것에 반대한다.

 ※ '층'은 영국에서는 storey, 미국에서는 story라고 쓴다.

41
occupy
[ɔ́kjupài]
occupy – occupied – occupied

v. 차지하다, 점유하다

In my living room, an old guitar **occupies** one corner.

거실에는 낡은 기타 한 대가 한쪽 구석을 차지하고 있다.

42
old-fashioned

동 outdated

반 up-to-date 최신의

phr. 구식인, 시대에 뒤떨어진

As old buildings have **old-fashioned** facilities which are inconvenient to use, they should be replaced by up-to-date buildings.

오래된 건물들은 사용이 불편한 구식 시설을 갖추고 있기 때문에 최신식 건물로 교체해야 한다.

43
plumbing

[plʌ́miŋ]

관 n. plumber 배관공

n. 배관, 수도관

The school toilet overflowed due to a serious **plumbing** problem.

심각한 배관 문제 때문에 학교 화장실 변기가 넘쳐 버렸다.

44
prefabricated

[priːfǽbrəkèitid]

a. 조립식의

This company offers Europe-wide high-quality ecological **prefabricated** houses at affordable prices.

이 회사는 저렴한 가격으로 유럽 전 지역에 양질의 친환경 조립식 주택을 제공한다.

 a prefabricated house 조립식 주택

45
real estate

phr. 부동산(집이나 토지)

I need to write a letter to the **real estate** agent to complain about cracks in the ceiling in my new apartment.

나는 새 아파트 천장에 금이 간 것에 대해 컴플레인(불평)하기 위해 공인 중개사에게 편지를 써야 한다.

 a real estate agency(office) 공인 중개소
a real estate agent 공인 중개사

46
reconstruct
[rìːkənstrʌ́kt]
reconstruct – reconstructed
– reconstructed

v. 재건하다, 다시 만들다
After a fire broke out, Namdaemun, one of the country's best-known landmarks in Seoul, was **reconstructed**.
서울에서 가장 잘 알려진 명소 중 하나인 남대문은 불이 난 후에 재건되었다.

47
renovate
[rénəvèit]
renovate – renovated
– renovated
동 repair

v. 수리하다, 좋은 상태로 되돌리다
It cost a lot to **renovate** and expand the living room.
거실을 수리하고 확장하는 데 돈이 많이 들었다.

48
security guard

phr. 경비원, 경호원
Security guards inspected all bags brought into the conference centre by delegates.
경비원들은 참석자들이 회의장으로 들고 오는 모든 가방을 검사했다.

49
skyscraper
[skáiskrèipər]

n. 초고층 건물, 마천루
Some criticise that a cluster of **skyscrapers** in a city often causes traffic jams and parking difficulties.
어떤 사람들은 도시에 밀집된 초고층 건물들이 교통체증과 주차난의 원인이라고 비난한다.

50
spacious
[spéiʃəs]
관 n. space 공간

a. (집, 방, 공간 등이) 널찍한, 넓은
This main hall is **spacious**, neat and designed in a modern style.
이 대강당은 널찍하고 깔끔하며 현대적인 스타일로 설계되었다.

51 staircase
[stέərkèis]
동 stairway

n. 계단
When a fire breaks out, people should not use lifts but **staircases** for their safety.
불이 나면 안전을 위해 승강기 대신 계단을 이용해야 한다.

52 state-of-the-art
동 high-tech, cutting-edge, the most advanced

phr. 최신식의, 최첨단 기술을 이용한
This building is equipped with **state-of-the-art** security technology like closed circuit television.
이 건물에는 CCTV와 같은 최첨단 보안 장치가 설치되어 있다.

 state-of-the-art technology 최첨단 기술
state-of-the-art electronic items 최첨단 전자제품

53 steel
[sti:l]

n. 강철(U)
Eco-friendly **steel** buildings use processes that are environmentally responsible and resource-efficient.
친환경 강철 건물은 환경을 고려한 자원 효율적인 건축 방식을 사용한다.

 stainless steel 녹슬지 않는 강철

54 storage
[stɔ́:ridʒ]

n. 창고, 보관소
I am looking for a house with a garden, **storage** space and a car park in the countryside.
나는 정원과 창고 그리고 주차장이 있는 집을 시골에서 찾고 있다.

55 structure
[strʌ́ktʃər]

n. 건축물, 구조물
As construction technologies are advancing extremely quickly, unique building **structures** such as the Burj Dubai are being built.
건축 기술이 극도로 빠르게 발전함에 따라, 버즈 두바이 같은 독특한 건축 구조물들이 지어지고 있다.

56
tenant
[ténənt]
반 landlord 집주인

n. 세입자, 입주자
Most high-rise apartment buildings in the suburbs have difficulty in finding **tenants**.
교외에 있는 대부분의 고층 아파트들은 입주자를 찾는데 어려움을 겪고 있다.

57
timber
[tímbər]

n. 목재
Finland is famous for building eco-friendly **timber** frame houses.
핀란드는 골조가 목재로 된 친환경 주택을 짓는 것으로 유명하다.

58
traditional
[trədíʃənl]
반 modern 현대의
동 conventional

a. 전통적인
Living in a **traditional** house is usually more expensive and requires more time to maintain it.
전통적인 주택에서 사는 것은 일반적으로 비용이 더 많이 들고, 관리에도 시간이 더 많이 소요된다.

59
typical
[típikəl]

a. 전형적인, 특유한
Two thirds of the families in Britain own their houses and a **typical** British house has got two floors.
영국 가정의 3분의 2가 자기 집을 소유하고 있고, 영국의 전형적인 집은 2층 집이다.

60
up-to-date
반 outdated, old–fashioned 구식의

phr. 최신의
I need **up-to-date** interior tips for decorating my new house.
나는 새 집을 꾸미기 위한 최신 인테리어 정보가 필요하다.

3. Review

3-1) Match the English words to the Korean translations below.

1. state-of-the-art technology	a. 공인 중개사
2. a real estate agent	b. 최첨단 기술
3. a high-rise apartment building	c. 고층 아파트
4. civil engineering	d. 보증금을 지불하다
5. leave a deposit	e. 토목 공학

3-2) Complete the sentences using the list of words and phrases below.

1. Class rooms should be large and _____ in order to be an ideal atmosphere for studying.
2. A green building costs less than a _____ building despite public perception to the contrary.
3. My room is well _____ with a lot of family photos hanging on the wall.
4. Most _____ require tenants to pay four weeks' rent in advance with eight weeks' deposit.
5. The school toilet overflowed due to a serious _____ problem.

a. decorated	b. conventional	c. landlords	d. plumbing	e. airy

Answers: 3-1) 1-b / 2-a / 3-c / 4-e / 5-d   3-2) 1-e / 2-b / 3-a / 4-c / 5-d

◀ 보이는 MP3

줄리정 불법 **IELTS VOCA**
Juli Jung's Immutable Law for IELTS Vocabulary

Day 12

IT
(Information Technology)
정보기술

▶ MP3 다운 받는 법
- http://sunnysunday.co.kr (Sunny Sunday 출판사)접속 후 다운로드
- 콜롬북스(모바일 앱) : 모바일로 '콜롬북스' 앱을 다운 받은 후 '줄리정' 검색 후 'VOCA' 다운로드

1. Writing Task 2 빈출 문제

1. When a nation develops its technology, the traditional skills and ways of life die out. This is because it is pointless to keep them alive. Do you agree or disagree with this statement?
2. Using a computer every day can have more negative than positive effects on children. Do you agree or disagree with this statement?
3. People are relying considerably on computers. These machines are used in businesses, medical care and even crime. What areas will they be used for in the future? Is this dependence on computers beneficial?
4. In the near future people who cannot deal with computers will not be able to get a job. Do you agree or disagree with this statement?
5. Teenagers are spending too much time on computers and this will lead to a severe problem in their physical and mental health. Do you agree or disagree with this statement?

1. 국가의 과학기술이 발전할 때, 그 나라의 전통 기술과 삶의 방식은 사라진다. 왜냐하면 그것들을 유지하는 것은 무의미하기 때문이다. 당신은 이 말에 동의하는가? 또는 동의하지 않는가?
2. 매일 컴퓨터를 사용하는 것은 아이들에게 긍정적인 영향보다는 부정정적인 영향을 더 많이 끼친다. 당신은 이 말에 동의하는가? 또는 동의하지 않는가?
3. 사람들은 컴퓨터에 상당히 의존하고 있다. 컴퓨터는 산업, 의료, 범죄에까지 이용되고 있다. 미래에는 컴퓨터가 어떤 분야에 사용될 것인가? 컴퓨터에 의존하는 것은 이로운가?
4. 머지않아 컴퓨터를 다루지 못하는 사람들은 일자리를 구할 수 없을 것이다. 당신은 이 말에 동의하는가? 또는 동의하지 않는가?
5. 10대들은 컴퓨터에 너무나 많은 시간을 할애하고 있고 이것은 그들의 육체적, 정신적 건강에 심각한 문제를 초래할 것이다. 당신은 이 말에 동의하는가? 또는 동의하지 않는가?

2. 불법 단어 및 구문

1
access
[ǽkses]
access – accessed
– accessed

n. 액세스, 접속(U)
People can quickly search for useful information that they need as long as there is Internet **access**.
인터넷이 접속되어 있는 한, 사람들은 그들이 필요로 하는 유용한 정보를 빠르게 찾을 수 있다.

v. 액세스하다, 접속하다
We need to provide more facilities for the disabled that are easily **accessed**.
우리는 장애인들이 쉽게 접근할(이용할) 수 있는 시설들을 좀 더 제공해야한다.

2
artificial intelligence = AI

phr. 인공지능
The term **artificial intelligence(AI)** attracted public interests again with the movie, **AI**, about a robot boy.
인공지능이라는 용어는 로봇 소년에 관한 영화인 AI와 함께 다시 대중의 관심을 사로잡았다.

3
automatic pilot

phr. 자동 조종 장치
Automatic pilots are not only used for aircrafts but are also operated for submarines, missiles and spacecrafts.
자동 조종 장치는 비행기에만 사용되는 것이 아니라 잠수함, 미사일 그리고 우주선에서도 사용된다.

4
breakthrough
[bréikθrù:]

n. 획기적인 발전
The cutting edge technology has made a **breakthrough** in the field of medicine.
최첨단 기술은 의약 분야에 획기적인 발전을 가져왔다.

5 charger
[tʃɑ́:rdʒər]
관 v. charge 충전하다

n. 충전기
The new **charger** which is compatible with most types of mobile phones will make life easier for consumers.
대부분의 휴대전화들과 호환되는 새로운 충전기는 소비자들의 삶을 더욱 편리하게 만들 것이다.

6 compact
[kəmpǽkt]

a. 소형의, 작고 경제적인
The **compact** camera has become a popular option because it is easy to carry and easy to use.
소형 디지털 카메라는 휴대와 사용이 용이해서 인기 있는 옵션이 되고 있다.

7 compatible
[kəmpǽtəbl]

a. 호환되는
Microsoft designed its operating systems to be **compatible** with various hardware created by different computer companies.
마이크로소프트는 다른 컴퓨터 회사에서 개발한 다양한 하드웨어들과 호환되는 운영 시스템을 만들었다.

8 computerisation
[kəmpjú:təràizèiʃən]
관 a. computerised 컴퓨터화된

n. 컴퓨터화(U)
Computerisation in a working place has adverse health effects on workers mentally as well as physically.
직장의 컴퓨터화는 근무자의 건강에 육체적으로나 정신적으로 부정적인 영향을 끼친다.

9 computerised
[kəmpjú:t-əràizd]
관 n. computerisation 컴퓨터화

a. 컴퓨터화된
In the near future, we could buy **computerised** cars driving and parking themselves.
가까운 미래에 우리는 스스로 운전하고 주차하는 무인 자동차(컴퓨터화된 자동차)를 살 수 있다.

10
connection
[kənékʃən]

n. 연결, 접속(UC)

Free wireless Internet **connection** allows smartphone users to enjoy the advantages of the go-anywhere Internet services.

무료 무선 인터넷 연결로 스마트폰 사용자들은 어디서나 인터넷 서비스 혜택을 누린다.

11
cutting-edge
[동] high-tech,
  state-of-the-art,
  the most advanced

phr. 최첨단의

Steve Jobs was a creative person who changed the world with his **cutting-edge** products such as the iPod, iPhone, and iPad.

스티브 잡스는 아이팟, 아이폰, 아이패드 같은 최첨단 제품으로 세상을 바꾼 창의적인 사람이었다.

 cutting-edge products 최첨단 제품들
cutting-edge science and technology 최첨단 과학기술
cutting-edge technology 최첨단 기술

12
cyber
[sáibər]

a. 컴퓨터의, 사이버스페이스의

Cyber-bullying linked to juveniles is increasing remarkably and it leads them to commit suicide in extreme cases.

청소년과 관련한 사이버 괴롭힘(왕따)이 눈에 띄게 증가하고 있고, 심한 경우에는 자살로 이어진다.

 a cyber university 사이버 대학
cyber bullying 사이버 괴롭힘(왕따)
cyber attacks 사이버 공격
cyber crimes 사이버 범죄

13
data
[déɪtə/dǽtə/dáːtə]
동 information

n. 자료, 데이터

The new artificial satellite will be sending weather information **data** for ten years.

새 인공위성은 10년간 기상 정보 자료를 발신할 것이다.

the amount of data 자료의 양
delete data (컴퓨터의) 데이터를 삭제하다
input data (컴퓨터에) 데이터를 입력하다
process data 데이터를 처리하다
※ data는 datum의 복수이지만, 셀 수 없는 명사로 단수 취급되기도 한다. 동의어인 information도 셀 수 없는 명사임에 주의해야 한다. 또한 data의 3가지 발음을 모두 익혀야 한다. 3가지 발음 모두 아이엘츠 시험에 등장한다.

14
device
[diváis]
관 v. devise 고안하다

n. 기계적 장치, 기기

A new issue is how to handle e-waste which means discarded electronic **devices** such as old mobiles and computers.

오래된 휴대전화와 컴퓨터 같이 버려진 전자기기를 뜻하는 전자 폐기물을 어떻게 처리해야 하는가가 새로운 이슈이다.

a nuclear device 핵무기
a portable electronic device 휴대용 전자기기
※ device는 명사, devise는 동사, 스펠링에 주의하자.

15
devise
[diváiz]
devise – devised – devised
동 invent
관 n. device 기계적 장치

v. 고안하다, 발명하다

The government should **devise** a new scheme for protecting personal information in the cyber world.

정부는 사이버 세상에서 개인 정보를 보호하기 위한 새로운 계획을 마련해야 한다.

16
display
[displéi]

n. 디스플레이, 전시
Flat **display** sales show a continuous upward trend.
평면 디스플레이의 판매는 꾸준한 상승세를 보이고 있다.

17
**e-book =
electronic book**

[반] paper book,
printed book,
traditional book,
conventional book 종이책

phr. 전자책
The **e-book** is a smart tool, which can access useful information much faster.
전자책은 훨씬 더 빠르게 유용한 정보를 얻을 수 있는 똑똑한 도구이다.

18
envisage
[invízidʒ]
envisage – envisaged
– envisaged

[동] image

v. 마음에 그리다, 예상하다, 상상하다
Several reputable periodicals have published a list of high-tech development directions that they **envisage** for the coming decade.
몇몇 유명한 잡지들은 그들이 예상하는 향후 10년 동안의 최신 기술 발달 방향에 대한 리스트를 발표했다.

19
gadget
[gǽdʒit]

n. 소형 전자제품, 새로운 고안품
Smart **gadgets** like smartphones have a great effect on people's lives.
스마트폰과 같은 스마트 소형 전자제품들은 사람들의 삶에 큰 영향을 끼친다.

20
innovation
[ìnəvéiʃən]

관 a. innovative 혁신적인

n. 혁신(U)

In underdeveloped countries, technological **innovation** is not a luxury but a necessity to develop their economy.

후진국의 경제 발전에서 기술 혁신은 사치가 아니라 필수이다.

21
innovative
[ínəvèitiv]

동 advanced, forward-looking

관 n. innovation 혁신

a. 혁신적인

Auto designers have produced several eco-friendly **innovative** cars to change the future and make the environment clean.

자동차 디자이너들은 미래를 바꾸고 환경을 깨끗하게 만들기 위해 몇 가지 혁신적인 친환경 자동차들을 만들었다.

22
invent
[invént]

invent – invented – invented

동 devise

관 n. invention 발명(품)

v. 발명하다, 고안하다

Scientists in the USA have **invented** a smart robot maid that can help with household chores.

미국 과학자들은 집안일을 도울 수 있는 똑똑한 로봇 가정부를 발명했다.

23
invention
[invénʃən]

동 device

관 v. invent 발명하다

n. 발명(품), 고안

The mobile phone is a breakthrough **invention** that helps people to get closer.

휴대전화는 사람들을 좀 더 가깝게 해주는 획기적인 발명품이다.

24
labour-saving

phr. 노동력 절감의, 인력을 줄이는

Labour-saving devices such as microwave ovens and dishwashers can help people to save time and money.

전자레인지나 식기세척기 같은 노동 절약형 장치들은 사람들의 시간과 돈을 절약해 줄 수 있다.

25
laptop
[lǽptɔ̀p]
반 desktop 데스크탑

n. 노트북, 랩탑

Laptops have overtaken desktops as the computer of choice for people under 30.

랩탑은 30세 미만인 사람들이 선택한 컴퓨터로써 데스크탑을 따라잡았다.

 ※ 우리가 흔히 말하는 노트북(notebook)의 원래 의미는 공책이고, 정확한 영어 표현은 무릎(lap) 위에 올려 놓고 쓰는 컴퓨터라는 뜻에서 laptop, laptop computer 혹은 notebook computer이라고 한다. desktop은 책상(desk) 위에 올려 놓고 쓰는 컴퓨터라는 의미로, 일반적인 컴퓨터를 의미한다.

26
memory chip

phr. 메모리 칩

E-books are very convenient to carry because people need only a tiny **memory chip** and a reading device no matter how many books they have.

책을 얼마나 많이 가지고 있는지는 상관없이 전자책은 작은 메모리 칩과 단말기만 있으면 되기 때문에 휴대가 상당히 편리하다.

27
off-line
반 online 온라인의

phr. 오프라인의, 온라인 상태가 아닌

Recently the online sector has been quickly outgrowing the **off-line** sector in the music market.

최근 음반 시장에서 온라인 부문이 오프라인 부문을 빠르게 잠식하고 있다.

28
online
[ɔ́nlain]
반 off-line 오프라인의

a. 온라인의

I have booked two baseball tickets **online** for next Wednesday.

나는 온라인으로 다음 주 수요일 야구 경기 티켓 2장을 예매했다.

29
patent
[péitnt]

n. 특허(권)

According to an article, Samsung wants to continue its **patent** fight with Apple.

기사에 따르면 삼성은 애플과의 특허권 싸움을 계속하기 원한다.

hold a patent 특허권을 갖다
infringe a patent 특허를 침해하다
take out a patent for an invention 발명 특허를 받다

30
PIN number
동 password

phr. 인증번호, 비밀번호

The most important number to remember is the **PIN number** for credit cards.

기억해야 할 가장 중요한 번호는 신용카드 비밀번호이다.

※ PIN number는 Personal Identification Number의 약자로 우리가 흔히 알고 있는 password와 같다. 영국에서는 PIN number라는 표현을 더 많이 쓴다.

31
portable
[pɔ́:rtəbl]

a. 휴대용의, 휴대(이동) 가능한

The e-book is affordable, **portable** and eco-friendly so it is beloved by people.

전자책은 저렴하고 휴대 가능하며 친환경적이기 때문에 사람들에게 사랑 받는다.

portable electronic devices 휴대용 전자 기기
portable computers 휴대용 컴퓨터(넷북, 노트북)

32
prototype
[próutoutàip]

n. 견본, 원형

High-tech companies and prestige universities have unveiled **prototypes** of the computers of the future.

첨단 과학기술 회사들과 명문 대학들이 미래형 컴퓨터의 견본을 공개했다.

33
remote control

phr. 리모콘, 원격 조정

Scientists have recently used a **remote-controlled** submarine to discover the deepest part of the ocean.

최근에 과학자들은 바다의 가장 깊은 곳을 밝혀내기 위해서 원격 조작 잠수함을 이용한다.

34
revolution
[rèvəlúːʃən]

관 v. revolutionise
혁명을 일으키다

n. 혁명

Since the Industrial **Revolution** which began in Britain in the 1700s, machines have changed people's way of life.

1700년대 영국에서 시작한 산업혁명 이래로, 기계가 사람들의 생활방식을 바꾸어왔다.

 a bloodless revolution 무혈 혁명
the French Revolution 프랑스 혁명
the Industrial Revolution 산업 혁명

35
revolutionise
[rèvəlúː-ʃənàiz]
revolutionise –
revolutionised –
revolutionised

관 n. revolution 혁명

v. 혁명을 일으키다

The Internet has **revolutionised** the modern society, however, it has also caused new problems and inequalities.

인터넷은 현대 사회에 혁명을 일으켰지만 새로운 문제와 불평등도 초래했다.

36
scroll
[skroul]
scroll – scrolled – scrolled

v. 스크롤 하다(화면의 표시 범위를 상하좌우로 이동하다)
Some mice can **scroll** horizontally as well as vertically, using either a scroll-wheel or a scroll ball.

어떤 마우스들은 스크롤 휠이나 스크롤 볼을 이용해서 수직으로도 수평으로도 화면을 움직일 수 있다.

37
semiconductor
[sèmikəndʌ́ktər]

n. 반도체
Semiconductors are essential in the manufacturing process of radios, televisions, and computers.

반도체는 라디오, 텔레비전, 컴퓨터 제조 공정에서 중요하다.

38
Silicon Valley

phr. 실리콘 밸리
Silicon Valley in the USA has been a global technology centre since the early 1970s, following the invention of the microprocessor.

미국에 있는 실리콘 밸리는 마이크로 프로세서의 발명 이후, 1970년대 초부터 전세계 기술의 중심이 되었다.

 ※ Silicon Valley는 미국 샌프란시스코 남쪽의 반도체 소자 생산업체가 밀집해 있는 지역이다.

39
surpass
[sərpǽːs]
surpass – surpassed – surpassed

동 excel, exceed

v. 능가하다, 초월하다, 넘다
With the number of KakaoTalk users **surpassing** the 30 million mark last year, this company is looking for new markets like Japan and the US.

작년에 카카오 톡 사용자 수가 3천만 명을 넘어섬에 따라, 이 회사는 일본이나 미국 같은 새로운 시장을 찾고 있다.

40
technology
[tèknɔ́lədʒi]

n. 과학기술(UC)

People around me look like they are addicted to **technology** because they spend too much time on smartphones and computers.

내 주변 사람들은 스마트폰이나 컴퓨터에 너무 많은 시간을 보내기 때문에 과학기술에 중독된 것처럼 보인다.

 information technology = IT 정보기술
technology transfer 기술 이전

41
telecommuni-cations
[tèləkəmjùːnikéiʃəns]
동 telecom

n. (원격) 통신

Improvements in **telecommunications** lead to greater population distribution because people no longer need to work at the same place.

(원격) 통신의 발달로 인해 사람들이 더 이상 같은 장소에서 일할 필요가 없기 때문에 인구 분산이 촉진된다.

42
3D = three-dimensional

phr. 3차원의, 입체감 있는

Thanks to the advanced technology, there has been a tremendous increase in the number of **3D** movies like Avatar.

최신 과학 기술 덕분에 아바타 같은 3D 영화가 엄청나게 많아졌다.

 ※ 1차원은 선, 2차원은 평면, 3차원은 공간, 4차원은 시간의 개념까지 포함한다. 우리가 사는 현실세계는 3차원이고, 4차원은 시간과 공간을 초월한 우주 공간 등과 같이 우리가 미처 알지 못하는 미지의 세계이다.

43
trigger
[trígər]
동 provoke

n. 방아쇠, 기폭 장치

The death of Steve Jobs was the **trigger** for the severe competition in the smart market.

스티브 잡스의 죽음은 스마트 시장에서 치열한 경쟁의 기폭제가 되었다.

44
user-friendly

phr. 사용자 친화적인, 사용하기 쉬운

I am looking for a new smartphone which is affordable and **user-friendly**.

나는 저렴하면서도 사용하기 쉬운 새 스마트폰을 찾고 있다.

45
VDT syndrome

phr. VDT 증후군, 컴퓨터 단말기 증후군

VDT syndrome often observed with the workers using VDT has become a serious occupational health problem.

VDT(컴퓨터 단말기)를 사용하는 근로자들에게 자주 발생하는 VDT 증후군은 심각한 직업병이 되었다.

※ VDT(Visual Display Terminals: 컴퓨터 단말기) 증후군이란, 장시간 컴퓨터 사용으로 인해 근골격계 및 시각증상, 피부 발진, 정신적 스트레스, 전자기파 관련 건강 장애 등이 신체에 발생하는 증상이다.

46
virtual
[və́ːrtʃuəl]

a. 가상의, 온라인의

Nowadays, children cannot distinguish between the real world and the **virtual** one and it contributes to their brutal behaviour.

오늘날 아이들은 현실세계와 가상세계를 구별하지 못하고, 이러한 상황은 그들의 야만적인 행동의 원인이 된다.

virtual reality 가상현실
the virtual world 가상세계
a virtual space 가상공간

47
wireless
[wáiərlis]

반 wire 유선의

a. 무선의

Due to free **wireless** Internet connection, a lot of people are able to search for useful information.

무료 무선 인터넷 연결로 많은 사람들은 유용한 정보를 검색할 수 있다.

3. Review

3-1) Match the English words to the Korean translations below.

1. a virtual space	a. 정보기술
2. information technology	b. 휴대용 컴퓨터
3. portable computers	c. 특허권을 갖다
4. hold a patent	d. 가상공간
5. the cutting edge technology	e. 최첨단 기술

3-2) Complete the sentences using the list of words and phrases below.

1. People can quickly search for useful information that they need as long as there is Internet _____ .
2. The cutting edge technology has made a _____ in the field of medicine.
3. The _____ camera has become a popular option because it is easy to carry and easy to use.
4. Recently the online sector has been quickly out-growing the _____ sector in the music market.
5. The most important number to remember is the _____ for credit cards.

a. compact	b. breakthrough	c. access	d. pin number	e. off-line

◀ 보이는 MP3

Day 13

줄리정 불법 **IELTS VOCA**
Juli Jung's Immutable Law for IELTS Vocabulary

Shopping & Party

쇼핑과 파티

▶ MP3 다운 받는 법
- http://sunnysunday.co.kr (Sunny Sunday 출판사)접속 후 다운로드
- 쿨룸북스(모바일 앱) : 모바일로 '쿨룸북스' 앱을 다운 받은 후 '줄리정' 검색 후 VOCA 다운로드

1. Writing Task 2 빈출 문제

1. Spending a lot of money on holding wedding parties, birthday parties and other celebrations is just a waste of money. Do you agree or disagree with this statement?
2. Online shopping is booming. How could this trend influence our environment and business?
3. Some people feel that we now place too much importance on money and possessions. Others believe that this trend has played an important role in improving our lives. Discuss both views and give your own opinion.
4. Fashion trends are difficult to follow because they are changing too fast. Some people believe that we do not have to follow them and that we should dress in what we like and feel comfortable in. To what extent do you agree or disagree with this opinion?
5. Young people are strongly influenced by fashion, such as clothing or hairstyle. Why are they attracted to fashion? Is it a positive or negative development?

1. 결혼식, 생일 파티 그리고 다른 축하 행사들은 돈 낭비일 뿐이다. 당신은 이 말에 동의하는가? 또는 동의하지 않는가?
2. 온라인 쇼핑이 붐을 일으키고 있다. 이러한 경향은 우리의 환경과 산업에 어떠한 영향을 미칠 수 있는가?
3. 사람들은 오늘날 우리가 돈과 재산을 너무나 중요시한다고 생각한다. 반면 이런 트렌드가 생활을 향상시키는 데 중요한 역할을 한다고 주장하는 사람들도 있다. 양쪽의 견해를 논하고 당신의 주장을 제시하라.
4. 패션 트렌드는 너무나 빠르게 바뀌어서 따라가기 어렵다. 어떤 사람들은 패션을 따라갈 필요 없이, 입고 싶은 대로 편하게 입어야 한다고 주장한다. 당신은 이 의견에 얼마만큼 동의하는가? 또는 동의하지 않는가?
5. 젊은 사람들은 옷이나 머리스타일 같은 패션의 영향을 강하게 받는다. 왜 그들은 패션에 매료되는가? 이것은 긍정적인 발전인가? 부정적인 발전인가?

2. 불법 단어 및 구문

1
adorn
[ədɔ́:rn]
adorn – adorned – adorned

동 decorate, ornament
관 n. adornment 장신구

v. 장식하다, 꾸미다

I have **adorned** my room with ivory wallpaper, beautiful flowers and posters of my favourite figures.

나는 내 방을 아이보리 벽지와 아름다운 꽃들 그리고 내가 좋아하는 인물들이 담긴 포스터로 장식했다.

2
adornment
[ədɔ́:rnmənt]

동 decoration, ornament, accessory
관 v. adorn 장식하다

n. 장식(품), 장신구, 액세서리

When I was a secondary school student, I had to dress in a school uniform and was not permitted to wear any **adornments**.

중고등학생이었을 때, 나는 교복을 입어야만 했고, 어떠한 장신구도 착용할 수 없었다.

3
aesthetic
[i:sθétik]

a. 미의, 미학의

Bukchon Hanok Village is the best place for representing the **aesthetic** value of Korean traditional houses.

북촌 한옥마을은 한국 전통 가옥의 미적인 가치를 보여주는 최고의 장소이다.

4
beauty pageant

phr. 미인대회

Beauty pageants are one of the most spectacular examples of commercialism.

미인대회는 시선을 가장 많이 사로잡는 상업주의의 대표적인 사례들 중 하나이다.

5
Boxing Day

phr. 복싱 데이

The most popular products on **Boxing Day** last year were electronics and home entertainment items.

작년 복싱 데이 때, 가장 인기 있던 제품은 전자제품과 가정용 오락기였다.

 ※ Boxing Day란 영연방 국가와 몇몇 유럽 국가의 공휴일로 크리스마스 다음 날인 12월 26일을 말한다. 봉건시대 영주들이 크리스마스 다음 날인 12월 26일에 상자(box)에 옷, 곡물, 연장 등을 담아 농노들에게 선물하며 1일 간의 휴가를 주었던 전통에서 유래했다. 이 때문에 '크리스마스 복싱 데이'라고도 한다. 이후 가족, 친지, 이웃들에게 선물하는 전통이 생겼고, 이 기간에 백화점 등에서는 대규모 세일 행사를 한다. (출처 : NAVER 지식사전)

6
celebrity
[səlébrəti]
동 famous person

n. 유명인사, 연예인

Celebrities are becoming role models for the younger generation.

유명인사들은 젊은 세대의 롤모델이 되고 있다.

7
charm
[tʃɑːrm]
charm – charmed – charmed

관 a. charming 매력적인

n. 매력(UC)

Some politicians are selected for their charisma and **charm** as well as their political beliefs.

어떤 정치인들은 정치적 신념뿐만 아니라 카리스마와 매력 때문에 선출된다.

v. 매력이 있다

K-pop stars have **charmed** the hearts of countless Japanese fans and gained popularity in neighbouring countries.

한국 대중 가요 스타들은 수많은 일본 팬들의 마음을 매료시켰고 인근 국가에서도 인기가 있다.

8
charming
[tʃάːmiŋ]
관 n./v. charm
매력/매력이 있다

a. 매력적인
My grandmother who is over 90 now is still a **charming**, healthy and extroverted person.
지금 아흔이 넘은 우리 할머니는 여전히 매력적이고 건강하며 외향적인 사람이다.

9
clearance sale

phr. 재고 처분, 창고 세일
The store is having a **clearance sale** from 50 to 80 percent off until next Monday.
이 상점은 다음 주 월요일까지 50에서 80퍼센트 할인된 재고 정리 세일을 한다.

10
cosmetics
[kɔzmétiks]

n. 화장품
Recently, the domestic **cosmetics** market has been polarised between high-cost and low-cost zones.
최근 국산 화장품 시장은 높은 가격대로 낮은 가격대로 양극화되고 있다.

 ※ cosmetics 주로 복수 형태로 쓴다.

11
cotton
[kɔ́tn]

n. 면, 목화(U)
I went to the department store to buy eco-friendly **cotton** clothing for my baby yesterday.
나는 어제 내 아이를 위해서 친환경 면으로 만든 옷을 사러 백화점에 갔다.

12
custom-made

[동] tailor-made

[반] ready-made 기성품의

phr. 주문하여 만든, 맞춤의

Ira rarely finds his shoe size, 13, in this country so he normally orders **custom-made** shoes.

아이라는 이 나라에서 신발 사이즈 13을 좀처럼 구할 수가 없어서 보통 맞춤 신발을 주문한다.

custom-made suits 맞춤 양복
custom-made shoes 맞춤 신발
custom-made clothing 맞춤 옷

13
department store

phr. 백화점

Harrods became one of London's most famous **department stores** after the Princess Diana car crash.

다이애나 왕세자비의 자동차 사고 이후, 해러즈는 런던에서 가장 유명한 백화점 중 하나가 되었다.

※ 백화점을 department로 아는 경우가 종종 있다. 하지만 department는 '부서'라는 뜻이고 반드시 뒤에 store를 함께 써야 '백화점'이라는 뜻이 된다는 것을 기억하자.

14
dress shirt

phr. 드레스 셔츠, 와이셔츠

It is acceptable to wear a **dress shirt** without a tie at the workplace in summer.

여름에는 직장에서 넥타이 없이 와이셔츠만 입는 것이 허용된다.

※ dress shirt는 남자들이 양복 안에 받쳐 입는 셔츠를 말한다. 우리나라에서는 일본어의 영향으로 와이셔츠라고 말하지만, dress shirt가 정확한 영어 표현이다.

15
dress up

phr. 잘 차려 입다, 정장을 입다
I need to **dress up** to get a job.
취직을 하려면 정장을 입어야 한다.

16
dye
[dai]
dye – dyed – dyed

v. 염색하다
I want to **dye** my hair blonde.
나는 금발로 염색하고 싶다.

17
eye-catching
동 attractive

phr. 눈길을 끄는
On the red carpet, actresses dress up in something **eye-catching**, elegant, and stylish.
레드카펫에서 여배우들은 눈에 잘 띄고 우아하며 맵시 있는 옷을 입는다.

> eye-catching clothes 눈길을 끄는 의상
> eye-catching advertisements 눈길을 끄는 광고

18
fabric
[fǽbrik]
동 textile, fibre

n. 직물, 천(UC)
As the negative impact of the fashion industry has become an environmental issue, new **fabric** made from all natural materials has been invented.
패션 산업의 부정적인 영향이 환경적 이슈가 되면서, 천연 물질로 만든 새로운 직물이 개발되었다.

19
fashionable
[fǽʃənəbl]
관 n. fashion 패션
　 n. fashionista 패셔니스타

a. 유행하는, 패션 감각이 뛰어난
I do not wear **fashionable** clothes because I am not interested in what is happening in the fashion world.
나는 패션계에서 일어나는 일에 관심이 없기 때문에 유행하는 옷들을 입지 않는다.

20 fashionista
[fæʃəníːstə]

관 n. fashion 패션
　　a. fashionable 유행하는

n. 패셔니스타

When it comes to beauty, **fashionistas** know a variety of ways to express themselves.

아름다움에 관한 한, 패셔니스타들은 그들 스스로를 표현하는 다양한 방법들을 알고 있다.

 ※ fashionista란 패션에 관심이 많고 최신 유행 스타일을 따르는 사람을 지칭하는 표현이다.

21 fitting room
동 dressing room

phr. 탈의실

The clothing shop posts a rule on the wall as follows; "No more than 4 items allowed in the **fitting room**".

이 옷 가게의 벽에는 다음과 같은 규칙이 공지되어 있다. "탈의실에는 네 벌 이하의 옷만 가지고 들어갈 수 있습니다."

22 flagship store

phr. 플래그쉽 스토어

The fourth global **flagship store** of the French luxury brand, Hermes, is located in Apgujeong-dong, Seoul.

프랑스 명품 브랜드 에르메스의 네 번째 해외 플래그쉽 스토어는 서울 압구정동에 있다.

 ※ flagship store란 성공한 특정 브랜드의 성격과 이미지를 극대화한 매장이다. 보통 유동인구가 많은 중심가에 있다.

23 flea market

phr. 벼룩시장

One of the main tourist places in London is a **flea market** in Camden Town.

런던의 주요 관광지 중 하나는 캠든 타운 같은 벼룩시장이다.

24
flower print

phr. 꽃무늬

In summer, **flower print** dresses are always popular among women on the beach.

꽃무늬 드레스는 여름 해변에서 항상 여자들에게 인기가 있다.

25
fur
[fəːr]

n. 모피, 부드러운 털(U)

Although nowadays the production of **fur** coats has been criticised by animal lovers, **fur** coats are still popular.

비록 오늘날 모피코트 제작은 동물 애호가들의 비난을 받고 있지만, 모피코트는 여전히 인기가 있다.

26
gala dinner

phr. 공식 축하 만찬

The price includes a 3-day conference attendance fee, accommodation and **gala dinner** on Friday.

이 금액은 3일 동안의 회의 참가비와 숙박 그리고 금요일에 있는 공식 축하 만찬까지 포함한다.

27
garment
[gάːrmənt]

동 dress, clothe, apparel, wardrobe

n. 의류, 의복

Fashion has a negative impact on the environment because it takes more than 30 years for discarded **garments** to completely decompose.

패션은 환경에 부정적인 영향을 미치는데, 이는 버려진 옷들이 완전히 부식되는 데 30년 이상이 걸리기 때문이다.

28
gift voucher

동 coupon, gift certificate

phr. 상품권

Gift vouchers can be a great gift when it is difficult to choose a present.

상품권은 선물을 고르기 어려울 때 좋은 선물이 될 수 있다.

29
hospitality
[hɔ́spətǽləti]

n. 환대(U)

In the **hospitality** business like hotels, it is especially important to meet guests' needs according to gender and age.

호텔 같은 환대 산업에서는 성별과 나이에 따라 고객의 요구를 맞추는 것이 특히 중요하다.

30
host
[houst]

[반] guest 손님

n. (사교 모임의) 주최, 주인

The **host** of this party is Charles Han, the CEO of the ABC company.

이 파티의 주최자는 ABC사의 사장인 찰스 한이다.

 ※ 주최자의 성별에 따라 남성은 host, 여성은 hostess라고 한다.

31
impulse buying

phr. 충동구매

Shopping with a list is a good idea to reduce the chances of **impulse buying**.

(쇼핑) 목록을 가지고 쇼핑하는 것은 충동구매의 기회를 줄이는 좋은 아이디어이다.

32
instalment
[instɔ́:lmənt]

[반] lump sum 일시금

n. 할부금

I have not decided yet to pay for the dress all at once or in **instalments**.

나는 드레스를 일시불로 살지 할부로 살지 아직 결정 못 했다.

 in instalments 할부로
instalment purchase 할부 구매
an instalment price 할부가

33
invitation
[ìnvitéiʃən]
관 v. invite 초대하다

n. 초대(U), 초대장(C)

Although I appreciate his kind **invitation** to dinner on Friday, I have to decline because I have to go to Japan on business.

그의 금요일 저녁식사 초대가 고맙지만, 사업차 나는 일본에 가야 하기 때문에 거절해야 한다.

accept an invitation to dinner 저녁식사 초대에 응하다
decline an invitation to dinner 저녁식사 초대를 거절하다
send out invitations 초청장을 발송하다
"Admission by invitation only" 초대한 손님에 한해서 입장

34
invite
[inváit]
invite – invited – invited
관 n. invitation 초대

v. 초대하다

Last year one of my friends sent me an email **inviting** me to join Facebook.

내 친구 중 한 명이 작년에 페이스북에 가입하라는 이메일을 보냈다.

35
leather
[léðər]

n. 가죽(U)

I lost my bag which is a small black **leather** document case with a narrow strap.

나는 얇은 끈 하나가 달린 작은 검은색 가죽 서류가방을 잃어버렸다.

36
luxury goods
동 luxury items

phr. 사치품

Some people are obsessed with showing off their **luxury goods** such as Chanel or Hermes.

어떤 사람들은 샤넬이나 에르메스 같은 사치품을 자랑하는 데 집착한다.

37
makeup
[méikʌp]

n. 화장, 메이크업(UC)

Too much **makeup** makes women look like a clown.

너무 진한 메이크업은 여자들을 광대처럼 보이게 만든다.

38
messy
[mési]

a. 지저분한

People left the Christmas party **messy** with broken bottles and cigarette butts.

사람들은 깨진 병들과 담배 꽁초들을 남기고 지저분하게 크리스마스 파티를 떠났다.

39
must-have

phr. 반드시 가지고 있어야 하는

In summer, the **must-have** fashion item for women is a light weight cardigan as the air conditioning in some buildings can be quite strong.

여자들이 여름에 반드시 가지고 있어야 하는 패션 아이템은 얇고 가벼운 카디건인데, 어떤 건물에서는 에어컨이 너무 세기 때문이다.

must-haves 반드시 가지고 있어야 하는 것
must-have items 반드시 가지고 있어야 하는 아이템

40
nail polish

phr. 매니큐어

I believe that all the fabulous fashion is complete at the fingertips therefore whenever I have a party, I always apply **nail polish**.

나는 모든 멋진 패션이 손가락 끝에서 완성된다고 생각하기 때문에, 파티가 있을 때마다 항상 매니큐어를 바른다.

※ 우리가 말하는 매니큐어(manicure)는 '손톱을 다듬다'라는 뜻이고, 매니큐어의 올바른 영어 표현은 손톱(nail)과 광택제(polish)라는 단어가 연결된 'nail polish' 이다.

41
neat
[ni:t]

a. 깔끔한

I like to wear black and white colours because they make me look **neat** and sophisticated, irrespective of the occasion.

나는 검은색과 흰색 옷을 즐겨 입는데, 이 색상들은 어느 상황에서나 나를 깔끔하고 세련돼 보이게 만들어 주기 때문이다.

42
online shopping

phr. 온라인 쇼핑

Online shopping can save money for end-users because with just a few clicks of the mouse, they compare the prices of the products.

온라인 쇼핑은 소비자가 몇 번의 마우스 클릭만으로 제품의 가격을 비교할 수 있기 때문에 돈을 절약할 수 있다.

43
outlet store

phr. 할인점, 직매점

I normally go to **outlet stores** to get good items at a lower price.

나는 좋은 제품을 싸게 살 수 있는 할인점을 주로 이용한다.

 outlet malls 아울렛 몰, outlet stores가 모여 있는 곳

44
plastic surgery

phr. 성형 수술

People need to weigh the safety of **plastic surgery** procedures before deciding to opt for them.

성형수술을 결정하기 전 사람들은 수술 과정의 안전성에 주의를 기울여야 한다.

45
polka dot

phr. 물방울 무늬

Polka dot dresses are fashion must-haves because they never go out of fashion.

물방울 무늬 원피스는 반드시 가지고 있어야 하는 패션 아이템인데, 이 옷들은 결코 유행을 타지 않기 때문이다.

46
price tag

phr. 가격표

The shop goes strictly by the **price tag** without a reduction.

이 상점은 에누리 없이 정찰제를 고수한다.

47
ready-made

[반] custom-made,
tailor-made 맞춤의

phr. 기성품인, 미리 만들어 놓은

After the sewing machine was invented, the **ready-made** clothing industry started.

재봉틀이 발명된 뒤로 기성복 사업이 시작되었다.

 ready-made clothing 기성복
ready-made food 가공 식품

48
refund
[rífʌnd]
[동] pay back

n. 환불

Customers can get a **refund** if they return their items within 30 days with a receipt.

고객들은 영수증을 지참하고 30일 안에 구매한 물건을 반환하면 환불을 받을 수 있다.

 ※ refund VS reimburse
refund는 구매한 물건을 돈으로 환불 받을 때 사용하고, reimburse는 배상이나 환급의 개념으로 출장지에서 사용한 영수증을 회사에 제출해서 돈을 환급받는 경우 등에 사용한다.

49
RSVP

phr. (파티 등의 초대에) 참석 여부를 알림, 회답 요망

Invitees should try to send their reply to the party host within 48 hours and a late **RSVP** is better than no **RSVP**.

초청객들은 48시간 안에 파티 주최자에게 답장해야 하고, 늦게라도 참석 여부를 알리는 것이 알리지 않는 것보다는 낫다.

※ RSVP는 프랑스어 Répondez s'il vous plaît(=reply, please)에서 온 말로, 회답 요망이라는 뜻이다. RSVP 안에 이미 please라는 단어가 들어가 있기 때문에, RSVP, please라고 할 필요는 없다. 초대장에 RSVP라고 명시되어 있으면, 반드시 참석 여부를 알려야 하고, 만약 없더라도 참석 여부를 통보하는 것이 예의이다.

50
show off

phr. 과시하다, 자랑하다

Some people spend too much money on **showing off** their fashion sense.

어떤 사람들은 패션 감각을 과시하기 위해서 너무 많은 돈을 쓴다.

51
signature
[sígnətʃər]
관 v. sign 서명하다

n. 서명, 사인

As a security measure, writing the owner's **signature** on the back of the card is very important.

보안 정책의 하나로써 카드 뒷면에 카드 주인의 서명을 하는 것은 매우 중요하다.

※ 우리가 말하는 사인은 'sign'이 아니라 'signature'이다. sign은 '서명하다', '사인하다' 라는 동사이다. 또, signature는 일반인이 서류나 편지 등에 하는 서명이고, 유명한 사람의 사인은 'autograph'라고 한다.

52
SPA brand

phr. SPA 브랜드

The biggest strengths of the **SPA brands** such as UNIQLO, ZARA and GAP are good quality and good prices.

유니클로, 자라, 갭 같은 SPA 브랜드의 최대 강점은 좋은 품질과 좋은 가격이다.

> 불변
> ※ SPA는 'Specialty store retailer of Private label Apparel'의 약자로 자사의 기획브랜드 상품을 직접 제조하여 유통까지 하는 전문 소매점을 의미하고 패스트 패션(fast fashion)이라고도 한다. 대표적인 SPA 브랜드로는 GAP, ZARA, UNIQLO, H&M 등이 있다.

53
striped
[straipt]

a. 줄무늬의

Striped shirts are not only trendy but they are also very comfortable for everyone to wear.

줄무늬 셔츠는 트렌디할 뿐만 아니라 누구나 입기 편하다.

54
the latest fashion

[동] the newest fashion

phr. 최신 유행

In order to follow **the latest fashion** trends, the younger generation tends to spend quite a lot of money on clothes.

젊은 세대들은 최신 유행 패션 트렌드를 따르기 위해 의류 구매에 상당히 많은 돈을 쓰는 경향이 있다.

55
thread and needle

phr. 실과 바늘

Choosing the appropriate **thread and needle** for various fabrics is the first step to learn how to make clothes.

다양한 직물에 어울리는 실과 바늘을 고르는 것은 옷 만드는 법을 배우는 첫 번째 단계이다.

56
trim
[trim]
trim – trimmed – trimmed

v. 다듬다, 손질하다

I do not want to go outside because the hair dresser could not **trim** my hair the way I requested yesterday.

나는 밖에 나가고 싶지 않다. 왜냐하면 어제 미용사가 내가 요구한대로 머리를 다듬어 주지 못했기 때문이다.

57
trousers
[tráuzərz]

n. 바지

Employees are required to wear a white shirt and black formal **trousers** during working hours.

직원들은 근무 시간에 흰색 셔츠와 검은색 정장바지를 입어야 한다.

 ※ pants는 영국 영어에서 팬티(panty)라는 뜻이다. 다리가 2개이므로 trousers는 늘 복수로 쓴다.

58
vivid colour

phr. 선명하고 활기찬 색상

This summer, bright **vivid colours** like orange and yellow are in vogue.

이번 여름에는 오렌지색이나 노란색 같이 선명한 색상이 유행이다.

59
waterproof
[wɔ́:tərprù:f]

a. 방수의, 방수 가공된

When people go skiing, they need to wear a **waterproof** jacket and trousers to keep their other clothing dry.

스키를 타러 갈 때는 다른 옷들이 젖지 않도록 방수 자켓과 바지를 입어야 한다.

60
window shopping

phr. 아이쇼핑, 물건은 사지 않고 눈으로만 즐기는 쇼핑

I go **window shopping** every weekend to read the latest fashion trends.

최신 패션 경향을 읽기 위해 나는 주말마다 아이쇼핑을 간다.

 ※ window shopping이 eye shopping의 올바른 영어 표현이다.

61
wrinkle free

phr. (옷감 등이) 구김이 생기지 않는

Thanks to the development of nanotechnology, people now produce fabrics that are more durable, **wrinkle-free** and stain-resistant.

나노 기술의 발달로 오늘날 사람들은 좀 더 질기고 구김 없고 얼룩에 강한 원단을 생산한다.

3. Review

3-1) Match the English words to the Korean translations below.

1. ready-made clothing	a. 맞춤옷
2. send out invitations	b. 기성복
3. in instalments	c. 초청장을 발송하다
4. eye-catching clothes	d. 눈길을 끄는 의상
5. custom-made clothing	e. 할부로

3-2) Complete the sentences using the list of words and phrases below.

1. I have _____ my room with ivory wallpaper, beautiful flowers and posters of my favourite figures.
2. The store is having a _____ from 50 to 80 percent off until next Monday.
3. Shopping with a list is a good idea to reduce the chances of _____ .
4. Some people are obsessed with showing off their _____ such as Chanel or Hermes.
5. After the sewing machine was invented, the _____ industry started.

> a. adorned   b. impulse buying   c. clearance sale
> d. ready-made clothing   e. luxury goods

◀ 보이는 MP3

줄리정 불법 **IELTS VOCA**
Juli Jung's Immutable Law for IELTS Vocabulary

Day 14

International Relations & Urbanisation

국제관계와 도시화

▶ MP3 다운 받는 법

- http://sunnysunday.co.kr (Sunny Sunday 출판사)접속 후 다운로드
- 콜롬북스(모바일 앱) : 모바일로 '콜롬북스' 앱을 다운 받은 후 '줄리정' 검색 후 'VOCA' 다운로드

1. Writing Task 2 빈출 문제

1. Even rich countries have poor people and each country has different ways of helping the poor. What are the reasons for poverty? What can the government and individuals do to help the poor?
2. Some people insist that giving aid to poorer nations has more negative effects than positives ones. To what extent do you agree or disagree with this opinion?
3. In the 21st century, the average life expectancy is increasing. What problems will this cause for individuals and society? Suggest some solutions that could be taken to reduce the effect of aging populations.
4. The world population is dramatically increasing. This is causing problems for developed countries as well as underdeveloped nations. Explain the problems of overpopulation, and suggest some possible solutions.
5. Many people leave the countryside for the greater opportunities of work and education in big cities. What are some benefits and drawbacks of urbanisation for both people and the environment?

1. 부자나라에도 가난한 사람들이 있고 나라마다 그들을 돕는 방법이 다르다. 가난의 이유는 무엇인가? 가난한 사람들을 돕기 위해 정부와 개인은 무엇을 해야 하는가?
2. 어떤 사람들은 가난한 나라에 도움을 주는 것은 긍정적인 영향보다 부정적인 영향이 더 많다고 주장한다. 당신은 이 의견에 얼마만큼 동의하는가? 또는 동의하지 않는가?
3. 21세기 평균 기대수명은 증가하고 있다. 이러한 현상은 개인과 사회에 어떤 문제들을 일으킬 수 있는가? 노령 인구의 영향을 줄이기 위해서 취할 수 있는 해결책들을 제시하라.
4. 세계 인구는 엄청나게 증가하고 있다. 이것은 선진국뿐만 아니라 후진국에도 문제를 일으키고 있다. 과잉인구의 문제점을 설명하고 가능한 해결책을 제시하라.
5. 대도시에서 더 많은 직업과 교육의 기회를 얻기 위해서 많은 사람들이 시골을 떠난다. 도시화가 사람과 환경에 미치는 혜택과 폐해는 무엇인가?

2. 불법 단어 및 구문

1
address
[ədrés]
address – addressed
– addressed

v. 고심하다, 연설하다
The government should **address** the problem of traffic pollution which is one of the most urgent concerns in big cities.
정부는 대도시의 가장 시급한 문제 중 하나인 차량 공해에 대해 진지하게 검토해야 한다.

※ address는 보통 명사인 '주소'라는 뜻으로 많이 쓰이지만, Writing Task 2 문제에 '고심하다'라는 뜻의 동사로도 자주 등장하므로 반드시 알아두자.

2
adequate
[ǽdikwət]
동 enough

a. 적당한, 충분한
Very few city dwellers get an **adequate** amount of sleep compared to rural people.
시골 사람들에 비해 충분한 수면을 취하는 도시인들은 거의 없다.

3
adjust to

phr. 적응하다, 맞추다, 순응하다
Some young students who lived in the countryside or went to Seoul in their adolescent years find it difficult to **adjust to** their new urban lives.
시골에 살았거나 청소년기에 서울로 간 일부 어린 학생들은 새로운 도시생활에 적응하는데 어려움을 겪는다.

4
aging society

phr. 고령화 사회
South Korea is now an **aging society** because people aged 65 and over exceeded 7 percent of the total population.
65세 이상 인구가 전체의 7퍼센트를 넘었기 때문에 한국은 지금 고령화 사회이다.

5
attitude
[ǽtitjùːd]
동 position, posture

n. 태도, 몸가짐, 마음가짐
I believe that the USA has exerted a combination of pressure and a friendly **attitude** toward North Korea.
나는 미국이 북한에 대해 압력과 우호적인 태도를 겸비하는 데 힘써야 한다고 생각한다.

an attitude of arrogance 거만한 태도
an attitude of mind 마음가짐
take a friendly attitude toward ~에 대해 우호적인 태도를 취하다
take a hostile attitude toward ~에 대해 적대적인 태도를 취하다

6
basic needs

phr. 기본적 욕구
The meaning of poverty is the lack of a minimum income necessary to meet **basic needs**.
빈곤이란 기본적인 욕구를 해결하는데 필요한 최소한의 수입이 부족한 상태를 말한다.

※ basic needs란 인간의 생존유지에 필수불가결한 욕구이다. 배고픔, 배설, 성, 휴식 등의 생리적 욕구와 안전, 애정, 소속, 성취 등의 사회적 욕구가 있다.

7
birth rate

phr. 출산율
The declining **birth rate** is the biggest challenge for future development.
출산율 저하는 미래 발전의 가장 큰 과제이다.

8
cause
[kɔːz]
cause – caused – caused

v. 원인이 되다
In modern society, poverty and unemployment **causes** more people to commit crime.
가난과 실업은 현대 사회에서 더 많은 사람들이 범죄를 저지르는 원인이 된다.

9
central
[séntrəl]
관 n. centralisation 집중화
　　v. centralise 중앙으로 모으다

a. 중앙의, 중심의
The summit talks were held at COEX in **central** Seoul.
정상 회담은 서울 도심에 있는 코엑스에서 열렸다.

10
centralise
[sèntrəlàiz]
centralise – centralised – centralised
반 decentralise 분산시키다
관 n. centralisation 집중화

v. (인구나 산업 등을) 중앙으로 모으다, 중앙 집권하다
Some large companies in advanced countries **centralise** their production lines to poor nations to save labour costs.
선진국의 몇몇 대기업들은 노동비 절감을 위해 생산라인을 후진국에 집중시킨다.

11
cycle
[sáikl]

n. 주기, 순환
The cause of the gap between the rich and the poor is in the vicious **cycle** of growth and distribution.
빈부격차의 원인은 성장과 분배의 악순환에 있다.

a business cycle 경기 순환
the vicious cycle of poverty 빈곤의 악순환

12
deal with
동 cope with, handle

phr. 대하다, 처리하다
All countries have poor people and each country has different ways to **deal with** the poor.
모든 나라에는 가난한 사람들이 있고, 각 나라마다 이들을 대하는 방법이 다르다.

※ deal with의 동의어를 반드시 함께 알아두자. cope with와 handle 모두 시험에 골고루 등장하는 표현들이다. 특히 handle은 전치사와 함께 쓰지 않는다.

13 decent
[díːsnt]

a. 괜찮은, 품위 있는

Living a **decent** life may not be possible without going into debt.

빚을 지지 않고서는 품위 있게 산다는 것이 불가능할지도 모른다.

> decent language 품위 있는 말
> decent behaviour 예의 바른 행동
> live a decent life 사람다운 삶을 살다

14 decentralise
[diːséntrəlàiz]
decentralise – decentralised – decentralised

 centralise 중앙으로 모으다

관 n. decentralisation 분산

v. 분산시키다

Decentralising will ease the housing problems in urban areas.

분산 정책은 도시 지역의 주택 문제를 완화할 것이다.

15 decrease
명[díːkriːs] 동[dikríːs]
decrease – decreased – decreased

동 decline

 increase 증가/증가하다

n. 감소(UC)

There is a big **decrease** in the birth rate.

출산율에 큰 감소가 있다.

v. 감소하다

The population growth **decreased** by three percent for the last five years.

지난 5년간 인구 성장이 3퍼센트 감소했다.

> ※ decrease는 Writing Task 2뿐만 아니라 Task 1에도 자주 등장하는 단어이다. 특히 Task 1에서는 decrease를 명사로 쓸 때 셀 수 있는 명사로 반드시 관사가 있어야 한다는 사실을 기억하자.

16 demographic
[dèməgrǽfik]

관 n. demographics 인구 통계

a. 인구 통계의

According to a recent **demographic** report, one fifth of the world's population is still suffering from poverty.

최근 인구 통계 보고서에 따르면, 전세계 인구의 5분의 1이 아직도 가난으로 고통받고 있다.

17
demographics
[dèməgrǽfiks]

관 a. demographic
인구 통계의

n. 인구 통계

In the field of marketing and broadcasting, analysing the **demographics** of consumers is an essential step in order to be successful.

마케팅과 방송 분야에서 소비자 인구 통계를 분석하는 것은 성공을 위한 필수 과정이다.

18
deteriorate
[ditíəriərèit]
deteriorate – deteriorated – deteriorated

동 degenerate, become worse

v. 악화되다, (도덕 등이) 퇴폐하다

International relations between North Korea and the U.S. have **deteriorated** due to the nuclear weapon.

핵무기로 인해 북한과 미국의 국제관계가 악화됐다.

19
developed country

동 advanced country, rich country

반 underdeveloped country, less advanced country, poor country, backward country
후진국

phr. 선진국

Some demographic experts estimate that by 2030 over one third of the population in most **developed countries** will be aged 65 and over.

일부 인구 통계학자들은 2030년까지 대부분 선진국에서 65세 이상 인구가 3분의 1이 넘을 것으로 예상한다.

※ 아이엘츠 시험에 자주 등장하는 선진국, 개발도상국, 후진국이라는 표현에 대해 알아보자. 참고로 country 대신 nation이라고도 쓸 수 있다.

1. 선진국 : developed country, advanced country, rich country – 선진국은 이미 발전이 완료된 상태이기 때문에 '~된' 상태를 나타내는 developed, advanced 등의 과거분사를 쓴다.
2. 개발도상국 : developing country – 개발도상국은 개발이 진행 중인 상태이기 때문에 '~하고 있는'이라는 능동적인 의미를 가진 developing이라는 현재분사를 쓴다.
3. 후진국 : underdeveloped country, less advanced country, poor country, backward country – 후진국은 선진국보다 발전이 덜 된 나라이기 때문에 선진국이라는 단어 앞에 under나 less를 붙인다.

20
developing country

phr. 개발도상국

South Korea is a role model for many **developing countries** in the world and they show deep interest in changes in the country.

한국은 전세계 많은 개발도상국들의 롤모델이고 그들은 한국의 변화에 깊은 관심을 보인다.

 ※ 아이엘츠 시험에서는 developing country를 후진국과 비슷한 수준의 나라로 보기도 한다.

21
diversity
[daivɜːsəti]
동 variety

n. 다양(성)(UC)

Unfortunately Korean society has not yet accepted racial and cultural **diversity**.

불행히도 한국은 아직 인종과 문화의 다양성을 받아들이지 못했다.

22
double-edged sword

phr. 양날의 칼(장단점이 모두 있는 상황)

Urbanisation is a **double-edged sword** because it creates not only economic growth via industrialisation, but also a lot of misery.

도시화는 산업화를 통한 경제 성장뿐만 아니라 많은 재앙도 일으키기 때문에 양날의 칼이다.

23
enhance
[inhǽːns]
enhance – enhanced – enhanced
동 raise, improve

v. 강화하다, 끌어올리다

South Korea has **enhanced** national competitiveness by pursuing regulatory reform and investment promotion.

한국은 규제 개혁과 투자 증진을 추구하면서 국가경쟁력을 강화했다.

24
exacerbate
[igzǽsərbèit]
exacerbate – exacerbated
– exacerbated

동 aggravate, worsen

v. 악화시키다
Internet devices like smartphones **exacerbate** the individual knowledge gap and this situation could cause social conflicts.

스마트폰 같은 인터넷 기기들은 개인 간의 지식 격차를 악화시키고, 이러한 상황은 사회적 갈등을 야기할 수 있다.

25
exclude
[iksklú:d]
exclude – excluded
– excluded

반 include 포함하다

v. 배제하다, 제외하다
The disabled should not be **excluded** from the opportunity for employment.

취업 기회에 장애인을 배제해서는 안 된다.

26
face
[feis]
face – faced – faced

동 confront

v. 직면하다, 직접 부딪치다, 직시하다
Narrowing the gap between the rich and the poor is one of the biggest challenges our society **faces** today.

빈부격차를 좁히는 것이 오늘날 우리 사회가 직면한 가장 큰 도전 과제 중 하나이다.

27
flourish
[flʌ́riʃ]
flourish – flourished
– flourished

동 boom, thrive, expand, prosper

v. 번성하다, 번영하다
Korean culture is expected to continue to **flourish** in European countries as well as Asian countries.

한국 문화는 아시아뿐만 아니라 유럽 국가에서도 계속해서 번성할 것으로 예상된다.

28
global leader

phr. 글로벌 리더
Learning English is inevitable to be a **global leader** in a globalised world.

세계화 시대에 글로벌 리더가 되기 위해서 영어를 배우는 것은 불가피하다.

29
globalisation
[glòubəlaizéiʃən]

n. 세계화(U)

In an era of **globalisation**, people living in non-English speaking countries spend a huge amount of money and make an effort on learning English to survive.

세계화 시대에 비영어권 국가 사람들은 살아남기 위해 영어를 배우는 데 막대한 돈을 쓰고 노력을 기울인다.

30
government subsidies

phr. 정부 보조금

Government subsidies will soon be offered for rehabilitation projects.

복구 사업을 위한 정부 보조금이 곧 지급될 것이다.

31
icon
[áikɔn]

n. 아이콘, 우상이 되는 인물

Some celebrities are a fashion **icon** and they have a great influence on social trends as well as the fashion industry.

몇몇 유명인사들은 패션 아이콘이고 그들은 패션 산업뿐만 아니라 사회적 흐름에도 엄청난 영향을 끼친다.

32
identity
[aidéntəti]

n. 신원, 주체성(UC)

Young children from multicultural families often face severe problems such as **identity** confusion, language barriers and bullying.

다문화 가정 아이들은 종종 정체성 혼란, 언어장벽, 왕따 같은 심각한 문제들에 직면한다.

33
implication
[ìmplikéiʃən]

n. 영향, 함축된 뜻

The improving relations between China and Japan will have positive **implications** in Asian countries.

중국과 일본의 관계 개선은 아시아 국가들에 긍정적인 영향을 미칠 것이다.

34
impoverishment
[impɔ́vəriʃmənt]

동 poverty, poorness

n. 빈곤(화)(U)

Due to the **impoverishment** in poor nations, local governments cannot afford training for their work force.

가난한 나라에서는 빈곤 때문에 지방정부가 노동자들을 교육시킬 여력이 없다.

35
include
[inklú:d]
include – included – included

반 exclude 제외하다

v. 포함하다

As Korean entertainers become popular throughout the world, more foreigners are becoming interested in the Korean culture **including** its language.

한국 연예인들이 세계적으로 유명해짐에 따라, 더 많은 외국인들이 한국어를 비롯한 한국 문화에 관심을 갖게 되었다.

36
increase
명[ínkri:s] 동[inkrí:s]
increase – increased – increased

반 decrease 감소/감소하다

n. 증가

There is a big **increase** in the consumption of imported products.

수입품 소비에 엄청난 증가가 있다.

v. 증가하다, 늘다

As China has become the world's second largest economy, its global influence has **increased**.

중국이 세계 2위 경제 대국이 됨에 따라 세계적 영향력이 커졌다.

 ※ increase는 Writing Task 2뿐만 아니라 Task 1에도 자주 등장하는 단어이다. 특히 increase가 명사로 사용될 때는 셀 수 있는 명사로 반드시 관사가 있어야 한다는 사실을 기억하자.

37
inequality
[ìnikwɔ́ləti]

반 equality 평등

n. 불평등(UC)

The **inequality** between rich and poor countries is now wider than it has ever been before.

오늘날 선진국과 후진국간의 불평등은 어느 때보다 더 크다.

38
international relations

phr. 국제관계

The world can preserve peace through conflict resolution, better **international relations** and international cooperation.

세계는 분쟁 해결과 국제관계 호전, 국제협력을 통해 평화를 유지할 수 있다.

 ※ international relations는 국가와 국가 사이의 관계를 나타내므로 주로 복수 형태로 쓴다.

39
isolation
[àisəléiʃən]

n. 고립(U)

Some countries will face further **isolation** if they go ahead with nuclear tests.

몇몇 국가들은 핵실험을 계속 진행한다면 고립이 심화될 것이다.

40
issue
[íʃu:]

n. 문제, 쟁점

Multicultural families in some countries divorce because of cultural differences and economic **issues**.

어떤 나라의 다문화 가정들은 문화적 차이와 경제적 문제 때문에 이혼한다.

 current issues 현재 처한 문제들
a sensitive issue 민감한 문제
avoid an issue 문제를 회피하다
raise an issue 논쟁을 일으키다

41
linger
[líŋɡər]
linger – lingered – lingered

v. 잔존하다, 오랫동안 머무르다

The effects of Japan's earthquake in 2011 will **linger** all over the world for a while.

2011년 일본 지진의 영향은 한동안 전세계에 남아 있을 것이다.

42
long-sighted
[반] short-sighted 근시안적인

phr. 멀리 내다보는, 선견지명이 있는
Global leaders should have a peaceful and **long-sighted** perspective to make the world better.
글로벌 리더들은 더 좋은 세상을 만들기 위해 평화롭고 장기적인 시각을 가져야 한다.

43
megacity
[mégəsìti]

n. 거대도시
More than half the world's **megacities** are in Asia and one of them is Seoul with more than 10 million citizens.
전세계 거대도시의 절반 이상이 아시아에 있고, 그 중 하나가 천만이 넘는 시민들이 살고 있는 서울이다.

 ※ megacity는 서울, 도쿄, 뉴욕 같이 인구가 천만 명 이상인 도시를 뜻한다.

44
multinational
[mʌltinǽʃənl]

a. 다국적의, 3개국 이상의
Recently the spread of **multinational** companies has been escalated.
최근 다국적 기업의 확산이 가속화되고 있다.

45
national competitiveness

phr. 국가경쟁력
Population growth plays an important role in improving **national competitiveness**.
인구증가는 국가경쟁력을 향상시키는데 중요한 역할을 한다.

46
obstacle
[ɔ́bstəkl]
[동] hindrance, impediment

n. (진보나 진행의) 장애(물), 방해
Environmental pollution and economic inequality are the main **obstacles** to world peace.
환경오염과 경제적 불평등이 세계 평화의 주된 장애물이다.

47
one-sided
동 partial, unjust

phr. 편파적인, 한 쪽으로 치우친

The almost **one-sided** burden of household chores and childcare shows why Korean working women increasingly tend to neither marry nor have children.

거의 일방적인 가사와 육아 부담은 한국 직장 여성들이 점점 더 결혼과 출산을 꺼리는 이유를 보여준다.

one-sided love 짝사랑
a one-sided decision 편파적인 결정
a one-sided view 편파적인 시각

48
overpopulation
[òuvərpápjuléiʃən]

n. 인구과잉(U)

Overpopulation, economic depression and unemployment have increased the hardships of urban life.

인구과잉과 경기침체, 실업은 도시생활의 어려움을 가중시켰다.

49
overpriced
[òuvərpráist]

a. 값비싼, 값이 너무나 비싸게 매겨진

Young adults living in urban areas feel that they are entitled to buy luxury goods such as state-of-the-art electronics or **overpriced** cars.

도시의 젊은이들은 그들이 최신 전자제품이나 값비싼 자동차 같은 사치품을 살 자격이 있다고 생각한다.

50
overworked
[òuvərwə́:rkt]

a. 과로한

Employees in big cities are more likely to be **overworked** and it causes more stress and less satisfaction.

대도시 근로자들은 과로할 가능성이 더 높고, 이는 스트레스 가중과 만족도 저하의 원인이 된다.

51
population dispersion

phr. 인구분산

Inhabitants in compact megacities are less exposed to air pollution after **population dispersion** has been initiated.

인구분산 정책이 시행된 뒤로, 밀집된 거대 도시의 거주자들은 공기 오염에 덜 노출된다.

52
poverty
[pɔ́vərti]
동 poorness, impoverishment

n. 빈곤, 가난(U)

Urbanisation contributes to sustained economic growth, which is very critical to **poverty** reduction.

도시화는 빈곤 감소에 매우 중요한 지속적인 경제 성장에 기여한다.

53
pressing
[présiŋ]
동 urgent

a. 긴급한

Today, most large cities in the world are facing very **pressing** problems like unemployment, racism and crime.

오늘날 세계 대부분의 대도시들이 실업, 인종차별, 범죄 같이 매우 시급한 문제들을 직면하고 있다.

54
racism
[réisizm]

n. 인종 차별(U)

Multicultural societies can prevent **racism** because inhabitants learn how to respect other cultures.

다문화 사회의 주민들은 다른 문화를 존중하는 법을 배우기 때문에 인종 차별을 예방할 수 있다.

55
reform
[rifɔ́:rm]
reform - reformed - reformed

v. 개선하다, 개혁하다

To sustain a social security system, the government needs to **reform** its tax policy.

사회 보장 제도를 지속하기 위해서 정부는 세금 정책을 개선해야 한다.

56
regulate
[régjulèit]
regulate – regulated
– regulated

v. 규제하다, 조정하다

Some governments in poor countries should **regulate** birth rates to prevent overpopulation.

일부 후진국 정부들은 인구과잉을 막기 위해 출산율을 규제해야 한다.

57
relative deprivation

phr. 상대적 박탈감

Although the living standard of the urban population has been greatly improved, some have a strong sense of **relative deprivation**.

도시 인구의 생활수준이 상당히 향상되었지만, 어떤 사람들은 강한 상대적 박탈감을 느낀다.

58
resolution
[rèzəlú:ʃən]
동 solution, settlement
관 v. resolve 해결하다

n. 해결, 결의

International cooperation in a **resolution** on climate change is pressing.

기후변화 해결을 위한 국제협력이 시급하다.

 the resolution of a question 문제의 해결
a peaceful resolution of the civil war 내전의 평화적 해결

59
resolve
[rizɔ́lv]
resolve – resolved
– resolved
동 solve, settle
관 n. resolution 해결

v. 해결하다, 결단하다

The main point of the talks is to **resolve** the matter of the disputed territory.

이 회담의 요점은 분쟁지역의 문제를 해결하는 것이다.

 resolve a problem 문제를 해결하다
resolve a conflict 갈등을 해결하다

60
satellite city

phr. 위성도시

Governments should decentralise industry and create **satellite cities** to prevent deteriorating living conditions in major cities.

정부는 주요 도시의 생활환경 악화를 막기 위해 산업을 분산시키고 위성도시를 건립해야 한다.

61
setback
[sétbæk]

n. 차질, 지연

I believe that the EU has the ability to overcome its financial **setback** in the near future.

나는 EU가 가까운 미래에 재정난을 극복할 수 있는 능력을 지녔다고 믿는다.

62
short-sighted
[반] long-sighted
멀리 내다보는

phr. 근시안적인

Some urban development projects are being eliminated out of a **short-sighted** aim to stimulate the economy at the expense of the environment.

환경 훼손을 담보로 경기를 부양하려는 근시안적인 목표를 지닌 일부 도시 개발 계획들이 사라지고 있다.

63
slum
[slʌm]

n. 빈민가, 슬럼

Immediate actions should be taken to improve the living standard of **slum** dwellers.

빈민가 주민의 생활수준을 향상시키기 위해서 긴급한 조치를 취해야 한다.

64
social security
[동] welfare

phr. 사회 보장

One of the main roles taken by the government is providing **social security** services.

정부가 수행하는 주요 역할 중 하나는 사회 보장 제도를 제공하는 것이다.

a social security number 사회 보장 번호
a social security system 사회 보장 제도
social security payments 사회 보장 연금 지급액
to live on social security 사회 보장 연금에 기대어 살다
※ welfare는 미국식, social security는 영국식 표현이다.

65
solution
[səlúːʃən]
동 resolution
관 v. solve 해결하다

n. 해결

The most practical **solution** for urban problems is the creation of job opportunities.

도시 문제의 가장 현실적인 해결책은 일자리 창출이다.

find a solution 해결책을 찾다
a peaceful solution to a problem 문제에 대한 평화적인 해결책
a workable solution to a problem 문제에 대한 실행 가능한 해결책

66
solve
[sɔlv]
solve – solved – solved
동 resolve, figure out
관 n. solution 해결

v. 해결하다

The government should come up with more realistic and effective measures to **solve** traffic jams.

정부는 교통 체증을 해결하기 위해 좀 더 현실적이고 효과적인 대책을 마련해야 한다.

67
summit talks

phr. 정상 회담

South Korea is seeking **summit talks** next month with Japan and China.

한국은 다음 달 일본 및 중국과의 정상회담 방안을 모색하고 있다.

68
tackle
[tǽkl]
tackle – tackled – tackled

v. (곤란한 문제 등에) 대결하다, 부딪히다

Although there are ideal solutions to urban problems, the mayor has to **tackle** high budget difficulties.

도시 문제에 대한 이상적인 해법들이 있지만 시장은 높은 예산 문제를 해결해야 한다.

69
the gap between (the) rich and (the) poor

phr. 빈부격차

Today, **the gap between the rich and the poor** is widening in urban areas as well as rural parts.

오늘날 시골뿐만 아니라 도시 지역에서도 빈부격차가 커지고 있다.

70
underdeveloped country

동 less advanced country, poor country, backward country

반 developed country, advanced country, rich country 선진국

phr. 후진국

Underdeveloped countries want to be supported with financial help from developed nations.

후진국은 선진국으로부터 재정적 지원을 받기 원한다.

71
undergo
[ʌndərgóu]
undergo – underwent – undergone

v. 겪다, 경험하다

It is the very nature of society to **undergo** change.

변화를 겪는 것은 사회의 특성이다.

undergo hardships 역경을 겪다
undergo social transformation 사회적 변화를 겪다

72
urbanisation
[ə́:rbənaizéiʃən]

n. 도시화

The first phase of **urbanisation** is clearing out natural habitats and the ecosystem in those areas is destroyed inevitably during the process.

도시화의 첫 단계는 자연 서식지를 개간하는 것이고, 이 과정에서 해당 지역 생태계는 어쩔 수 없이 파괴된다.

73
welfare
[wélfɛər]
[동] social security

n. 복지, 사회 보장

The newly implemented **welfare** policies including the free lunch program need a considerable budget.

무상급식 프로그램을 비롯한 신규 시행 복지 정책들은 상당한 예산을 요한다.

74
worsen
[wə́:rsn]
worsen – worsened
– worsened

[동] aggravate, exacerbate

v. 악화시키다, 더 나쁘게 되다

The quality of life in many poor countries is **worsening** no matter how much financial aid they have received.

얼마나 많은 재정 지원을 받았는지와 상관없이 많은 후진국에서 삶의 질은 악화되고 있다.

3. Review

3-1) Match the English words to the Korean translations below.

1. undergo hardships	a. 편파적인 시각
2. a social security system	b. 사회 보장 제도
3. a one-sided view	c. 정부 보조금
4. a sensitive issue	d. 역경을 겪다
5. government subsidies	e. 민감한 문제

3-2) Complete the sentences using the list of words and phrases below.

1. Very few city dwellers get an _____ amount of sleep compared to rural people.
2. The meaning of poverty is the lack of a minimum income necessary to meet _____ .
3. All countries have poor people and each country has different ways to _____ the poor.
4. Unfortunately, Korean society has not yet accepted the racial and cultural _____ .
5. Environmental pollution and economic inequality are the main _____ to world peace.

a. diversity   b. adequate   c. deal with   d. basic needs   e. obstacles

◀보이는 MP3

줄리정 불법 IELTS VOCA
Juli Jung's Immutable Law for IELTS Vocabulary

Day 15
Environmental Pollution
환경오염

▶ MP3 다운 받는 법

1. Writing Task 2 빈출 문제

1. Scientists are warning of the danger of climate change. Some people say that governments should take full responsibility for solving this problem. Others insist that it is the responsibility of the people and they should change their lifestyle. Discuss both views and give your own opinion.
2. Nowadays environmental problems are too big to be managed by individual persons or individual countries. In other words, it is an international problem. Do you agree or disagree with this statement?
3. Global warming is one of the most serious issues that the world is facing today. Explain the main causes of global warming and suggest some measures that governments and individuals can take to tackle the problem.
4. Deforestation is a serious problem and it may lead to the extinction of animals and mankind. Do you agree or disagree with this statement?
5. Technology is a cause of environmental pollution. Some say that we should not use it and make our lives simple. Others believe that we should use it to tackle the problem. Discuss both views and give your own opinion.

---

1. 과학자들은 기후 변화의 위험을 경고하고 있다. 어떤 사람들은 정부가 이 문제를 해결하는 데 전적으로 책임을 져야 한다고 말한다. 반면 이것이 개개인의 책임이고 사람들이 삶의 방식을 바꿔야 한다고 주장하는 사람들도 있다. 양쪽의 견해를 논하고 당신의 주장을 제시하라.
2. 오늘날 환경문제는 너무나 커서 개인이나 한 국가가 해결할 수 없다. 다시 말해 이것은 국제적인 문제이다. 당신은 이 말에 동의하는가? 또는 동의하지 않는가?
3. 지구 온난화는 오늘날 세계가 직면하고 있는 가장 심각한 문제들 중 하나이다. 지구 온난화의 주된 원인을 설명하고 정부와 개인이 이 문제를 막기 위해 취할 수 있는 조치를 제시하라.
4. 산림 벌채는 심각한 문제이고 동물과 인간의 멸종을 초래할 지도 모른다. 당신은 이 말에 동의하는가? 또는 동의하지 않는가?
5. 기술은 환경 오염의 원인이다. 어떤 사람들은 기술을 사용하지 말고 단순한 삶을 살아야 한다고 말한다. 반면 기술을 사용해서 환경 오염을 막아야 한다고 주장하는 사람들도 있다. 양쪽의 견해를 논하고 당신의 주장을 제시하라.

2. 불법 단어 및 구문

1
acid rain

phr. 산성비
Acid rain is a result of pollution and can damage crops, wildlife and buildings.
산성비는 환경 오염의 산물이고 농작물, 야생 동식물, 건물에 피해를 줄 수 있다.

2
advantage
[ədvǽːntidʒ]
동 benefit
반 disadvantage 불리
관 a. advantageous 유리한

n. 이점, 유리한 점
The biggest **advantage** of using more public transport is lessening air pollution.
대중교통을 더 자주 이용할 때 가장 큰 이점은 대기오염이 줄어드는 것이다.

3
advantageous
[ædvəntéidʒəs]
동 beneficial
반 disadvantageous 불리한
관 n. advantage 이점

a. 유리한, 이로운
Adopting new techniques that diminish carbon emissions would be **advantageous** to our environment.
탄소배출을 줄이는 새로운 기술을 채택하면 환경에 이로울 것이다.

4
at an alarming rate
동 at a startling rate

phr. 급속도로, 놀랄만한 속도로
Due to excessive development, the damage to the environment is increasing **at an alarming rate**.
지나친 개발 때문에 환경 파괴가 급속도로 증가하고 있다.

5
at risk

phr. 위험한 상태에 있는
Due to the rising temperatures of the sea, marine creatures are **at risk**.
상승하는 바다 온도 때문에 해양 생물들이 위험에 처해 있다.

6
biodiversity
[báioudaivə́:rsəti]

n. 생물의 다양성(U)

Biodiversity is highly affected by reckless deforestation.

생물의 다양성은 무분별한 산림 벌채의 영향을 크게 받는다.

7
climate change

phr. 기후변화

Climate change is a threat to our environment, but there is not enough political action to control pollution.

기후 변화가 환경을 위협하지만 오염을 통제하는 충분한 정치적 조치가 없다.

8
conceivable
[kənsíːvəbl]

a. 생각할 수 있는, 상상할 수 있는

We need to discover every **conceivable** method to preserve our environment.

우리는 환경 보존을 위해 생각할 수 있는 모든 방법을 찾아야 한다.

9
confront
[kənfrʌ́nt]
confront – confronted – confronted

[동] face

v. 직면하다

The preparations to **confront** natural disasters throughout the world are not enough.

자연재해에 직면하여 전세계가 준비한 것들은 충분하지 않다.

10
contaminate
[kəntǽmənèit]
contaminate – contaminated – contaminated

[동] pollute

[관] n. contamination 오염

v. 오염시키다

The earthquake caused radiation leaks and it **contaminated** the air, water and vegetables.

지진으로 방사능이 유출되었고 이것은 공기와 물과 식물을 오염시켰다.

11
contamination
[kəntæmənéiʃən]
[동] pollution
[관] v. contaminate
오염 시키다

n. 오염

International conferences are held regarding soil and water **contamination**.

토양과 수질 오염에 관한 국제회의들이 개최된다.

environmental contamination 환경오염
soil contamination 토양오염
water contamination 수질오염

12
deforestation
[diːfɔ̀ristéiʃən]

n. 산림 벌채

Due to **deforestation**, the number of tigers is decreasing remarkably.

산림 벌채로 인해 호랑이 수가 눈에 띄게 줄어들고 있다.

13
devastating
[dévəstèitiŋ]

a. 파괴적인, 황폐화 시키는, 엄청난

Recently, a number of **devastating** natural disasters hit Japan.

최근에 여러 가지 엄청난 자연재해들이 일본을 강타했다.

14
disadvantage
[dìsədvǽːntidʒ]
[반] advantage 이점
[관] a. disadvantageous
불리한

n. 불리, 손해

I believe that the advantages of dams outweigh their **disadvantages** in the environment.

나는 환경적인 측면에서 댐의 이점이 단점보다 크다고 생각한다.

15
disadvantageous
[dìsædvaːntéidʒəs]
[반] advantageous 유리한
[관] n. disadvantage 불리

a. 불리한, 해를 입히는

Paper recycling can be **disadvantageous** because the process releases chemicals into nature.

종이 재활용 과정에서 화학물질들이 자연으로 방출되기 때문에 종이 재활용은 해가 될 수 있다.

16
disposable
[dispóuzəbl]

반 reusable 재사용 가능한
관 n. disposal 처리
    v. dispose 처리하다

a. 1회용의, 한 번 쓰고 버릴 수 있는

Some try to switch to reusable water bottles or mugs instead of using **disposable** cups.

어떤 사람들은 1회용 컵 대신 재사용이 가능한 물병이나 머그잔을 사용하려고 노력한다.

    disposable chopsticks 1회용 젓가락
    disposable items 1회용품
    disposable cups 1회용 컵

17
disposal
[dispóuzəl]

관 v. dispose 처리하다
    a. disposable 1회용의

n. 처리(U)

A huge amount of money is spent on the **disposal** of trash every year.

매년 엄청난 돈이 쓰레기 처리에 쓰인다.

    the disposal of trash 쓰레기 처리
    a disposal site 쓰레기 처리장
    the disposal of nuclear waste 방사성 폐기물 처리

18
dispose of

관 n. disposal 처리
    a. disposable 1회용의

phr. 처리하다, 치우다

We cannot fully **dispose of** so many plastic bags and rubbish without proper measures.

적절한 대책 없이는 이렇게 많은 비닐봉지와 쓰레기를 완전하게 처리할 수 없다.

19
doubt
[daut]

관 a. doubtful 의심스러운

n. 의심(UC)

There is no **doubt** that human beings have caused environmental degradation.

인간이 환경 파괴를 야기한다는 사실에 대해서는 의심의 여지가 없다.

20
doubtful
[dáutfəl]
관 n. doubt 의심

a. 의심스러운
It is **doubtful** whether a recycling policy could solve the waste problem.
재활용 정책이 폐기물 문제를 정말로 해결할 수 있을지 의심스럽다.

21
drought
[draut]
반 flood 홍수

n. 가뭄(UC)
Some countries are suffering from a severe **drought** due to unusually high temperatures.
어떤 나라들은 이상 고온 때문에 심각한 가뭄을 겪고 있다.

22
dump
[dʌmp]
dump – dumped – dumped

v. (쓰레기를) 버리다
Chemical materials have been **dumped** into the river illegally.
화학 물질들은 강에 불법적으로 버려져 왔다.

23
**eco-friendly
= environmentally friendly**

phr. 환경 친화적인, 친환경적인
Eco-friendly packaging designs could help to reduce the amount of waste.
친환경 포장 디자인은 쓰레기의 양을 줄이는 데 도움이 될 수 있다.

24
ecosystem
[íkousìstəm]

n. 생태계
Excessive development will speed up climate change and destroy **ecosystems**.
지나친 개발은 기후 변화를 가속화하고 생태계를 파괴할 것이다.

 marine ecosystems 바다 생태계
destroy ecosystems 생태계를 파괴하다

25
environmental degradation

phr. 환경 파괴, 환경 악화
Environmental degradation affects all humans on a global scale.
환경 파괴는 전세계 모든 인간에게 영향을 끼친다.

26
environmental pollution

phr. 환경 오염
Governments are not only responsible for **environmental pollution** but individuals also should be interested in its seriousness.
정부만 환경 오염에 책임을 져야 하는 것이 아니라, 개인들도 반드시 환경오염의 심각성에 관심을 가져야 한다.

27
environmentalist
[invàiərənméntəlist]

동 conservationist
관 n. environment 환경
　　a. environmental 환경의

n. 환경론자
For **environmentalists** the world's natural environment seems to be becoming worse.
환경론자들에게는 전세계 자연 환경이 점점 더 악화되고 있는 것처럼 보인다.

28
erosion
[iróuʒən]

n. 부식, 침식(U)
Intensive farming in order to increase productivity exacerbates soil **erosion**.
생산성을 높이기 위한 집약 농업은 토양 침식을 가속화한다.

29
exhaust
[igzɔ́:st]
exhaust – exhausted – exhausted

동 deplete

v. (자원을) 다 써버리다, 고갈시키다
Lack of rainfall has caused water supplies to be **exhausted**.
강우량 부족으로 인해 물 공급이 고갈됐다.

30
feasible
[fí:zəbl]
동 practical, viable
반 infeasible 실현 불가능한

a. 실현 가능한

Without generating greenhouse gases, consuming energy is not **feasible**.

온실가스 배출 없이 에너지를 소비하는 것은 (실현)불가능하다.

31
flood
[flʌd]
반 drought 가뭄

n. 홍수, 수해

The mayor was blamed for neglecting **flood** control and spending too much of the budget on decorating the city.

수해 방지를 외면한 채 도시 치장에 예산을 과다 지출한 이유로 그 시장은 비난을 받았다.

32
food chain

phr. 먹이사슬

The extermination of any species negatively impacts on other plants and animals by breaking the **food chain**.

어떤 종의 멸종은 먹이사슬을 파괴함으로써 다른 동식물에게 부정적인 영향을 끼친다.

33
fruitless
[frú:tlis]
동 futile, useless, vain

a. 쓸데없는, 헛된

The government efforts on preserving the environment were **fruitless** after the flood.

홍수로 인해 환경 보존을 위한 정부의 노력은 헛수고가 되었다.

34
futile
[fjú:tail]
동 fruitless, useless, vain

a. 쓸데없는, 헛된

Earthquake-resistant buildings in Japan were **futile** against the power of nature.

내진설계로 지어진 일본 빌딩들도 자연의 힘 앞에서는 소용이 없었다.

35
greenhouse effect

동 greenhouse warming

phr. 온실효과

Planting many trees to reduce the **greenhouse effect** is not a feasible measure.

온실효과를 줄이기 위해서 나무를 많이 심는 것은 실현 가능한 방법이 아니다.

 ※ 온실효과란 대기 중의 이산화탄소나 수증기가 대기를 빠져나가기 전에 흡수되어 기온이 상승하는 현상을 뜻한다.

36
greenhouse gases

phr. 온실가스

Humans have consumed enormous natural resources and released an immeasurable amount of **greenhouse gases**.

인간은 막대한 천연자원을 소비했고, 측정할 수 없을 정도로 많은 온실가스를 배출했다.

37
immune system

phr. 면역체계

The human **immune system** is sensitive to environmental contaminants such as lead.

인간의 면역체계는 납과 같은 환경 오염물질에 민감하다.

38
impractical
[impræktikəl]

동 infeasible
반 practical 실현 가능한

a. 실현 불가능한

Banning the use of plastic bags has become **impractical** as they are still well used in markets.

비닐봉지는 아직도 시장에서 잘 사용되고 있기 때문에 사용을 금하는 것은 실현 불가능하게 되었다.

39
in danger

phr. 위험에 직면하여

A number of wild animals throughout the world are **in danger** of extinction due to environmental contaminants.

환경 오염물질 때문에 전세계 많은 야생동물들이 멸종 위기에 처해 있다.

40
inexorably
[inéksərəbli]

ad. 가차없이

The environment and development are **inexorably** linked.

환경과 개발은 긴밀하게 연관되어 있다.

41
irreparable
[irépərəbl]

a. 돌이킬 수 없는, 고칠 수 없는

Reckless development without considering ecological impacts will lead to **irreparable** damage.

생태학적 영향을 고려하지 않는 무분별한 개발은 돌이킬 수 없는 피해를 불러 올 것이다.

 irreparable damage 돌이킬 수 없는 피해

42
landfill
[lǽndfil]

n. 쓰레기 매립지

Recycling and reusing helps reduce greenhouse gas emissions from **landfill** sites.

재활용과 재사용은 쓰레기 매립지에서 나오는 온실가스 배출을 줄이는데 도움이 된다.

43
liable
[láiəbl]

a. 법적 책임이 있는

Some insist that airline companies are **liable** for air and noise pollution.

어떤 사람들은 항공사가 대기오염과 소음공해에 (법적인) 책임이 있다고 주장한다.

44 life-threatening

phr. 생명을 위협하는

The air pollution in my city almost reached **life-threatening** levels one in every ten days last year.

작년의 경우, 내가 사는 도시의 대기오염은 열흘에 하루 꼴로 거의 생명을 위협하는 수준에 도달했다.

45 likely
[láikli]

반 unlikely 할 것 같지 않은

a. ~할 것 같은, 가능성이 있는

Developing countries are **likely** to be impacted more severely by the shortage of water.

개발도상국은 물 부족의 영향을 더 심하게 받을 가능성이 있다.

 ※ likely는 주로 'be likely to ~할 것 같다'의 형태로 쓴다.

46 pervasive
[pərvéisiv]

a. 퍼지는, 만연하는

Water pollution is one of the world's most **pervasive** pollution problems threatening human life.

수질오염은 인간의 생명을 위협하는 세계에서 가장 만연하고 있는 오염 문제 중 하나이다.

 the pervasive influence 확산되는 영향

47 pointless
[pɔ́intlis]

a. 무의미한

Most documents discussing environmental policy are **pointless** or infeasible.

환경 정책을 논한 대부분의 자료들은 무의미하거나 실현 불가능하다.

48 pollutant
[pəlúːtənt]

관 n. pollution 오염
 v. pollute 오염시키다

n. 오염물질(UC)

Gasoline-powered cars emit a lot of **pollutants** which cause air pollution.

휘발유 자동차는 공기 오염을 유발하는 많은 오염물질을 배출한다.

49
pollute
[pəlúːt]
pollute – polluted – polluted

동 contaminate

관 n. pollutant 오염물질
　n. pollution 오염

v. 오염시키다

Human beings should stop **polluting** the air and raising the noise level.

인간은 공기 오염과 소음 증가 행위를 중단해야 한다.

50
pollution
[pəlúːʃən]

동 contamination

관 n. pollutant 오염물질
　v. pollute 오염시키다

n. 오염, 공해

Pollution is mainly caused by factories, farms and vehicles.

공해는 주로 공장, 농지 그리고 차량에 의해 발생된다.

　environmental pollution 환경 오염
　　air pollution 대기 오염
　　noise pollution 소음 공해

51
possible
[pɔ́səbl]

a. 가능한

Individuals should choose goods with less packaging, and recycle as much as **possible**.

개인들은 포장이 적은 상품을 선택하고 가능하면 재활용을 많이 해야 한다.

52
practical
[præ̂ktikəl]

동 feasible, viable

반 impractical 실현 불가능한

a. 실현 가능한, 실행 가능한

The **practical** way to resolve environmental problems is to change the people's perception.

환경 문제를 해결하기 위한 실현 가능한 방법은 사람들의 인식을 변화시키는 것이다.

53
pristine
[prísti:n]

동 primitive

a. 자연 그대로의, 오염되지 않은, 아주 깨끗한

Pristine ecosystems in the ocean are becoming polluted with the massive oil leak.

아주 깨끗한 바다 생태계가 대량의 기름 유출로 인해 오염되고 있다.

54
questionable
[kwéstʃənəbl]
관 n. question 의문

a. 의문의 여지가 있는, 미심쩍은
The National Pollutant Release Inventory is **questionable** in terms of its accuracy.
국가 오염물질 배출 목록은 정확성이 미심쩍다.

55
recyclable
[riːsáikləbl]
동 reusable
관 v. recycle

a. 재활용 가능한
One action to reduce the amount of waste is to use **recyclable** paper bags instead of plastic ones.
쓰레기 양을 줄이는 한 가지 방법은 비닐봉지 대신 재활용이 가능한 종이봉투를 사용하는 것이다.

56
recycle
[riːsáikl]
recycle – recycled – recycled
동 reuse
관 a. recyclable 재활용 가능한

v. 재활용하다
Many people still do not care about **recycling** products.
여전히 많은 사람들이 물건을 재활용하는 것에 대해 신경 쓰지 않는다.

57
refuse
[réfjuːs]
동 garbage, food waste

n. 폐기물, 음식물 쓰레기
Air pollution from municipal **refuse** dumps and traffic lowers the health-related quality of life.
도시의 음식물 쓰레기 더미와 교통으로 인한 공기 오염은 건강과 관련된 삶의 질을 낮춘다.

 ※ refuse는 동사로는 '거절하다', 명사로는 '음식물 쓰레기'이다. 동사로 쓰일 때는 [rifjúːz], 명사로 쓰일 때는 [réfjuːs]라고 발음하는 것에 주의하자.

58
reusable
[riːjúːzəbəl]
동 recyclable
반 disposable 1회용의
관 v. reuse 재사용하다

a. 재사용이 가능한
Recently, most big supermarkets have provided **reusable** bags for shoppers to solve waste problems.
최근 대부분의 대형 슈퍼마켓들은 쓰레기 문제를 해결하기 위해 재사용할 수 있는 봉지를 고객들에게 제공했다.

59
threat
[θret]
관 v. threaten 위협하다

n. 위협
Many marine creatures are facing multiple **threats** such as sea pollution and higher sea temperatures.
많은 바다 생물들이 해양 오염이나 해수 온도 상승 같은 여러 가지의 위협에 직면해 있다.

60
threaten
[θrétn]
threaten – threatened – threatened
관 n. threat 위협

v. 위협하다
Global warming seriously **threatens** the survival of Antarctic penguins.
지구 온난화는 남극 펭귄의 생존을 심각하게 위협한다.

61
unprecedented
[ʌnprésidèntid]

a. 전례 없는
Most populated countries like China and India are in danger from **unprecedented** extreme weather.
중국이나 인도 같은 대부분의 인구 밀집 국가들이 전례 없는 극한의 날씨로 인해 위험에 저해있다.

 at an unprecedented scale 전례 없는 규모로

62
useless
[júːslis]
동 futile, fruitless, vain

a. 쓸데없는, 헛된
Pesticides actually make the earth **useless** as well as poisonous.
살충제는 실제로 땅을 독성이 있을 뿐만 아니라 쓸모 없게 만든다.

63
vain
[vein]
[동] futile, fruitless, useless

a. 쓸데없는, 헛된

People's efforts are not at all in **vain** to protect and improve our natural environment.

자연 환경을 보호하고 개선시키려는 사람들의 노력은 결코 헛되지 않다.

a vain hope 헛된 희망
a vain effort 헛된 노력
in vain 효과 없이

64
waste
[weist]
waste – wasted – wasted
[동] v.consume

n. 폐기물, 낭비

One report revealed that Africa has become the world's dump for e-**waste**.

한 보고서는 아프리카가 세계의 전자 쓰레기 처리장이 되었다고 폭로했다.

v. 낭비하다

Human beings should take care of the environment and not **waste** natural resources.

인간은 환경을 보호하고 천연자원을 낭비하지 말아야 한다.

※ 쓰레기라는 뜻을 나타내는 단어들의 차이를 알아보자.
1. waste 폐수, 폐물, 폐품 등 낭비성 쓰레기
2. litter 공공장소에 버려진 휴지, 캔, 병 같은 쓰레기
3. garbage 음식물 쓰레기 등의 물기가 있는 쓰레기
4. trash garbage와 달리 물기가 없는 일반 생활 쓰레기
5. rubbish 주로 길거리의 쓰레기

65
worthwhile
[wə́:θwáil]

a. 가치가 있는

It is **worthwhile** to investigate the effects of outdoor air pollution on the death rate.

외부 공기 오염이 사망률에 미치는 영향을 조사하는 것은 가치 있는 일이다.

3. Review

3-1) Match the English words to the Korean translations below.

1. noise pollution	a. 돌이킬 수 없는 피해
2. the pervasive influence	b. 소음공해
3. irreparable damage	c. 확산되는 영향
4. destroy ecosystems	d. 생태계를 파괴하다
5. disposable items	e. 1회용품

3-2) Complete the sentences using the list of words and phrases below.

1. The biggest _____ of using more public transport is lessening air pollution.
2. Due to the rising temperatures of the sea, marine creatures are _____ .
3. Due to _____ , the number of tigers is decreasing remarkably.
4. Some try to switch to reusable water bottles or mugs instead of using _____ cups.
5. Chemical materials have been _____ into the river illegally.

| a. dumped | b. deforestation | c. at risk | d. disposable | e. advantage |

◀ 보이는 MP3

줄리정 불법 **IELTS VOCA**
Juli Jung's Immutable Law for IELTS Vocabulary

Day 16
The Energy Crisis
에너지 위기

▶ MP3 다운 받는 법

· http://sunnysunday.co.kr (Sunny Sunday 출판사)접속 후 다운로드
· 쿨롬북스(모바일 앱) : 모바일로 '쿨롬북스' 앱을 다운 받은 후 '줄리정' 검색 후 'VOCA' 다운로드

1. Writing Task 2 빈출 문제

1. Increasing the price of energy is one of the best ways to tackle the energy crisis. Do you agree or disagree with this statement?
2. Nuclear power provides cheap and clean energy. The benefits of nuclear technology far outweigh the drawbacks. Do you agree or disagree with this statement?
3. Governments should make more efforts to develop alternative energy. Do you agree or disagree with this statement?
4. Some people think that planning for the future such as developing alternative energy and protecting the environment is just a waste of time. They believe it is more important to focus on the present. To what extent do you agree or disagree with this opinion?
5. We are faced with a severe energy shortage these days. Explain the main causes and effects of this problem, and suggest some possible solutions.

1. 에너지 가격 인상은 에너지 위기를 막는 가장 좋은 방법 중 하나다. 당신은 이 말에 동의하는가? 또는 동의하지 않는가?
2. 원자력은 저렴하고 깨끗한 에너지를 제공한다. 원자력 기술의 혜택은 단점을 훨씬 능가한다. 당신은 이 말에 동의하는가? 또는 동의하지 않는가?
3. 정부는 대체에너지 개발에 더 많은 노력을 기울여야 한다. 당신은 이 말에 동의하는가? 또는 동의하지 않는가?
4. 어떤 사람들은 대체 에너지 개발이나 환경보호 같은 미래 계획이 시간 낭비에 불과하다고 생각한다. 그들은 현재에 초점을 맞추는 것이 더 중요하다고 믿는다. 당신은 이 의견에 얼마만큼 동의하는가? 또는 동의하지 않는가?
5. 오늘날 우리는 심각한 에너지 부족 문제에 직면했다. 이 문제의 주된 원인과 영향을 설명하고 가능한 해결책을 제시하라.

2. 불법 단어 및 구문

1
absorb
[əbsɔ́ːrb]
absorb – absorbed – absorbed

v. 흡수하다
The large solar panels of spacecrafts **absorb** solar energy and this energy powers the crafts.
우주선의 커다란 태양 전지판은 태양 에너지를 흡수하고, 이 에너지는 우주선을 작동시킨다.

2
alternative energy

phr. 대체에너지
The green growth movement will promote the development of **alternative energy** sources.
녹색 성장 운동은 대체에너지원 개발을 촉구할 것이다.

 ※ 화석연료(fossil fuel)가 아닌 미래형 친환경적 에너지인 대체에너지의 대표적인 네 가지 종류에 대해 알아 보자.
1. 태양력(solar energy) 태양의 복사 에너지를 이용
2. 풍력(wind energy) 바람을 이용
3. 파력(wave power energy) 파도의 상하운동 에너지를 이용
4. 바이오 연료(biofuel) 살아 있는 유기체와 동물의 배설물을 이용

3
biofuel
[báioufjùːəl]

n. 생물 연료, 바이오 연료
Biofuels are an alternative energy to the fossil fuels that we now depend upon heavily.
바이오 연료는 현재 우리가 상당히 의존하고 있는 화석연료의 대체에너지이다.

4
campaign
[kæmpéin]

n. 캠페인, 운동
One of the steps taken by the government is launching energy saving **campaigns**.
정부가 취할 수 있는 조치 중 하나는 에너지 절약 캠페인을 시작하는 것이다.

5
carbon
[kάːrbən]

n. 탄소(U)

Nuclear power stations could help to reduce **carbon** emissions that cause global warming.

원자력 발전소는 지구 온난화의 원인이 되는 탄소배출량을 줄이는 데 도움이 될 수 있다.

 carbon footprint 탄소배출량 (한 가정이나 기업이 배출하는 이산화탄소의 양을 재는 단위)

6
CO_2 emission
= carbon dioxide emission

phr. 이산화탄소 배출

CO_2 emissions from vehicles are on the rise in every city all over the world.

차량에서 발생하는 이산화탄소 배출량은 전세계 모든 도시에서 상승하고 있다.

7
coal
[koul]

n. 석탄(U)

Although the environmental effects of burning **coal** are severe, still new coal-burning power plants are being built.

석탄 연소는 환경에 심각한 영향을 미치지만, 여전히 새로운 석탄 연소 발전소가 건설되고 있다.

8
conservation
[kɔ̀nsərvéiʃən]

동 preservation
관 v. conserve 보호하다

n. 보호, 보존

Both the private and public sectors should have more interest in energy **conservation** and renewable energy.

민간과 공공 부문 모두 에너지 보존과 재생 가능 에너지에 더 많은 관심을 가져야 한다.

9
conserve
[kənsə́ːrv]
conserve – conserved – conserved

동 maintain, economise, preserve

관 n. conservation 보호

v. 보호하다, 절약하다

There is no option but to **conserve** energy to avoid blackouts.

에너지 절약 외에는 정전을 피할 다른 방법이 없다.

10
consume
[kənsjúːm]
consume – consumed – consumed

동 waste

관 n. consumption 소비
　 n. consumer 소비자

v. 다 써버리다, 소비하다

Developed countries **consume** about 30 times more fossil fuel energy per capita than people in developing nations.

선진국은 개발도상국보다 화석연료 에너지를 1인당 30배 가량 더 많이 소비한다.

11
consumption
[kənsʌ́mpʃən]

관 v. consume 소비하다
　 n. consumer 소비자

n. 소비

This smart application measures energy **consumption** and calculates the carbon footprint per household.

이 스마트한 장치는 가구당 에너지 소비를 측정하고 탄소배출량을 계산한다.

12
convert
[kənvə́ːrt]
convert – converted – converted

v. 바꾸다, 전환시키다

The chemical enzyme that **converts** natural substances into renewable biofuels was found.

자연 물질을 재생 가능한 바이오 연료로 전환시키는 화학 효소가 발견되었다.

13
counter
[káuntər]
counter – countered – countered

v. 반박하다, 대응하다

Most less advanced countries cannot **counter** a severe energy shortage.

대부분의 후진국들은 심각한 에너지 부족에 대응할 수 없다.

14
critical
[krítikəl]

a. 중대한, 위기의

Energy consumption is a **critical** issue for IT companies today.

에너지 소비는 오늘날 IT 회사들에게 중요한 쟁점이다.

15
deplete
[diplí:t]
deplete – depleted – depleted

 exhaust

v. 고갈시키다

Natural resources will be **depleted** faster than our expectation.

천연자원은 우리의 예상보다 더 빨리 고갈될 것이다.

16
discharge
[distʃɑ́:rdʒ]
discharge – discharged – discharged

v. 방출하다, 배출하다

A few factories still illegally **discharge** wastewater into the river.

여전히 일부 공장들은 폐수를 강으로 불법 방류한다.

 discharge A into B A를 B로 방출하다, 흘려 보내다

17
drastic
[drǽstik]

a. 급격한, 강력한

There will be a **drastic** shift from fossil fuels to renewable energies soon.

곧 화석연료에서 재생 가능 에너지로 급격한 변화가 있을 것이다.

18
dwindle
[dwíndl]
dwindle – dwindled – dwindled

v. 점점 작아지다, 줄어들다

The world is heating up at the same time energy resources are **dwindling** today.

오늘날 전세계 온도는 상승하고 있고 동시에 에너지 자원은 점점 줄어들고 있다.

19
effective
[iféktiv]

a. 효과적인
The minister was criticised for his failure to establish an **effective** energy policy.
장관은 효과적인 에너지 정책 수립에 실패했다는 비판을 받았다.

20
efficient
[ifíʃənt]

a. 효율적인, 능률적인
Automobile companies have invested in developing smarter, safer, and more energy-**efficient** cars.
자동차 회사들은 더 똑똑하고 안전하고 에너지 효율적인 차를 개발하는데 투자해왔다.

21
electric car
동 electric vehicle(EV), battery car

phr. 전기자동차
The more **electric cars** are sold, the better air quality we inhale.
더 많은 전기자동차가 팔릴수록 우리가 호흡하는 공기의 질도 더 나아진다.

※ 휘발유 자동차(gasoline cars)가 아닌 미래형 친환경 자동차의 대표적인 세 가지 종류에 대해 알아 보자.
1. electric cars(전기자동차) : 전기 에너지를 이용하기 때문에 배기가스가 전혀 없으며, 소음이 아주 작다.
2. hybrid cars(하이브리드 자동차) : 내연 엔진과 전기자동차의 배터리 엔진을 동시에 장착하여 연비는 높이고 유해가스 배출량을 획기적으로 줄였다.
3. hydrogen cars(수소자동차) : 고갈될 걱정이 없는 수소를 원료로 하며 공해물질이 거의 발생하지 않는다.

22
emission
[imíʃən]
관 v. emit 방출하다

n. 방출, 배출
The amount of greenhouse gas **emissions** in the atmosphere reached an all-time high in 2010.
2010년 대기 중 온실가스 배출량은 역대 최고치에 도달했다.

23
emit
[imít]
emit – emitted – emitted

관 n. emission 방출

v. 내뿜다, 방출하다

Scientists say the zero carbon **emitting** home is technically and economically feasible.

과학자들은 탄소를 전혀 배출하지 않는 주택이 기술적으로나 경제적으로 가능하다고 말한다.

24
energy crisis

phr. 에너지 위기

To prevent an **energy crisis**, we need to keep room temperatures no lower than 26 degrees in summer.

에너지 위기를 막기 위해 여름철 실내 온도를 26도 이상으로 유지해야 한다.

25
energy efficiency

phr. 에너지 효율

Battery electric vehicles have been popularized for their **energy efficiency**.

전기자동차는 에너지 효율이 높기 때문에 대중화되고 있다.

26
exhaust fumes

동 exhaust emissions

phr. 배기가스

Electric motorcars emit no **exhaust fumes** and only minimal pollution.

전기자동차는 배기가스를 전혀 배출하지 않고 최소한의 오염물질만을 배출한다.

27
expend
[ikspénd]
expend – expended – expended

동 spend, use up

v. 소비하다, 다 써버리다

Bio-fuels account for nearly 2 percent of the energy **expended** globally for transportation.

바이오 연료는 세계적으로 교통에 소비된 에너지의 약 2 퍼센트를 차지한다.

28
fossil fuels

phr. 화석연료

Saving energy means reducing the demand for such **fossil fuels** as coal and oil.

에너지 절약이란 석탄과 기름 같은 화석연료에 대한 수요를 줄이는 것을 의미한다.

29
fuel efficiency

phr. 연비, 연료 소비율

Hybrid cars have about 50 percent greater **fuel efficiency** than gasoline-powered cars.

하이브리드 자동차는 휘발유 자동차보다 연비가 50퍼센트 가량 높다.

30
halve
[ha:v]
halve – halved – halved

v. 반으로 나누다

The government set a goal to **halve** the economy's energy intensity by 2020.

정부는 2020년까지 경제 에너지 집약도를 절반으로 낮추겠다는 목표를 세웠다.

 ※ halve는 'l'이 묵음인 것을 주의해서 발음해야 한다.

31
hybrid car
동 hybrid vehicle

phr. 하이브리드 자동차

Few drivers are showing their interest in **hybrid cars** at present because of the price.

현재 하이브리드 자동차는 가격 때문에 관심을 보이는 운전자가 거의 없다.

32
hydrogen car
동 hydrogen vehicle

phr. 수소자동차

Scientists predict that **hydrogen cars** can be a feasible alternative to petrol-driven cars.

과학자들은 수소 자동차가 휘발유 자동차의 대안이 될 수 있다고 예상한다.

33
nuclear energy
동 atomic energy

phr. 원자력

A few developing nations are building **nuclear energy** facilities at an alarming rate.

몇몇 개발도상국들은 원자력 발전소를 급속도로 짓고 있다.

34
outweigh
[autwéi]
outweigh – outweighed – outweighed

v. ~보다 더 크다, 뛰어나다

As nuclear energy provides cheaper and cleaner energy, the benefits of this technology far **outweigh** the drawbacks.

원자력은 더 저렴하고 깨끗한 에너지를 제공하기 때문에 이 기술의 장점은 단점을 훨씬 뛰어넘는다.

35
petrol
[pétrəl]
동 gasoline

n. 휘발유

After buying an electric car, I could save a lot of money on **petrol**.

전기자동차를 구매한 뒤로 나는 휘발유 구입비를 많이 절약할 수 있었다.

 ※ petrol은 영국식, gasoline은 미국식 표현이다.

36
radiation
[rèidiéiʃən]

n. 방사능(U)

In fear of a further explosion risk and **radiation** leak, many foreigners are leaving Japan.

추가 폭발 위험과 방사능 유출에 대한 두려움으로 많은 외국인이 일본을 떠나고 있다.

37
rechargeable
[ritʃɑ́:rdʒəbl]

a. 재충전할 수 있는

Lithium-ion batteries have become the most common **rechargeable** batteries used in electronic goods.

리튬이온 배터리는 전자제품에 사용하는 가장 보편적인 충전용 배터리가 되었다.

38
renewable energy

phr. 재생 가능한 에너지
The energy policy by the government is focusing on developing **renewable energy**.
정부의 에너지 정책은 재생 가능한 에너지 개발에 초점을 맞추고 있다.

39
solar energy

phr. 태양 에너지
In a few countries, making use of alternative energy like wind and **solar energy** is already common.
몇몇 나라에서는 풍력과 태양열 같은 대체 에너지를 이용하는 것이 이미 보편화되었다.

40
strike a balance

phr. 균형을 맞추다
We need to **strike a balance** between energy development and environmental protection.
우리는 에너지 개발과 환경 보호 사이에 균형을 맞춰야 한다.

41
strive
[straiv]
strive − strove/strived
− striven/strived

v. 노력하다
Scientists **strive** to solve the global energy crisis by developing alternative energy.
과학자들은 대체 에너지를 개발하여 전세계 에너지 위기를 해결하려고 노력한다.

 strive to + 동사원형 ~하려고 노력하다

42
substitute
[sʌ́bstətjùːt]
substitute − substituted
− substituted

v. 대체하다
It is difficult or impossible to entirely **substitute** the fossil fuel use with biofuels.
화석연료를 바이오 연료로 완전히 대체하는 것은 어렵거나 불가능하다.

43
sustainable
[səstéinəbl]

a. (환경을 파괴하지 않고) 지속 가능한

Wind power is the cleanest and most **sustainable** source of energy.

풍력은 가장 깨끗하고 가장 (환경을 파괴하지 않고) 지속 가능한 에너지 자원이다.

44
turbine
[tə́:rbain]

n. 터빈, 엔진 기관

The government invested 5 billion dollars on wind **turbines** powering the rotations.

정부는 회전 동력을 공급할 풍력 터빈에 50억 달러를 투자했다.

45
unleaded petrol

phr. 무연 휘발유

Using **unleaded petrol** is beneficial to protect the environment and save money on petrol.

무연 휘발유 사용은 환경을 보호하고 휘발유에 들어가는 돈을 절약하는 이점이 있다.

46
vehicle
[ví:ikl]

n. 차량, 운송 수단

The amount of CO_2 aircrafts released is about three times greater than **vehicles** on the ground.

도로의 차량들보다 비행기가 배출하는 이산화탄소 양이 3배 정도 더 많다.

 passenger vehicles 승용차
public vehicles 대중교통

3. Review

3-1) Match the English words to the Korean translations below.

1. a passenger vehicle	a. 방사능
2. strike a balance	b. 균형을 맞추다
3. radiation	c. 승용차
4. fuel efficiency	d. 소비
5. consumption	e. 연비

3-2) Complete the sentences using the list of words and phrases below.

1. The large solar panels of spacecrafts _____ solar energy and this energy powers the crafts.
2. One of the steps taken by the government is launching energy saving _____ .
3. The minister was criticised for his failure to establish an _____ energy policy.
4. Scientists say the zero carbon _____ home is technically and economically feasible.
5. The government set a goal to _____ the economy's energy intensity by 2020.

a. emitting	b. absorb	c. campaigns	d. effective	e. halve

◀ 보이는 MP3

줄리정 불법 IELTS VOCA
Juli Jung's Immutable Law for IELTS Vocabulary

Day 17
Economy & Business
경제와 산업

▶ MP3 다운 받는 법

- http://sunnysunday.co.kr (Sunny Sunday 출판사)접속 후 다운로드
- 콜롬북스(모바일 앱) : 모바일로 '콜롬북스' 앱을 다운 받은 후 '줄리정' 검색 후 'VOCA' 다운로드

1. Writing Task 2 빈출 문제

1. We are surrounded by a lot of advertisements and it is unavoidable in everyday life. Some people say that advertising is positive in our lives while others insist it is negative. Discuss both views and give your own opinion.
2. The high sales of popular consumer goods reflect the power of advertising. However, the products are not the real needs of the buyer. To what extent do you agree or disagree with this opinion?
3. A number of people are changing careers several times during their working lives. Why do people change careers? Is it a positive or negative development for society?
4. People in poor countries are happier than people in developed nations. Do you agree or disagree with this statement?
5. Increasing the amount of salaries is the only way to make employees work harder and to enhance the productivity. Do you agree or disagree with this statement?

1. 우리는 많은 광고에 둘러 싸여있고, 이러한 상황은 일상에서 피할 수 없다. 어떤 사람들은 광고가 생활에 긍정적이라고 말하는 반면, 이를 부정적이라고 주장하는 사람들도 있다. 양쪽의 견해를 논하고 당신의 주장을 제시하라.
2. 인기 있는 소비재의 높은 판매량은 광고의 힘을 보여준다. 하지만 소비자가 이런 제품들을 정말로 필요로 하는 것은 아니다. 당신은 이 의견에 얼마만큼 동의하는가? 또는 동의하지 않는가?
3. 많은 사람들이 일을 하는 동안 직업을 여러 번 바꾸고 있다. 사람들은 왜 직업을 바꾸는가? 이것은 사회를 위한 긍정적인 발전인가? 또는 부정적인 발전인가?
4. 후진국 사람들은 선진국 사람들보다 행복하다. 당신은 이 말에 동의하는가? 또는 동의하지 않는가?
5. 직원들을 더 열심히 일하게 만들고 생산성을 높이는 유일한 방법은 월급을 인상하는 것이다. 당신은 이 말에 동의하는가? 또는 동의하지 않는가?

2. 불법 단어 및 구문

1
advertise
[ǽdvərtàiz]
advertise – advertised – advertised

관 n. ad, advertising, advertisement

v. 광고하다
Many food companies **advertise** their snacks and beverages with famous cartoon characters to capture young customers.

많은 식품 회사들이 어린 소비자들을 사로잡기 위해 유명한 만화 주인공으로 과자와 음료를 광고한다.

2
advertisement
[ədvə́ːtismənt]
통 ad, advertising
관 v. advertise 광고하다

n. 광고
One Korean PR expert put **advertisements** about Dokdo in the New York Times.

한국의 한 홍보 전문가는 뉴욕 타임즈에 독도에 대한 광고를 게재했다.

 ※ advertisement를 줄여 간단하게 ad라고도 한다. advertisement와 ad는 셀 수 있는 명사, advertising은 셀 수 없는 명사임에 주의하자.

3
advertising
[ǽdvərtàiziŋ]
통 ad, advertisement
관 v. advertise 광고하다

n. 광고(U)
The role of **advertising** is very important for most companies to maximise their profits.

이익을 극대화하는 데 광고의 역할은 대부분의 회사에게 매우 중요하다.

4
applicant
[ǽplikənt]
관 v. apply 신청하다
n. application 신청

n. 신청자, 지원자, 응모자
Most multinational companies ask **applicants** to give a presentation in English during job interviews.

대다수의 다국적 기업들은 면접 시 지원자들에게 영어 프리젠테이션을 요구한다.

5
application
[æplkiéiʃən]

관 v. apply 신청하다
　　n. applicant 신청자

n. 신청, 지원

Filling in an **application** form is very important because employers use these forms to choose new employees.

고용주들이 새로운 직원을 뽑을 때 지원서를 사용하기 때문에 지원서 작성은 매우 중요하다.

 fill in an application form 지원서(신청서)를 작성하다

6
apply
[əplái]
apply – applied – applied

관 n. application 신청
　　n. applicant 신청자

v. 신청하다, 지원하다

Job seekers can directly **apply** for jobs online without posting their resume.

구직자들은 이력서를 우편으로 보낼 필요 없이 온라인으로 바로 지원할 수 있다.

7
boycott
[bɔ́ikɔt]

n. 불매 운동

Some parent groups launched the **boycott** against famous fast food companies.

몇몇 학부모 단체가 유명 패스트푸드 회사에 대한 불매 운동을 시작했다.

8
career
[kəríər]

n. 경력

In the 21st century, more and more females are trying to develop their **careers** in the workplace.

21세기에는 점점 더 많은 여성들이 직장에서 커리어(경력)를 개발하려고 노력하고 있다.

a career break 휴직
a career change 이직
a career path 진로

9
clerk
[klɑːk]
동 shop assistant

n. 점원, 사무원

The **clerk** went into detail about laptops with the foreign customer in English.

점원은 외국인 고객에게 노트북에 대해 영어로 자세히 설명했다.

10
client
[kláiənt]
동 customer, guest

n. 고객, 의뢰인

The purpose of attending an exhibition is to find a potential business **client** or partner.

박람회 참석 목적은 잠재적인 사업 의뢰인이나 파트너를 찾는 것이다.

11
colleague
[kɔ́liːɡ]
동 co-worker

n. (직장) 동료

Well-qualified **colleagues** are very comfortable working together.

훌륭한 자질을 갖춘 동료들은 함께 일하기 매우 편하다.

12
commercial
[kəmə́ːrʃəl]

a. 상업의

Today, we are surrounded by a lot of **commercial** advertisements.

오늘날 우리는 많은 상업 광고에 둘러 싸여 있다.

13
conference
[kɑ́nfərəns]
동 convention

n. 회의

I am going to attend a 2-day **conference** titled, 'Future Directions in Computing', next week.

나는 다음 주에 '컴퓨터의 미래 방향'이라는 이틀 간의 회의에 참석할 예정이다.

※ conference와 convention은 대규모 회의, meeting은 소규모 회의, party나 gathering은 사교 모임을 말한다.

14 cost-effective

phr. 비용 효과가 높은, 비용 효율적인

Some companies hire a number of temporary workers because it is more **cost-effective** to them.

일부 회사들이 임시 근로자들을 많이 고용하는 이유는 비용 효과가 더 높기 때문이다.

15 counterpart
[káuntərpà:rt]

n. 상대, 대응하는 것

Apple CEO Tim Cook met with his Samsung **counterpart** Geesung Choi last Monday.

지난 주 월요일, 애플의 사장 팀 쿡은 삼성의 사장 최지성을 만났다.

 ※ counterpart는 다른 장소나 상황에서 어떤 사람(사물)과 동일한 지위나 기능을 갖는 상대, 대응 관계에 있는 사람(사물)을 말한다. 예를 들어 남성의 counterpart는 여성이 되고, 밤의 counterpart는 낮이 된다. counterpart는 대명사 'one'과 유사하게 문장에서 대명사 역할을 한다.

16 credibility
[krèdəbíləti]

n. 신뢰성(U)

Products made in Korea are increasingly gaining **credibility** in European countries.

한국 제품들이 유럽 국가에서 갈수록 신뢰를 더 얻고 있다.

17 earn
[ə:rn]
earn – earned – earned

v. (돈을) 벌다

Experts say that people who **earn** less than $50,000 a year are happier than those who **earn** more than $50,000.

전문가들은 연간 소득이 5만 달러 이상인 사람보다 5만 달러 이하인 사람이 더 행복하다고 말한다.

18
economic
[èkənɔ́mik]

관 a. economical 절약하는
　　n. economy 절약, 경제

a. 경제의

The real estate market in Korea has been influenced by the **economic** crisis.

한국의 부동산 시장은 경제 위기의 영향을 받았다.

 economics 경제학
economic crime 경제 범죄
economic inequality 경제적 불균형

19
economical
[èkənɔ́mikəl]

관 a. economic 경제의
　　n. economy 절약, 경제

a. 절약하는, 경제적인

An **economical** cooling and heating system is the best way to save energy and money.

절약형 냉난방 시스템은 에너지와 돈을 절약하는 가장 좋은 방법이다.

 ※ economic은 '경제(학)'이라는 뜻이고 economical은 '절약하는'이라는 뜻이다. 두 단어를 혼동하지 않도록 주의하자.

20
economy
[ikɔ́nəmi]

관 a. economic 경제의
　　a. economical 절약하는

n. 절약, 경제

In recent years, globalisation has played a key role in the **economy**.

최근 세계화는 경제에 중요한 역할을 해왔다.

 ※ economy가 '경제'라는 뜻으로 쓰일 때는 관사 the와 함께 쓰는 것이 일반적이다.

21
employ
[implɔ́i]

employ – employed – employed

동 hire

관 n. employee 피고용자
　　n. employer 고용주
　　n. employment 고용

v. 고용하다

To cut labour costs, medium and small-sized enterprises are forced to **employ** workers from China.

중소기업들은 인건비 절약을 위해서 중국 출신 노동자들을 고용할 수밖에 없다.

불법 self-employed 자영업의
※ 미국에서는 employee와 hire를 같은 뜻으로 쓰고, 영국에서는 정규직을 고용할 때는 employ, 임시직을 고용할 때는 hire를 주로 쓴다.

22
employee
[èmplóí:]
반 employer 고용주
관 v. employ 고용하다
　 n. employment 고용

n. 피고용자, 직원

Some believe that higher pay can make **employees** work harder.

어떤 사람들은 더 많은 임금이 직원들을 더욱 열심히 일하게 만들 수 있다고 믿는다.

23
employer
[implɔ́íər]
반 employee 피고용자
관 v. employ 고용하다
　 n. employment 고용

n. 고용주, 주인

Due to the economic depression, most **employers** were forced to lay off about 20 percent of their workers.

경기 불황으로 인해, 대부분의 고용주들이 직원의 20 퍼센트 정도를 일시에 해고해야만 했다.

24
employment
[implɔ́ímənt]
반 unemployment 실업
관 v. employ 고용하다

n. 고용(U)

To overcome the economic crisis, the government should give people greater opportunities for **employment**.

경제 위기를 극복하기 위해 정부는 사람들에게 더 많은 고용의 기회를 주어야 한다.

25
endorse
[indɔ́:rs]
endorse – endorsed
– endorsed

v. 지지하다, 보증하다, 이서하다

Consumers tend to purchase the products which celebrities **endorse**.

소비자들은 유명인사들이 보증하는 상품을 구매하는 경향이 있다.

26
enterprise
[éntərpràiz]

동 corporation, company, business

관 n. enterpriser 기업가
   n. entrepreneur 기업가
   n. entrepreneurship 기업가 정신

n. 회사, 기업

Most job seekers still prefer large **enterprises** to small and medium-sized ones.

대부분 구직자들은 여전히 중소기업보다 대기업을 선호한다.

private enterprises 사기업
government enterprises 국영기업
small and medium-sized enterprises 중소기업
large enterprises 대기업

27
exclusive
[iksklú:siv]

a. 독점적인, 배타적인

SBS secured **exclusive** rights to broadcast the 2018 and 2022 FIFA World Cup in Russia and Qatar respectively.

SBS는 각각 러시아와 카타르에서 열리는 2018년과 2022년 FIFA 월드컵의 독점 중계권을 확보했다.

28
fluctuate
[flʌ́ktʃuèit]
fluctuate – fluctuated – fluctuated

동 vacillate

관 n. fluctuation 변동

v. 변동하다, 수시로 변하다

The exchange rate **fluctuates** every day so it is impossible to predict.

환율은 매일 변동해서 예측이 불가능하다.

29
full-time job

동 regular job

반 part-time job 임시직

phr. 정규직

Husbands and wives employed in a **full-time job** should share household chores evenly.

정규직으로 고용된 남편과 부인은 가사를 똑같이 분담해야 한다.

30
goods and services

phr. 상품과 서비스

Advertisements help consumers to find the **goods and services** they need.

광고는 소비자가 필요로 하는 상품과 서비스를 찾도록 도와준다.

31
income
[ínkʌm]
동 earnings, profits

n. 소득(UC)

I do not think that life satisfaction and personal **income** are positively correlated.

나는 삶의 만족도와 개인의 소득이 긍정적으로 연관되어 있다고 생각하지 않는다.

 a middle-income family 중간 소득층 가정

32
industry
[índəstri]
동 manufacture

n. 산업

The government has invested a huge amount of its budget on creating more **industries** and infrastructures.

정부는 더 많은 산업과 사회 기반 시설들을 확충하기 위해서 엄청난 예산을 투자했다.

 the heavy industry 중공업
the tourist industry 관광산업
the knowledge industry 지식산업

33
invest
[invést]
invest – invested – invested

관 n. investment 투자
n. investor 투자자

v. 투자하다

Some rich people illegally **invest** money in overseas real estate.

일부 부자들은 불법으로 해외 부동산에 돈을 투자한다.

34
job
[dʒɔb]
동 occupation, profession, work, vocation

n. 일, 직업

Some students continue their studies in English speaking countries in order to get better **jobs**.

어떤 학생들은 더 좋은 직업을 갖기 위해 영어권 나라에서 학업을 이어간다.

불법
a job interview 입사 면접
a job seeker 구직자
job satisfaction 직업 만족도

35
manage
[mǽnidʒ]
manage – managed – managed

관 n. manager 관리자
　n. management 관리

v. 관리하다, (회사를) 경영하다

Learning to **manage** money is important for young children to know the true value of money.

돈 관리 방법을 배우는 것은 어린 아이들이 돈의 참된 가치를 알게 하는 데 중요하다.

36
manipulate
[mənípjulèit]
manipulate – manipulated – manipulated

동 control

v. 조종하다, 조장하다

Most advertisements targeting children tend to **manipulate** them to pester their parents.

아이들을 목표로 한 대부분의 광고들은 아이들이 부모에게 떼를 쓰도록 조장하는 경향이 있다.

37
manual work
반 mental labour 정신 노동

phr. 육체 노동

Advanced technology has reduced the need for **manual work**, therefore working hours have been shortened.

발달된 기술은 육체 노동의 필요성을 감소시켰고, 이에 따라 노동 시간도 단축되었다.

38
marketing
[mάːrkitiŋ]
동 selling, merchandising
관 n. market 시장
   n. marketer
   마케팅 담당자

n. 마케팅(U)

Due to the successful **marketing** strategy, the restaurant has gained many regular customers in a short time.

성공적인 마케팅 전략 때문에 이 레스토랑은 단시간에 많은 단골 고객을 끌어 모았다.

39
merge
[məːrdʒ]
merge – merged – merged

v. 합병하다

The recent trend in the banking industry has seen large Korean banks **merge**.

은행 산업의 최근 경향은 대형 한국 은행들의 합병이다.

40
middle-class

phr. 중산층의

When the economic crisis hit, economically secure **middle-class** families also suddenly faced financial hardship.

경제 위기가 강타했을 때, 경제적으로 안정된 중산층 가정들도 갑작스런 재정 난에 봉착했었다.

 ※ 사회적 계층을 나타내는 표현에 대해 알아보자.
   the upper class, the privileged class 상류층
   the middle-class 중산층
   the poor class, the underprivileged class 하류층

41
office
[ɔ́fis]

n. 사무실
Some of the people who do manual work often receive far more money than clerks who work in **offices**.

육체 노동자들도 사무실 직원들보다 돈을 훨씬 더 많이 받는 경우가 종종 있다.

office workers 사무 직원, 회사원
the head office 본사
the branch office 지점
SoHo(small office home office) 소호, 컴퓨터를 이용해서 집에서 하는 사업

42
overtime
[óuvərtáim]
동 extra time

n. 초과근무
Ironically, working less **overtime** and taking regular holidays help to increase work efficiency.

아이러니하게도 초과근무를 덜하고 정기휴가를 갔다 오는 것이 업무 효율을 올리는 데 도움이 된다.

43
overwork
[òuvərwə́:rk]

n. 과로, 초과노동
Some companies exploit their labourers from poor countries by **overworking** and underpaying them.

어떤 회사들은 초과노동과 낮은 임금으로 후진국 출신 노동자들을 착취한다.

44
part-time job
동 temporary job, irregular job
반 full-time job 정규직

phr. 비정규직, 아르바이트
I would like to get a **part-time job** in a summer camp for young children.

나는 어린 아이들을 위한 여름 캠프에서 아르바이트를 하고 싶다.

45
percent (percentage)
[pərsént] [pərséntidʒ]
통 rate, proportion

n. 퍼센트(퍼센티지), %

The bank has increased the interest rates by three **percent**.

은행은 이자율을 3퍼센트만큼 올렸다.

 ※ percent VS percentage
percent는 항상 숫자 다음에 쓰고, percentage는 숫자를 제외한 모든 단어 다음에 쓴다.

46
persuade
[pərswéid]
persuade – persuaded – persuaded

관 n. persuasion 설득

v. 설득하다, 권하다

Persuading high-income families to spend more is one way to help the nation's economic recovery.

고소득층의 소비를 권장하는 것이 국가 경제 회복을 돕는 한 가지 방법이다.

47
pester
[péstər]
pester – pestered – pestered

v. 조르다, 성가시게 하다

My son has been **pestering** me all week to buy the latest smartphone.

아들은 최신 스마트폰을 사달라고 나를 일주일 내내 조르고 있다.

48
promote
[prəmóut]
promote – promoted – promoted

동 encourage

관 n. promotion 촉진

v. 촉진하다, 조장하다, 승진시키다

Free trade between countries **promotes** fierce competition.

국가간 자유무역은 치열한 경쟁을 조장한다.

49
prospects
[práspekts]

n. 전망

Some job seekers search for work with better financial **prospects**.

어떤 구직자들은 재정적 전망이 더 나은 일자리를 찾는다.

 ※ prospects 주로 복수 형태로 쓴다.

50
qualifications
[kwɔ̀ləfikéiʃən]

n. 자격증

Undergraduate students are keen on obtaining **qualifications** listed on job applications.

대학생들은 입사원서에 기재할 자격증을 취득하는데 열을 올리고 있다.

 ※ qualifications, 주로 복수 형태로 쓴다.

51
redundant
[ridʌ́ndənt]
동 extra, surplus

a. (노동자) 과잉의, 해고된

In a recession, people fear that they may be made **redundant**.

불경기에 사람들은 해고될지도 몰라서 두렵다.

52
replicate
[répləkèit]
replicate – replicated – replicated
동 copy, duplicate

v. 복제하다, 모사하다

There is no way to stop other companies **replicating** products.

다른 회사들의 제품 복제를 막을 방법은 없다.

53
representative
[rèprizéntətiv]

n. 대표(자)

Sales **representatives** in pharmaceutical companies often bribe doctors to prescribe their drugs.

제약회사 영업사원들은 의사들에게 자사의 약을 처방해 달라며 종종 뇌물을 준다.

 sales representatives(reps) 영업사원

54
request
[rikwést]
request – requested – requested

n. 요청

Most service centres have no choice but to comply with their customer's **request**.

대부분의 서비스 센터들은 고객의 요청을 들어줄 수밖에 없다.

v. 요청하다

I **requested** a letter of reference from my boss for switching to another company.

다른 회사로 이직하기 위해 내 상사에게 추천서를 요청했다.

 on request 요청 시
refuse a request 요청을 거절하다
comply with a person's request 남의 요구에 응하다

55
retail
[ríːteil]

반 wholesale 도매의

관 n. retailer 소매 상인

a. 소매의

Retail dealers get rid of their old products through a clearance sale.

소매상들은 재고 정리 세일을 통해 유행이 지난 제품들을 처분한다.

 a retail dealer 소매 상인
retail goods 소매 상품

56
retain
[ritéin]

retain – retained – retained

동 keep, hold

v. 유지하다

Because of high demand for smartphones, Apple **retained** their inflated prices even after a surplus.

스마트폰에 대한 높은 수요 때문에 애플은 흑자를 본 후에도 부풀린 가격을 유지했다.

57
retire
[ritáiər]

retire – retired – retired

관 n. retirement 은퇴

v. 은퇴하다

Older workers who can still demonstrate their capacity to carry out their work should not be asked to **retire**.

아직 업무 수행 능력을 보여줄 수 있는 나이든 근로자들에게 은퇴를 요구해서는 안 된다.

58
role and responsibility = R&R

phr. 역할과 책임

Experienced job applicants should describe the **roles and responsibilities** they had in their last workplace.

경력직 지원자들은 전 직장에서의 역할과 책임에 대해 설명해야 한다.

59
salary
[sǽləri]
동 wage, pay

n. 봉급, 월급, 임금

The high **salaries** paid to sports stars are unfair.

스포츠 스타들에게 지급되는 높은 월급은 부당하다.

 ※ salary, wage, pay는 모두 '노동에 대한 금전적 보상'이지만 미묘한 차이가 있다.
salary 보통 1개월마다 지급되는 정기적인 급여
wage 육체 노동자의 임금
pay 모든 종류의 보수

60
shift work

phr. 교대 근무

Many night **shift workers** often suffer from sleep problems, fatigue and digestive problems.

밤 교대 근무자들은 수면장애, 피로, 소화불량 같은 고통을 겪는 경우가 많다.

61
skilled
[skild]
반 unskilled 미숙한

a. 숙련된, 능숙한

He is a highly **skilled** specialist in the field of computer programming.

그는 컴퓨터 프로그래밍 분야에서 매우 숙련된 전문가이다.

62
staff
[stɑːf]

n. 직원

In the headquarters, more than 1,000 **staff** members are working at the moment.

지금 본사에는 천 명이 넘는 직원들이 근무하고 있다.

 ※ staff는 복수 명사로, 직원 전체를 말한다. 한 명의 직원을 말할 때는 a staff member나 a staffer라고 한다.

63
statistics
[stətístiks]

n. 통계

According to **statistics**, the suicide rate has increased more than 5 times compared to 10 years ago.

통계에 따르면 10년 전에 비해 자살률이 5배 넘게 증가했다.

 ※ statistics는 주로 복수 형태로 쓴다.

64
stock
[stɔk]
동 inventory

n. 재고

I cannot buy the book because it is currently out of **stock**.

이 책은 현재 품절이어서 살 수가 없다.

 in stock 재고가 있는
out of stock 품절인

65
supervisor
[súːpərvàizər]

n. 관리자

The most important quality that a good **supervisor** should have is leadership.

관리자가 갖춰야 할 가장 중요한 자질은 리더십이다.

66
supply and demand

phr. 수요와 공급

The **supply and demand** of the energy market will be discussed in this conference.

에너지 시장의 수요와 공급이 이번 회의에서 논의될 것이다.

67
time-consuming

phr. 시간이 걸리는, 시간을 낭비하는

The Four Major Rivers Project of South Korea was **time-consuming**.

한국의 4대강 프로젝트는 시간이 많이 소요되었다.

68
trade
[treid]

n. 무역(UC)

As the world is becoming a global village, there are no boundaries to **trade**.

세계가 지구촌이 되면서 무역의 경계가 사라졌다.

 FTA(Free Trade Agreement) 자유 무역 협정
fair trade 공정 무역

69
trigger
[trígər]
trigger — triggered
— triggered

v. 유발하다, 촉발시키다

The earthquake in Japan **triggered** a massive movement of multinational enterprises.

일본에서 발생한 지진은 다국적 기업의 대규모 이동을 유발했다.

70
unemployment
[ʌnimplɔ́imənt]
반 employment 고용
관 a. unemployed 실직한

n. 실업, 실업률(U)

The **unemployment** rate in South Korea peaked in 2011, at 5 percent.

한국의 실업률은 2011년에 5퍼센트로 정점에 다다랐다.

71 vocational training

phr. 직업훈련

Large companies provide their new employees with **vocational training**.

대기업들은 신입 사원들에게 직업훈련을 제공한다.

72 workforce
[wə́ːrkfɔːrs]
동 manpower

n. 노동인구, 노동력

To be a developed country, more women should join the **workforce**.

선진국이 되기 위해서는 더 많은 여성들이 노동인구로 합류해야 한다.

73 workplace
[wə́ːrkplèis]

n. 직장

The percentage of married women in the **workplace** increased from 10 to 30 percent.

직장 내 기혼 여성의 비율은 10에서 30퍼센트로 증가했다.

3. Review

3-1) Match the English words to the Korean translations below.

1. Free Trade Agreement	a. 대기업
2. out of stock	b. 품절인
3. retail goods	c. 구직자
4. a job seeker	d. 소매 상품
5. large enterprises	e. 자유 무역 협정

3-2) Complete the sentences using the list of words and phrases below.

1. One Korean PR expert put _____ about Dokdo in the New York Times.
2. Job seekers can directly _____ for jobs online without posting their resume.
3. The _____ went into detail about laptops with the foreign customer in English.
4. Apple CEO Tim Cook met with his Samsung _____ Geesung Choi last Monday.
5. Most job seekers still prefer large _____ to medium and small-sized ones.

a. advertisements	b. counterpart	c. apply	d. enterprises	e. clerk

Answers : 3-1) 1-e / 2-b / 3-d / 4-c / 5-a 3-2) 1-a / 2-c / 3-e / 4-b / 5-d

Note

◀ 보이는 MP3

줄리정 불법 IELTS VOCA
Juli Jung's Immutable Law for IELTS Vocabulary

Day 18
The Government & Law
정부와 법

▶ MP3 다운 받는 법

- http://sunnysunday.co.kr (Sunny Sunday 출판사)접속 후 다운로드
- 콜롬북스(모바일 앱) : 모바일로 '콜롬북스' 앱을 다운 받은 후 '줄리정' 검색 후 'VOCA' 다운로드

1. Writing Task 2 빈출 문제

1. Many criminals re-offend after they have been released from prison. Why do some of them continue to commit crimes? What measures can be taken to tackle this problem?
2. Without capital punishment our lives are less secure and crimes increase continuously. Do you agree or disagree with this statement?
3. Some people say that long imprisonment of criminals is the only way to reduce crime rates. Others believe there should be alternative ways. Discuss both views and give your own opinion.
4. Some people say that there should be fixed punishments for each type of crime. Others argue that the circumstances and motivation of an individual crime should always be taken into account when deciding on the punishment. Discuss both views and give your own opinion.
5. Some people say that criminals should be sent to prison. Others insist that they should do something else as a punishment. Discuss both views and give your own opinion.

1. 많은 범죄자들이 출소 후에도 다시 범죄를 저지른다. 그들 중 일부가 계속해서 범죄를 저지르는 이유는 무엇인가? 이러한 문제를 막기 위해 취할 수 있는 조치는 무엇인가?
2. 사형제도가 없으면 우리의 삶은 덜 안전하고 범죄는 계속해서 증가할 것이다. 당신은 이 말에 동의하는가? 또는 동의하지 않는가?
3. 어떤 사람들은 범죄자들의 장기 징역이 범죄율을 낮출 수 있는 유일한 방법이라고 말한다. 반면 다른 대안이 있을 것이라고 믿는 사람들도 있다. 양쪽의 견해를 논하고 당신의 주장을 제시하라.
4. 어떤 사람들은 각 범죄의 유형에 정해진 형량이 있어야 한다고 말한다. 반면 처벌을 내릴 때 각 범죄의 상황과 동기를 항상 고려해야 한다고 주장하는 사람들도 있다. 양쪽의 견해를 논하고 당신의 주장을 제시하라.
5. 어떤 사람들은 범죄자들을 감옥으로 보내야 한다고 말한다. 반면 범죄자들이 처벌로써 다른 무언가를 해야 한다고 말하는 사람들도 있다. 양쪽의 견해를 논하고 당신의 주장을 제시하라.

2. 불법 단어 및 구문

1
abide by

phr. 따르다, 준수하다
People visiting other countries should **abide by** the local laws.
다른 나라를 방문하는 사람들은 반드시 현지 법을 따라야 한다.

 abide by the law 법을 지키다, 준수하다

2
abolish
[əbɔ́liʃ]
abolish – abolished – abolished
동 get rid of

v. (법을) 폐지하다
Capital punishment is a cruel decision and should be **abolished**.
사형제도는 잔인한 결정이고 반드시 폐지되어야 한다.

3
accept the consequences

phr. 결과를 받아 들이다
Criminals should **accept the consequences** of their unlawful actions.
범죄자들은 그들의 부당한 행위에 대한 결과를 받아 들여야 한다.

4
authority
[ɔːθɔ́rəti]

n. 권위, 권한(U)
The wig which judges wear in UK courts is seen as a symbol of **authority**.
영국 법원에서 판사들이 쓰는 가발은 권위의 상징으로 보여진다.

5
capital punishment
동 death penalty

phr. 사형

Many research studies show that **capital punishment** has no effect in deterring crime.

많은 연구 조사들은 사형이 범죄를 막는 데 아무런 효력이 없다는 것을 보여 준다.

6
convict
[kənvíkt]
convict – convicted
– convicted

v. 유죄를 선고하다

I am against capital punishment because people can be wrongly **convicted** and executed.

사람들은 부당하게 유죄를 선고 받고 처형될 수 있기 때문에 나는 사형제도에 반대한다.

7
crime
[kraim]
동 criminal offense

n. 범죄

Someone who has committed a serious **crime** needs to be re-educated in prison not to re-offend.

심각한 범죄를 저지른 사람은 다시 죄를 저지르지 않기 위해 감옥에서 재교육을 받아야 한다.

commit a crime 범죄를 저지르다
solve a crime 범죄를 해결하다
crime rates 범죄율
petty crime 경범죄
※ '죄'를 의미하는 단어들의 차이에 대해 알아보자.
　　sin 도덕적, 종교적 의미에서의 죄
　　crime 범죄
　　offense 규칙이나 법률을 위반하는 것

8
criminal
[krímənl]

n. 범죄자

The purpose of jail terms is to make a **criminal** realise his mistakes and give him an opportunity to improve.

수감의 목적은 범죄자들이 스스로 잘못을 깨닫고 개선할 수 있는 기회를 주는 것이다.

 a habitual criminal 상습범

9
deter
[ditə́:r]
deter – deterred – deterred

동 discourage

관 n. deterrent 제지하는 것

v. 단념시키다, 막다

Installing security systems like CCTV can help to **deter** crimes.

CCTV 같은 보안 장치를 설치하는 것은 범죄를 막는데 도움이 될 수 있다.

10
enforce
[infɔ́:rs]
enforce – enforced – enforced

동 implement, apply, impose

v. (법률을) 시행하다

The laws against smoking in public places such as parks have been **enforced**.

공공 같은 공공 장소에서의 흡연 금지법이 시행되었다.

11
evil
[í:vəl]

a. 사악한

In developing countries, the number of crimes is increasing and crimes are expressing more **evil** and violent facets.

개발도상국에서는 범죄의 수가 증가하고 있고, 범죄들도 더 사악하고 폭력적인 양상을 보이고 있다.

12
fingerprint
[fíŋɡərprìnt]

동 fingermark

n. 지문

Fingerprints are vital in catching a criminal because everyone's **fingerprints** are different.

모든 사람은 지문이 서로 다르기 때문에 지문은 범인을 잡는 데 매우 중요하다.

13
fraud
[frɔːd]

n. 사기, 사기꾼

Nowadays, e-mail and mobile-phone **frauds** are becoming a challenge.

요즘 이메일과 휴대전화를 이용한 사기가 문제가 되고 있다.

14
harsh
[haːrʃ]

동 rough

a. 가혹한, 혹독한

The government should focus on the prevention of crime rather than **harsh** prison sentences.

정부는 가혹한 징역형보다는 범죄 예방에 초점을 맞춰야 한다.

15
hit-and-run

phr. 뺑소니

The penalty for **hit-and-run** should be harsher than now.

뺑소니에 대한 처벌은 지금보다 더 엄격해져야 한다.

16
impose a fine

phr. 벌금을 부과하다

Imposing a fine on offenders is an effective way to make the public abide by the rules.

위반자에게 벌금을 부과하는 것은 일반인들이 규칙을 따르게 만드는 효과적인 방법이다.

17
imprisonment
[impríznmənt]

관 v. imprison 투옥하다

n. 투옥, 수감(U)

Some people believe that long **imprisonment** of criminals is the best way to decrease crime rates.

어떤 사람들은 범죄자들의 장기 징역이 범죄율을 낮추는 가장 좋은 방법이라고 믿는다.

18
innocent
[ínəsənt]

a. 결백한, 무죄인, 무고한
It is impossible to completely eliminate the risk of executing **innocent** people.
무고한 사람을 사형시키는 위험을 완벽하게 없애는 것은 불가능하다.

19
intent
[intént]
동 intention, purpose
관 n. intention 고의
　 a. intentional 고의적인

n. 의도, 고의
The thief entered the department store with the **intent** of stealing jewellery.
도둑은 보석을 훔칠 의도로 백화점에 들어갔다.

20
intrude upon one's privacy

phr. 사생활을 침해하다
Although CCTV is an essential tool to prevent crimes, it can **intrude upon people's privacy**.
CCTV는 범죄를 예방하는 데 중요한 도구이지만, 사람들의 사생활을 침해할 수 있다.

 invasion of privacy 사생활 침해

21
judge
[dʒʌdʒ]

n. 재판관, 판사
Judges should be aware of a criminal's past record to make the right decision.
판사들은 올바른 결정을 내리기 위해서 범죄자들의 전과 기록을 알고 있어야 한다.

22
juvenile delinquency

phr. 청소년 범죄

Lack of parents' care is one of the reasons for **juvenile delinquency**.

부모의 관심 부족은 청소년 범죄의 원인 중 하나이다.

23
kidnapping
[kídnæpiŋ]

n. 유괴, 납치(UC)

It is better for children to have a mobile phone to cope with **kidnapping**.

유괴에 대처하기 위해서 아이들은 휴대전화를 소지하는 것이 더 낫다.

24
law
[lɔː]

관 n. lawyer 변호사

n. 법, 법률

In South Korea, children are required by **law** to go to school until they are 16.

한국에서는 16살까지의 아이들은 학교에 가는 것이 법으로 규정되어 있다.

by law 법으로
law-abiding 법을 준수하는
break the law 법을 어기다
pass a law 법안을 통과시키다

25
monitor
[mɔ́nətər]
monitor – monitored – monitored

동 supervise

v. 감시하다

If parents **monitor** their children's activities with affection, the children are not likely to commit crimes.

부모가 애정을 가지고 자녀들의 행동을 감시한다면, 그 아이들은 범죄를 저지르지 않을 가능성이 크다.

26
motive
[móutiv]

동 motivation, motif

n. 동기

There may be hidden **motives** behind rich people's donations such as tax evasion.

부자의 기부 행위 뒤에는 탈세 같은 숨은 의도가 있을지도 모른다.

27
murder
[mə́ːrdər]

관 n. murderer 살인자

n. 살인(U)

The government is also committing **murder**, if they punish murderers with the death penalty.

만약 정부가 살인자를 사형으로 처벌한다면, 그 정부도 살인을 저지르고 있는 것이다.

a murder case 살인 사건
an attempted murder 살인 미수
commit murder 살인을 범하다

28
obey
[əbéi]
obey – obeyed – obeyed

v. 복종하다, 지키다

Children need to be taught to **obey** the law in advance before they become adults.

아이들은 어른이 되기 전에 준법을 미리 배워야 한다.

29
offence
[əféns]

반 defence 방어
관 a. offensive 공격적인
　 v. offend 위반하다
　 n. offender 위반자

n. (법률이나 규칙의) 위반

On-the-spot fines can be issued by the police for traffic **offences** such as speeding.

경찰은 과속 같은 교통법규 위반에 대해 현장에서 벌금을 물릴 수 있다.

30
on trial

phr. 재판 중에

The CEO is currently **on trial** for fraud and share price manipulation.

그 최고경영자는 사기와 주가 조작 혐의로 현재 재판 중에 있다.

31 pickpocketing
[píkpɔkitiŋ]

n. 소매치기(U)

Petty crime like **pickpocketing** is widespread because of long term unemployment.

장기 실업 때문에 소매치기 같은 경범죄가 널리 확산되고 있다.

32 prison
[prízn]
통 jail
관 n. prisoner 죄수

n. 감옥

Although **prisons** are essential, education and job training should be supplements for reforming criminals.

비록 감옥은 필요하지만, 범죄자들을 개도하기 위해서는 교육과 직업훈련이 뒷받침되어야 한다.

33 protect
[prətékt]
protect – protected – protected
관 n. protection 보호

v. 보호하다

Female only subway cars can help **protect** women from crimes like sexual harassment.

여성 전용 지하철 칸은 성추행 같은 범죄로부터 여성을 보호하는데 도움이 될 수 있다.

34 prove
[pru:v]
prove – proved – proved/proven

v. 증명하다, 입증하다

Supposed terrorists were convicted of murder but they were **proven** innocent about 15 years later and released.

테러리스트로 의심받은 사람들은 살인죄로 유죄선고를 받았지만, 15년 후 결백이 입증되어 석방되었다.

35 punish
[pʌ́niʃ]
punish – punished – punished
관 a. punishable 처벌해야 할
n. punishment 처벌

v. 처벌하다

Prison sentences are a good way to **punish** criminals because they lose their freedom for a certain period.

징역형은 범죄자들을 처벌하는 좋은 방법인데, 그들은 일정기간 자유를 빼앗기기 때문이다.

36
reckless
[réklis]

a. 무모한, 앞뒤를 가리지 않는

Nowadays **reckless** driving and speeding by careless drivers have caused many traffic accidents.

오늘날 부주의한 운전자들의 무모한 운전과 과속은 많은 교통 사고의 원인이 된다.

37
rehabilitation
[rìːhəbìlətéiʃən]

n. 사회 복귀, 갱생(U)

If murderers are killed, there is no chance of **rehabilitation** or making up for their crimes.

살인자들이 사형 당하면, 그들에게는 사회 복귀나 죄를 만회할 기회가 없다.

38
resent
[rizént]
resent – resented – resented

v. 분개하다, 화를 내다

Many Korean people still **resent** the US Forces in Korea for cruel crimes they have committed.

많은 한국인은 여전히 잔인한 범죄를 저지른 주한 미군에 분개한다.

39
sentence
[séntəns]

n. 판결, 선고

The criminal who committed a hideous crime was condemned to a **sentence** of life in prison.

극악무도한 범죄를 저지른 그 범죄자는 종신형을 선고 받았다.

 the death sentence 사형 선고
complete one's sentence 형기를 마치다
serve a life sentence 종신형을 복역하다

40
sexual harassment

phr. 성희롱, 성추행

Sexual harassment is one of the most common crimes against women nowadays.

오늘날 성희롱은 여성들을 대상으로 한 가장 흔한 범죄들 중 하나이다.

41
smuggling
[smʌ́gliŋ]

n. 밀수(U)

She was arrested for **smuggling** gold bars through the airport.

그녀는 공항을 통해 금괴를 밀수하려다 체포되었다.

42
strict
[strikt]

a. 엄격한, 엄한

Seoul has enforced the **strict** law to protect people from second-hand smoke.

서울시는 간접 흡연으로부터 사람들을 보호하기 위해 엄격한 법을 시행했다.

43
take an action
동 take a measure, take a step

phr. 조치를 취하다

To solve juvenile delinquency, parents and governments should **take some action** together.

청소년 범죄를 해결하기 위해서는 부모와 정부가 함께 어떤 조치를 취해야 한다.

44
vandalism
[vǽndəlìzm]

n. 반달리즘(U)

Vandalism is one of the major problems of big cities.

반달리즘은 대도시 주요 문제들 중의 하나이다.

※ vandalism은 공공시설, 차량, 벽, 문화제 등에 낙서를 하거나 이러한 시설들을 훼손하는 행위를 말한다.

45
vested interests

phr. 기득권, 권익

Most strikes can be seen as aimed at protecting the workers' **vested interests**.

대부분의 파업은 근로자의 기득권을 지키기 위한 것으로 보여진다.

46
victim
[víktim]

관 a. victimless 피해 없는

n. 희생, 희생자

A detailed description of a crime should be reported carefully and be permitted by the **victims** and their families.

범죄의 세부적인 내용은 반드시 희생자와 유가족의 허락 하에 조심스럽게 보도해야 한다.

47
violate
[váiəlèit]
violate – violated – violated

동 break, offend

관 n. violation 위반

v. 위반하다

Although psychopaths **violate** the law, they do not feel guilty at all.

사이코패스들은 법을 위반해도 죄책감을 전혀 느끼지 않는다.

48
violence
[váiələns]

관 a. violent 폭력적인

n. 폭력(U)

One report shows that there has been a rise in **violence** in the USA as a result of police officers carrying guns.

한 조사에서는 경찰관들이 총을 소지한 결과 미국에서 폭력이 증가한 것으로 나타났다.

 an act of violence 폭력 행위
domestic violence 가정 폭력

3. Review

3-1) Match the English words to the Korean translations below.

1. domestic violence	a. 살인을 범하다
2. serve a life sentence	b. 사생활 침해
3. commit murder	c. 가정 폭력
4. invasion of privacy	d. 종신형을 복역하다
5. a habitual criminal	e. 상습범

3-2) Complete the sentences using the list of words and phrases below.

1. People visiting other countries should _____ the local laws.
2. Many research studies show that _____ has no effect in deterring crime indeed.
3. Installing security systems like CCTV can help to _____ crimes.
4. The penalty for _____ should be harsher than now.
5. Lack of parents' care is one of the reasons for _____ .

> a. deter   b. abide by   c. juvenile delinquency
> d. hit-and-run   e. capital punishment

Answers : 3-1) 1-c / 2-d / 3-a / 4-b / 5-e   3-2) 1-b / 2-e / 3-a / 4-d / 5-c

◀ 보이는 MP3

줄리정 불법 IELTS VOCA
Juli Jung's Immutable Law for IELTS Vocabulary

Day 19
Mass Media, Movie & Play
대중매체, 영화와 연극

▶ MP3 다운 받는 법
- http://sunnysunday.co.kr (Sunny Sunday 출판사)접속 후 다운로드
- 콜롬북스(모바일 앱) : 모바일로 '콜롬북스' 앱을 다운 받은 후 '줄리정' 검색 후 'VOCA' 다운로드

1. Writing Task 2 빈출 문제

1. A detailed description of a crime will impact the general public and cause a number of social problems. Some people argue that the media should be strictly controlled. To what extent do you agree or disagree with this view?
2. The government should control the scenes of violence and pornography in films and on television in order to prevent youth crime. Do you agree or disagree with this statement?
3. Some people say that television programs are of no value for children. To what extent do you agree or disagree with this view?
4. Some people say that the privacy of celebrities should be protected. Others believe that an invasion of their private lives is the price of their fame. Discuss both views and give your own opinion.
5. News editors decide what to broadcast on television and what to print in newspapers. What factors influence their decisions? Do they select more good news than bad news?

1. 범죄에 대한 자세한 설명은 일반 대중에게 영향을 미칠 것이고 많은 사회적 문제들의 원인이 될 것이다. 어떤 사람들은 미디어가 반드시 엄격하게 통제되어야 한다고 주장한다. 당신은 이 의견에 얼마만큼 동의하는가? 또는 동의하지 않는가?
2. 정부는 청소년 범죄를 예방하기 위해서 영화와 TV의 폭력적이고 선정적인 장면들을 통제해야 한다. 당신은 이 말에 동의하는가? 또는 동의하지 않는가?
3. 어떤 사람들은 TV 프로그램이 아이들에게 가치가 없다고 말한다. 당신은 이 의견에 얼마만큼 동의하는가? 또는 동의하지 않는가?
4. 어떤 사람들은 유명인사들의 사생활을 보호해야 한다고 말한다. 반면 그들이 사생활을 침해 받는 것이 명성에 대한 대가라고 주장하는 사람들도 있다. 양쪽의 견해를 논하고 당신의 주장을 제시하라.
5. 뉴스 편집장은 TV에 무엇을 방영할 것인지, 신문에 무엇을 기재할 것인지를 결정한다. 어떤 요소들이 그들의 결정에 영향을 미치는가? 그들은 좋은 뉴스를 나쁜 뉴스보다 더 많이 선정하는가?

2. 불법 단어 및 구문

1
admire
[ədmáiər]
admire — admired — admired
[동] look up to

v. 동경하다, 존경하다

Many teenagers **admire** entertainers and try to look like them.

많은 청소년들은 연예인들을 동경하고 그들처럼 보이려고 애쓴다.

2
attention-grabbing

phr. 눈길을 사로잡는, 주목 받는

News programs start with an **attention-grabbing** headline.

뉴스 프로그램들은 눈길을 사로잡는 헤드라인으로 시작한다.

3
audience
[ɔ́:diəns]

n. 청중, 관객

Audiences enjoyed the play, 'The Royal Hunt of the Sun'.

관객들은 '태양제국의 멸망'이라는 연극을 즐겼다.

4
biased view
[동] bias, prejudice
[반] unbiased view
공정한 시각

phr. 편견, 치우친 시각

I read three different newspapers to avoid looking at the world holding a **biased view**.

편견을 가지고 세상을 바라보는 것을 피하기 위해서 나는 3가지 다른 신문들을 읽는다.

 hold a biased view 편견을 갖다

5
box office

phr. 매표소

The **box office** is going to open until 9 pm from next month.

다음달 부터 이 매표소는 밤 9시까지 오픈 할 예정이다.

6
broadcast
[brɔ́:dkɑ̀:st]
broadcast –
broadcasted/broadcast
– broadcasted/broadcast

 air

v. 방송하다

The London 2012 Olympic Games were **broadcast** in 3D.

2012 런던 올림픽 게임은 3D로 방송되었다.

7
camera shy

phr. 사진 찍히기 싫어하는

My boy friend is **camera shy** so we have never taken photos together.

내 남자 친구는 사진 찍히는 걸 싫어해서 우리는 함께 사진을 찍은 적이 없다.

8
censor
[sénsər]
censor – censored
– censored

관 n. censorship 검열

v. 검열하다

To protect young viewers, violent language and behaviour in the media should be **censored**.

어린 시청자들을 보호하기 위해서, 미디어의 폭력적인 언어와 행동들을 검열 해야 한다.

9
challenge
[tʃǽlindʒ]

n. 도전, 문제

Broadcasting stations as well as electronic companies face a **challenge** in the spread of 3D TV.

전자 회사뿐만 아니라 방송국도 3D TV 보급 문제에 직면해 있다.

10
cinemagoer
[sínəməgòuər]
동 moviegoer

n. 영화를 좋아해서 자주 보러 가는 사람, 영화팬

Marilyn Monroe is still the sexist and most beautiful actress to millions of **cinemagoers** today.

마릴린 먼로는 지금까지도 수백만 영화팬들에게 가장 섹시하고 아름다운 배우이다.

11
conservative
[kənsə́:rvətiv]
반 progressive 진보적인

a. 보수적인

People have become less **conservative** than before due to the spread and development of the media.

미디어의 발달과 확산 때문에 사람들은 전보다 덜 보수적이 되었다.

conservative policies 보수적인 정책
a conservative attitude 보수적인 태도

12
control
[kəntróul]
control – controlled – controlled

v. 지배하다, 통제하다

Media images such as extremely thin models should be **controlled** by the government.

지나치게 마른 모델에 관한 영상물들은 정부에 의해 통제되어야 한다.

13
credibility
[krèdəbíləti]

n. 진실성, 신뢰성

Today, **credibility** is the most important factor for news programs.

오늘날 뉴스 프로그램에서 가장 중요한 요소는 신뢰성이다.

gain credibility 신뢰를 얻다
lose credibility 신뢰를 잃다

14
current affairs

phr. 시사 문제, 최근 사건
The best way to prepare for IELTS writing is to have an interest in **current affairs**.
아이엘츠 라이팅을 준비하는 가장 좋은 방법은 시사 문제에 관심을 갖는 것이다.

15
distorted
[distɔ́:rtid]
동 twisted

a. 왜곡한, 잘못 전해진
The international press condemned Japan for approving their **distorted** history textbook justifying Japan's war of aggression.
전세계 언론은 일본이 침략전쟁을 정당화한 왜곡된 역사 교과서를 승인한 것에 대해 맹렬히 비난했다.

distorted views 왜곡된 견해, 편견
distorted history textbooks 왜곡된 역사 교과서

16
editor
[édətər]
관 v. edit 편집하다
　 n. editing 편집

n. 편집자, 논설위원
Editors often exaggerate the truth of articles to arouse their readers' curiosity and sell customers as many newspapers as possible.
편집자는 독자들의 호기심을 불러 일으켜서 가능한 한 많은 신문을 소비자에게 팔기 위해서 기사의 진실을 종종 과장하곤 한다.

17
entertain
[èntərtéin]
entertain – entertained – entertained
관 n. entertainer 연예인
　 n. entertainment 연예

v. 즐겁게 하다, 재미있게 하다
The company hired idol groups to **entertain** the guests at the launching party.
이 회사는 론칭 파티(개업식)에서 고객들을 즐겁게 해주려고 아이돌 그룹을 고용했다.

18
entertainer
[èntərtéinər]

관 v. entertain 즐겁게 하다
　　n. entertainment 연예

n. 연예인

Admiring **entertainers** too much is not good for teenagers.

연예인을 지나치게 동경하는 것은 10대들에게 좋지 않다.

19
entertainment
[èntərtéinmənt]

관 v. entertain 즐겁게 하다
　　n. entertainer 연예인

n. 연예, 오락

It is common for **entertainment** programs to broadcast a celebrity's breakup as a hot issue.

연예 프로그램에서 유명인사의 결별을 핫 이슈로 방영하는 것은 흔한 일이다.

 entertainment venues 오락 시설들

20
expose
[ikspóuz]
expose – exposed – exposed

관 n. exposure 노출

v. 노출시키다

Anti-smoking advertising on TV will protect teenagers from being **exposed** to a smoking environment.

TV 금연 광고는 10대들을 흡연 환경에 노출되지 않도록 보호할 것이다.

21
factual
[fǽktʃuəl]

동 actual

관 n. fact 사실

a. 사실의, 사실에 입각한

Compared to the Internet, print media guarantee the **factual** accuracy of current affairs.

인터넷과 비교하면 인쇄 매체는 시사 문제에서 사실의 정확성을 보장한다.

22
fame
[feim]

n. 명성(U)

Fame or fortune is not important to some entertainers.

일부 연예인들에게는 명성이나 돈이 중요하지 않다.

23 go to the movies

phr. 영화 보러 가다

Sometimes I go shopping or **go to the movies** alone.
나는 가끔씩 혼자 쇼핑을 가거나 영화를 본다.

24 inform
[infɔ́:rm]
inform – informed – informed

관 n. information 정보
a. informative 정보를 주는

v. 알리다, 정보를 제공하다

SNS is the fastest tool nowadays to **inform** the public about the latest issues.
SNS는 오늘날 대중들에게 최신 소식을 가장 빨리 알리는 수단이다.

25 intrude
[intrú:d]
intrude – intruded – intruded

동 invade
관 a. intrusive 침해하는

v. 침해하다, 방해하다

Paparazzi are too aggressive and they **intrude** upon celebrities' privacy.
파파라치들은 너무 공격적이고 그들은 유명인들의 사생활을 침해한다.

 intrude upon one's privacy ~의 사생활을 침해하다.

26 invade
[invéid]
invade – invaded – invaded

동 intrude upon
관 n. invader 침입자

v. 침해하다

Entertainment programs should not excessively **invade** an idol's family or private life.
오락 프로그램들은 아이돌의 가족이나 그들의 사생활을 과도하게 침해해서는 안 된다.

27 investigate
[invéstəgèit]
investigate – investigated – investigated

관 n. investigation 조사
a. investigative 조사의

v. 조사하다

If a politician has committed a crime, the media should **investigate** it to let the public know.
만약 정치인이 범죄를 저질렀다면, 언론이 이를 반드시 조사해서 대중들에게 알려야 한다.

28
journal
[dʒə́ːrnl]

관 n. journalism 저널리즘

n. 저널, 잡지, 학회지

Many international economic **journals** announced that China surpassed Japan as the world's second-largest economy in 2011.

여러 세계 경제지들은 중국이 2011년에 세계에서 2번째로 큰 경제 규모로 일본을 추월했다고 발표했다.

29
leg-room

phr. 다리를 뻗을 수 있는 공간

This reopened cinema has increased the **leg-room** between the rows.

다시 개장한 이 영화관은 다리를 뻗을 수 있는 좌석 줄 사이의 공간을 늘렸다.

30
mainstream
[méinstrìːm]

n. 주류, 대세

The public need to know the fact that governments and the **mainstream** media sometimes knowingly tell them big lies.

대중들은 정부와 주류 언론이 때로는 고의적으로 터무니없는 거짓말을 한다는 사실을 알아야 한다.

31
media censorship

phr. 미디어 검열

Media censorship is criticised because it may be done to support the vested interests of the governing authorities.

미디어 검열은 정부 당국의 기득권을 옹호하기 위해 시행된다는 비판을 받는다.

※ media censorship은 언론이 대중들에게 미치는 악영향을 최소화하기 위해 정부가 사전에 내용을 검열하는 것이다. 국민 정서와, 특히 청소년을 보호한다라는 장점이 있지만, 국민의 알 권리를 침해하고 국가의 이익을 대변한다는 비판이 있다.

32
media literacy

phr. 미디어를 이해하는 능력

Teaching **media literacy** to children is a more effective strategy than blocking or filtering.

아이들에게 미디어를 이해하는 능력을 가르치는 것이 차단이나 여과보다 더 효율적인 전략이다.

※ media literacy는 미디어가 전하는 내용을 올바로, 비평적인 시각으로 선별해서 받아들이는 능력을 말한다. 어린 아이나 청소년은 이런 능력이 떨어지기 때문에, 폭력적이거나 선정적인 장면을 그대로 모방하거나 범죄를 저지르기도 한다.

33
newsstand
[njúːzstænd]

n. 가판대, 신문 잡지 판매소

I usually read a newspaper online rather than pick it up at the **newsstand**.

나는 가판대에서 신문을 사기보다는 보통 온라인으로 신문을 읽는다.

34
opinion
[əpínjən]
동 view

n. 의견

In my **opinion**, TV is still the most effective tool to deliver current affairs.

내 생각에는 여전히 TV가 최근 사건들을 전하는데 가장 효과적인 방법이다.

public opinion 여론
an opinion leader 오피니언 리더, 여론 주동자
a positive opinion 긍정적 견해
a negative opinion 부정적 견해
in my opinion 내 생각으로는

35
paparazzi
[pὰ:pərά:tsi]

n. 파파라치

Britney Spears is still a favourite target for **paparazzi**.

브리트니 스피어스는 여전히 파파라치들에게 인기 있는 대상이다.

 ※ paparazzi는 paparazzo의 복수형

36
perspective
[pərspéktiv]
동 position, view

n. 시각, 관점

Television debate programs should deliver different **perspectives** about a subject without bias.

TV 토론 프로그램은 어떤 주제에 대한 서로 다른 시각을 한 쪽으로 치우치지 않고 전해야 한다.

37
pervasive
[pərvéisiv]

a. 확산되는, 퍼지는

The mass media such as TV, the printed media and the Internet have a **pervasive** influence on contemporary society.

TV, 인쇄 매체 그리고 인터넷 같은 대중매체는 당대 사회에 널리 영향을 끼친다.

38
press
[pres]

n. 언론, 기자단(U)

The government should not violate the freedom of the **press** at any cost.

무슨 일이 있어도 정부는 언론의 자유를 침해해서는 안 된다.

 free press 출판의 자유
the foreign press 외국 보도 기관
the freedom of the press 언론의 자유

39
preview
[príːvjùː]
[동] trailer

n. 시사회, 예고편

When we got into the cinema, the **previews** had already started.

우리가 영화관에 들어갔을 때 예고편이 벌써 시작되고 있었다.

40
progressive
[prəgrésiv]
[반] conservative 보수적인

a. 진보적인

The newspaper company is adapting to the times by making a **progressive** move with a new female CEO.

이 신문사는 새로운 여성 CEO와 함께 진보적인 움직임으로 시대에 적응하고 있다.

 a progressive thinker 진취적 사고를 가진 사람

41
publication
[pʌ́bləkéiʃən]
[관] n. publisher 출판사

n. 출판(U)

Harry Potter has been translated into more than 70 different languages since its **publication**.

해리 포터는 출간 이후 70개 이상의 다른 언어로 번역되었다.

42
publicity
[pʌblísəti]

n. 매스컴의 관심, 홍보

Professional sportspeople often receive good **publicity** as well as earn a huge amount of money.

프로 스포츠 선수들은 엄청난 돈을 버는 것뿐만 아니라 종종 호평도 받는다.

 attract bad publicity 악평을 받다
avoid publicity 대중의 눈을 피하다
receive good publicity 호평을 받다

43 realistic
[rìəlístik]
반 unrealistic 비현실적인
관 n. reality 현실

a. 현실적인, 사실적인

A lack of **realistic** perception induces children to commit violent crimes which they have seen on TV.

현실적 지각의 결여는 아이들이 TV에서 봐왔던 폭력적인 범죄를 저지르도록 유도한다.

44 release a movie

phr. 영화를 개봉하다

In Hollywood, there are new **movies released** almost every week.

할리우드에서는 거의 매주 새로운 영화들이 개봉된다.

45 relevance
[réləvəns]
동 relevancy
관 a. relevant 관련된

n. 관련성, 타당성(U)

Most gossip about celebrities has no **relevance** to the truth.

유명인사들에 대한 대부분의 가십은 진실과 아무런 관련이 없다.

 have relevance to ~에 관련되어 있다

46 running time

phr. 영화 상영 시간

Despite the movie's long **running time**, it was not boring at all.

긴 상영 시간에도 불구하고 이 영화는 전혀 지루하지 않았다.

47 sarcasm
[sάːrkæzm]
동 satire
관 a. sarcastic 풍자적인

n. 풍자, 비꼼(U)

Readers do not only read newspaper cartoons for fun, but they also enjoy a biting **sarcasm** on contemporary society.

독자들은 신문 사설 만화를 재미로 읽는 것뿐만 아니라 당대 사회에 대한 신랄한 풍자 또한 즐긴다.

a biting sarcasm 신랄한 풍자

48
sensational
[sénséiʃənl]

a. 선정적인, 크게 물의를 일으키는

Newspapers tend to present **sensational** headlines to attract a high subscription rate.

신문은 높은 구독률을 위해서 선정적인 헤드라인을 제시하는 경향이 있다.

49
speculation
[spèkjuléiʃən]

n. 추측(UC)

Ahn's speech on TV has sparked **speculation** that he will be jumping into politics soon.

안철수의 TV 연설은 그가 곧 정치에 뛰어들 것이라는 추측을 낳았다.

 idle speculation 터무니없는 추측

50
subtitle
[sʌ́btàitl]

n. (영화 대사) 자막

A good way to study English is to watch English language movies without Korean **subtitles**.

영어를 공부하는 좋은 방법은 영어권 영화들을 한글 자막 없이 보는 것이다.

51
tabloid
[tǽblɔid]

n. 타블로이드 신문

As more and more people read free subway **tabloids**, newspaper subscriptions have dropped significantly.

지하철 무가지를 읽는 사람이 늘어나면서 일간지 구독이 현저하게 감소했다.

 a free tabloid : 무가지
※ tabloid란 일반 신문의 절반 크기이며, 대중적이고 센세이셔널한 그림이 가득한 신문으로 주로 범죄와 폭력, 섹스 그리고 유명인의 스캔들을 다룬다.

52
touching movie

phr. 감동적인 영화

Love Actually is one of the most **touching movies** I have ever seen.

러브 액츄얼리는 내가 본 가장 감동적인 영화 중 하나다.

53
verify
[vérəfài]
verify – verified – verified

동 check, confirm, prove

v. (사실인지) 확인하다, 증명하다

The media should **verify** whether the US government killed the genius scientist, Whisoh Lee.

언론은 미국 정부가 천재 과학자, 이휘소를 죽인 것이 사실인지를 확인해야 한다.

54
well informed

동 knowledgeable

반 ill-informed
정보가 부족한

phr. 잘 아는, 정보에 정통한

I read the newspaper every day because I want to be **well informed** of the current world situation.

나는 현재 세계 정세에 대해 잘 알고 싶어서 매일 신문을 읽는다.

3. Review

3-1) Match the English words to the Korean translations below.

1. idle speculation	a. 언론의 자유
2. a biting sarcasm	b. 긍정적 견해
3. receive good publicity	c. 신랄한 풍자
4. the freedom of the press	d. 터무니없는 추측
5. a positive opinion	e. 호평을 받다

3-2) Complete the sentences using the list of words and phrases below.

1. Many teenagers _____ entertainers and try to look like them.
2. My boy friend is _____ so we have never taken photos together.
3. Today, _____ is the most important factor for news programs.
4. This reopened cinema has increased the _____ between the rows.
5. The government should not violate the freedom of the _____ at any cost.

| a. credibility | b. camera shy | c. press | d. leg-room | e. admire |

Answers : 3-1) 1-d / 2-c / 3-e / 4-a / 5-b 3-2) 1-e / 2-b / 3-a / 4-d / 5-c

◀ 보이는 MP3

줄리정 불법 **IELTS VOCA**
Juli Jung's Immutable Law for IELTS Vocabulary

Day 20

Art
예술

▶ MP3 다운 받는 법

- http://sunnysunday.co.kr (Sunny Sunday 출판사)접속 후 다운로드
- 쿨롬북스(모바일 앱) : 모바일로 '쿨롬북스' 앱을 다운 받은 후 '줄리정' 검색 후 'VOCA' 다운로드

1. Writing Task 2 빈출 문제

1. The Internet has provided us with the easy downloadable versions of most books. Some people say that the Internet books can completely replace paper ones sooner or later. To what extent do you agree or disagree with this opinion?
2. There are many different types of music in the world and the music industry is becoming bigger. Why do we need music? Is it a positive or negative development?
3. The traditional music of a country is more important than the international music that can be heard everywhere nowadays. Do you agree or disagree with this statement?
4. Today people pay more attention to artists such as writers and painters and have less interest in scientists. Is it a positive or negative development?
5. Sports stars earn large amounts of money and are often given media coverage. Meanwhile art such as music, art and plays, is neglected. Is it a positive or negative development?

1. 인터넷은 대부분의 책을 쉽게 다운로드 할 수 있는 버전으로 제공하고 있다. 어떤 사람들은 조만간 인터넷 도서가 종이책을 완벽하게 대체할 수 있다고 주장한다. 당신은 이 의견에 얼마만큼 동의하는가? 또는 동의하지 않는가?
2. 세상에는 많은 종류의 음악이 있고 음악 산업은 더욱 커지고 있다. 왜 음악이 우리에게 필요한가? 이것은 긍정적인 발전인가? 부정적인 발전인가?
3. 한 나라의 전통 음악은 오늘날 어디에서나 들을 수 있는 국제적인 음악보다 더 중요하다. 당신은 이 말에 동의하는가? 또는 동의하지 않는가?
4. 오늘날 사람들은 작가나 화가 같은 예술가들에게 더 많은 관심을 갖고 과학자에게는 관심을 덜 갖는다. 이것은 긍정적인 발전인가? 부정적인 발전인가?
5. 스포츠 스타들은 많은 돈을 벌고 매스컴에 자주 등장한다. 반면 음악, 미술 그리고 연극 같은 예술은 외면당한다. 이것은 긍정적인 발전인가? 부정적인 발전인가?

2. 불법 단어 및 구문

1
admission
[ədmíʃən]
동 entrance fee

n. 입장, 입장료(U)
Admission to the Tate Modern in London is free, except for special exhibitions.
영국에 위치한 테이트 모던의 입장료는 특별전을 제외하고 무료이다.

 admission tickets 입장권
free admission 무료 입장

2
appreciate
[əprí:ʃièit]
appreciate – appreciated – appreciated
관 n. appreciation 감상

v. (예술이나 문학 작품을) 감상하다
Children learn how to **appreciate** a variety of masterpieces in art galleries.
아이들은 미술관에서 다양한 명작들을 감상하는 법을 배운다.

3
artist
[άːrtist]
관 n. art 예술, 미술

n. 예술가
In modern society, **artists** such as writers, musicians and painters still have value.
현대 사회에서 작가, 음악가 그리고 화가 같은 예술가들은 여전히 가치가 있다.

4
auction
[ɔ́ːkʃən]

n. 경매
Edvard Munch's 'The Scream' has become the most expensive artwork ever sold at **auction**.
에드바르트 뭉크의 '절규'는 경매 사상 가장 비싼 작품이 되었다.

 be sold at auction 경매로 팔리다

5 burgeoning
[bə́:rdʒəniŋ]

a. 급증하는, 급성장 하는

In the **burgeoning** Asian art market, there is a heavy demand for curators.

급성장하는 아시아 예술 시장에서는 큐레이터에 대한 수요가 매우 크다.

6 carving
[ká:rviŋ]
동 sculpture

n. 조각물

The painter's house is not old, but it is decorated with traditional paintings and **carvings**.

이 화가의 집은 오래되진 않았지만 전통적인 그림과 조각들로 꾸며져 있다.

7 cloakroom
[klóukru:m]

n. 휴대품 보관소

All items deposited in the **cloakroom** should be collected before leaving a gallery.

휴대품 보관소에 맡긴 모든 소지품은 미술관을 나가기 전에 찾아가야 한다.

 ※ cloakroom은 입고 온 코트나 가방을 임시로 보관하는 장소로, 미술관이나 전시장, 클럽 등에 마련되어 있다.

8 crafts
[kra:fts]

n. 공예

Modern culture is a consumeristic one and does not have interest in arts and **crafts** anymore.

현대 문화는 소비 문화이고 더 이상 미술과 공예에 관심이 없다.

 ※ crafts 주로 복수 형태로 쓴다.

9
curator
[kjuəréitər]

n. 큐레이터

Curators also study the relationship between Western and Eastern art.

큐레이터들은 서양과 동양 예술의 관계에 대해서도 연구한다.

 ※ curator란 미술관이나 박물관에서 유물 관리, 자료 전시, 홍보 활동 등을 하는 사람을 말한다.

10
depict
[dipíkt]
depict – depicted – depicted
동 draw, describe

v. 그리다, 묘사하다

Ancient people **depicted** something that they wanted on the walls of their caves.

고대인들은 동굴 벽에 그들이 원하는 것을 그렸다.

11
eclectic
[ikléktik]

a. 다방면에 걸친

I have very **eclectic** tastes in collecting paintings.

나는 그림 수집에 매우 다양한 취향을 가지고 있다.

12
emotion
[imóuʃən]
동 feeling
관 a. emotional 감성적인

n. 감정(UC)

Listening to music releases stress and negative **emotions**.

음악을 들으면 스트레스와 부정적인 감정들이 해소된다.

13
enrich
[inrítʃ]
enrich – enriched – enriched

v. 풍부하게 하다, 가치를 높이다

Art and music **enrich** students' lives by providing pleasure and enjoyment.

미술과 음악은 기쁨과 즐거움을 줌으로써 학생들의 삶을 풍요롭게 해준다.

14
escape
[iskéip]
escape – escaped – escaped

v. 벗어나다
I listen to classical music to **escape** my stressful emotions.
나는 스트레스로 가득 찬 기분을 벗어나기 위해 클래식 음악을 듣는다.

15
exhibition
[èksəbíʃən]
동 expo

n. 전시회
The Brooklyn Museum opens a Keith Haring **exhibition** from next week.
브루클린 박물관은 다음 주부터 키스 해링 전시회를 시작한다.

16
fundamental
[fʌndəméntl]

a. 기본적인, 근본적인
The **fundamental** concept of art is the love of humanity.
예술의 근본적인 개념은 인간애이다.

 용법
a fundamental difference 근본적인 차이
a fundamental principle 기본 원칙

17
gallery
[gǽləri]
동 art gallery

n. 미술관
I used to visit the National **Gallery** located in Trafalgar Square when I studied in London.
영국에서 공부할 때, 나는 트라팔가 광장에 위치한 국립 미술관에 가곤 했다.

18
go to the theatre

phr. 연극을 보러 가다
All children under 16 can **go to the theatre** for free when accompanied by their parents.
16세 미만의 모든 아이들은 부모와 동반 시 무료로 연극을 볼 수 있다.

19
inspire
[inspáiər]
inspire – inspired – inspired

관 n. inspiration 영감
　a. inspirational
　영감을 주는

v. 영감을 주다, 불어 넣다
The curator said that Keith Haring's art was **inspired** by graffiti art.
큐레이터는 키스 해링의 예술이 그래피티(낙서 예술)에서 영감을 받았다고 말했다.

20
interactive
[ìntəræktiv]

a. 쌍방향의, 상호 교환적인
The 2012 Yeosu Expo offers **interactive** sections that actively involve the visitors.
2012 여수 엑스포는 방문객들이 적극 참여하는 쌍방향 코너를 제공한다.

21
leaflet
[líːflit]

동 flyer, booklet, brochure, pamphlet

n. 전단지
I got an Adele concert **leaflet** on the street.
나는 길에서 아델 콘서트 전단지를 받았다.

22
literature
[lítərətʃər]

관 a. literary 문학의

n. 문학(U)
Charles Dickens is regarded as one of the giants of English **literature**.
찰스 디킨스는 영국 문학계의 거장 중 한 명으로 손꼽힌다.

 English literature 영문학
　popular literature 대중 문학

23
masterpiece
[mǽːstərpìːs]

n. 명작, 걸작

There were many bidders who competed with each other to acquire the **masterpiece** at the Sotheby's auction.

소더비 경매에는 이 명작을 얻기 위해 서로 경쟁하는 많은 입찰자들이 있었다.

24
monotonous
[mənɔ́tənəs]

a. 단조로운

I listen to his music when I go to bed because he sings in a **monotonous** voice.

그는 단조로운 목소리로 노래하기 때문에 나는 잘 때 그의 음악을 듣는다.

25
passion
[pǽʃən]

관 a. passionate 정열적인

n. 열정(UC)

The musician is well-known for her **passion** in music.

이 음악가는 음악에 대한 열정으로 잘 알려져 있다.

26
perform
[pərfɔ́ːrm]
perform – performed – performed

관 n. performance 공연

v. 공연하다, 연기하다

The world famous opera divas will **perform** at the charity event.

세계적으로 유명한 오페라 여가수들이 이 자선 행사에서 공연할 예정이다.

perform on a piano 피아노를 치다
perform Hamlet 햄릿을 연기하다
the performing art 공연 예술

27
play
[plei]

n. 연극

This theatre will present four of Shakespeare's **plays** in two different languages over six weeks.

이 극장은 6주에 걸쳐 셰익스피어의 연극 중 4개의 작품을 2개의 다른 언어로 상연할 예정이다.

28
poetry
[póuitri]

n. 시(U)

Most of her **poetry** was also published in English.

그녀가 쓴 시는 대부분 영어로도 출판되었다.

 ※ 시 한 편은 a poem, a piece of poetry라고 한다.

29
popular
[pɑ́pjulər]

관 n. popularity 인기

a. 인기 있는, 대중적인

The Albert Hall is the most **popular** musical venue in the UK.

앨버트 홀은 영국에서 가장 인기 있는 연주회장이다.

30
portrait
[pɔ́ːrtrit]

n. 초상화

Andy Warhol's self-**portrait** is one of the most popular paintings in the world.

앤디 워홀의 자화상은 세계에서 가장 인기 있는 그림 중 하나이다.

31
prominent
[prɑ́mənənt]

동 outstanding

a. 눈에 띄는, 탁월한

I like the pictures of Frida Kahlo who was a **prominent** Mexican woman painter.

나는 뛰어난 멕시코 여성 화가 프리다 칼로의 그림을 좋아한다.

 play a prominent role 중요한 역할을 완수하다
a prominent artist 탁월한 예술가

32
provoke
[prəvóuk]
provoke – provoked
– provoked

동 arouse, trigger

v. 유발시키다, 불러 일으키다

The 1933 Hungarian song, 'Gloomy Sunday', was banned because it **provoked** young people to suicide.

1933년 헝가리 음악 글루미 썬데이는 젊은이들의 자살을 유발시켜서 금지되었다.

 provoke a hearty laugh 기분 좋은 웃음을 자아내다
provoke much controversy 큰 논쟁을 불러 일으키다

33
reflect
[riflékt]
reflect – reflected
– reflected

관 n. reflection 반영

v. 반영하다

In this novel the novelist **reflected** the way he lived in the late 20th century.

소설가는 20세기 말 그가 살았던 방식을 이 소설에 반영했다.

34
response
[rispɔ́ns]

동 reaction

n. 반응

The audiences showed a huge **response** as 'The Lion King' was presented last week.

지난 주 라이온 킹이 상영되었을 때 관객들은 엄청난 반응을 보였다.

35
sculpture
[skʌ́lptʃər]

관 n. sculptor 조각가

n. 조각(UC)

Rodin's most famous **sculpture**, 'The Thinker', was originally named 'The Poet'.

로댕의 가장 유명한 조각상인 '생각하는 사람'의 원래 제목은 '시인'이었다.

36
taste
[teist]

n. 취향, 작풍

Striking a balance between a reader's **taste** and publisher's **taste** is the role of an editor.

독자의 취향과 출판사의 취향을 균형감 있게 맞추는 것이 편집자의 역할이다.

 in good taste 품위 있게
have a taste for poetry 시에 대한 감상력이 있다

37
theme
[θiːm]
동 subject

n. 주제, 테마

The relation of art and life is a major **theme** of 'To The Lighthouse' written by legendary author Virginia Woolf.

전설적인 작가 버지니아 울프의 '등대로'의 주제는 예술과 삶의 관계이다.

 ※ theme의 발음 주의에 주의하자. 우리는 보통 '테마'라고 발음하지만 영어식 발음은 [θiːm]이다.

38
tragedy
[trǽdʒədi]
반 comedy 희극

n. 비극

I read the four most famous Shakespeare **tragedies** which are 'King Lear', 'Hamlet', 'Othello', and 'Macbeth'.

나는 셰익스피어의 4대 비극인 '리어왕', '햄릿', '오델로' 그리고 '맥베스'를 읽었다.

39
transcend
[trænsénd]
transcend – transcended – transcended
동 exceed, excel, surpass

v. 초월하다

Geoffrey Chaucer, who wrote 'The Canterbury Tales', was a writer who **transcended** the influences of his period.

'캔터베리 이야기'를 지은 제프리 초서는 당시의 시대적 영향을 초월한 작가였다.

40
venue
[vénjuː]
동 site, location, spot, place

n. 장소

Millennium Stadium played an important role in the London 2012 Olympics as a **venue** for the football competition.

밀레니엄 스타디움은 축구 경기 장소로서 2012 런던 올림픽에서 중요한 역할을 했다.

 ※ venue는 place와 동의어로 특히 콘서트, 스포츠 경기, 회의 등의 장소를 말할 때 사용된다.

41
volume
[vɑ́ljuːm]

n. 권

Japan agreed to return 1,205 **volumes** of royal books which were removed from Korea during the Japanese colonial period.

일본은 일제 침략기에 한국에서 가져간 왕실 도서 1,205권을 반환하기로 합의했다.

 a three-volume novel 세 권으로 된 소설
※ volume VS issue
　volume은 책의 권수 등을 셀 때 쓰고, issue는 잡지 등의 '호'에 쓴다.

3. Review

3-1) Match the English words to the Korean translations below.

1. provoke much controversy	a. 경매로 팔리다
2. a prominent artist	b. 큰 논쟁을 불러 일으키다
3. the performing art	c. 공연 예술
4. a fundamental principle	d. 기본 원칙
5. be sold at auction	e. 탁월한 예술가

3-2) Complete the sentences using the list of words and phrases below.

1. Children learn how to _____ a variety of masterpieces in art galleries.
2. Ancient people _____ something that they wanted on the walls of their caves.
3. Art and music _____ students' lives by providing pleasure and enjoyment.
4. The curator said that Keith Haring's art was _____ by graffiti art.
5. In this novel the novelist _____ the way he lived in the late 20th century.

a. depicted	b. enrich	c. appreciate	d. reflected	e. inspired

Answers : 3-1) 1-b / 2-e / 3-c / 4-d / 5-a   3-2) 1-c / 2-a / 3-b / 4-e / 5-d

INDEX

INDEX는 최종 요약용으로, 특히 고사장에서 시험 보기 전에 활용하면 좋다. 여기에 정리된 표현을 하나씩 소리 내 읽으면서 어떤 주제에서 봤던 표현인지를 다시 한 번 떠올려 보자. 잘 기억나지 않는 표현은 표시를 해두고 해당하는 주제 부분을 다시 한 번 읽어본 다음, 반복적으로 학습하면서 기억을 되살리기 바란다. 또한 눈으로 볼 때 아는 것과 입으로 말할 수 있는 능력은 전혀 다르므로 mp3파일을 참조하여 쉬운 표현도 반드시 귀로 듣고 입으로 소리내서 여러번 따라 해야 한다.

※ 학습자의 편의를 위해 개정판에는 주제별 INEDX 이외에 교재의 모든 단어를 알파벳 순으로 나열한 A~Z INDEX도 추가하였다.

Day 1 가족 Family

1	adolescence	n. 사춘기(U)
2	adopt a child	phr. 아이를 입양하다
3	adulthood	n. 성인기(U)
4	bond	n. 유대, 결속 / v. 인연을 맺다, 접착하다
5	brotherhood	n. 형제애(U)
6	character	n. 성격(UC)
7	childhood	n. 어린 시절, 유년(U)
8	close	a. 가까운, 친한
9	close-knit	phr. 긴밀한, 굳게 맺어진
10	conflict	n. 충돌, 갈등(UC) / v. 충돌하다, 상반되다
11	connection	n. 관계, 연고(UC)
12	defiant child	phr. 반항적인 아이
13	domestic	a. 가정의
14	double-income family	phr. 맞벌이 가정
15	endure	v. 견디다
16	establish	v. (관계를) 확립하다
17	extended family	phr. 대가족
18	family background	phr. 가정 환경
19	family gathering	phr. 가족 모임
20	following generation	phr. 차세대, 다음 세대
21	friendship	n. 우정(UC)
22	generation gap	phr. 세대 차이
23	have a lot in common	phr. 공통점이 많다
24	household chores	phr. 가사일
25	immediate family	phr. 직계 가족
26	infant	n. 유아
27	inherit	v. 상속하다, 물려받다
28	instinct	n. 본능(UC)
29	interact	v. 상호 작용하다, 서로 영향을 끼치다
30	interaction	n. 상호 작용(UC)
31	maternal	a. 모성의, 어머니의
32	nature	n. 본질, 인간성(UC)
33	nuclear family	phr. 핵가족
34	nurse	v. 젖먹이다, 기르다, 돌보다
35	nurture	n. 교육, 양육, 자양(U) / v. 양육하다
36	play a role in	phr. ~에서 역할을 하다
37	raise a child	phr. 아이를 키우다

38	relate	v. 관련이 있다
39	relation	n. 관계, 친척(UC)
40	relationship	n. 관계, 친척(UC)
41	relative	n. 친척 / a. 상대적
42	relatively	ad. 상대적으로, 비교해서
43	resemblance	n. 닮음, 유사(UC)
44	resemble	v. 닮다, 공통점이 있다
45	respect	n. 존경 / v. 존경하다
46	sibling	n. 형제, 자매
47	spend one's childhood	phr. 어린 시절을 보내다
48	spoil a child	phr. 아이를 버릇없게 키우다
49	stability	n. 안정(UC)
50	stable	a. 안정된
51	teenager	n. 10대
52	temper	n. 기분(UC)
53	tie	n. 인연, 유대
54	upbringing	n. 가정교육, 양육(UC)
55	wash up	phr. 설거지 하다

Day 2 성장 Growing Up

1	ability	n. 노력해서 얻은 능력(U), 타고난 재능(C)
2	abstract	a. 추상적인
3	acquire	v. 얻다, 배우다
4	adolescent	n. 청소년 / a. 청소년의, 사춘기의, 미숙한
5	average life expectancy	phr. 평균 기대수명
6	bear in mind	phr. 명심하다
7	behaviour	n. 행동, 태도(U)
8	brain fog	phr. 머리 속이 안개같이 뿌연 상태
9	broaden the/one's horizons	phr. 시야를 넓히다
10	clumsy	a. 서투른, 손재주가 없는
11	cognitive	a. 인지의, 경험적 지식에 입각한
12	concept	n. 개념
13	consequence	n. 결과
14	depend	v. 의지하다, 달려있다, 믿다
15	dependent	a. 의존적인
16	develop	v. 발달하다, 발전하다
17	development	n. 발달, 발전(UC)
18	fond	a. 좋아하는, 다정한, 애정이 있는
19	fully-grown	phr. 충분히 성장한, 성숙한
20	grow	v. 자라다, 성장하다
21	growth	n. 성장, 발전(U)
22	height	n. 키, 높이(U)
23	image	n. 이미지, 모양
24	imagination	n. 상상(력), 창의(력)(UC)
25	imagine	v. 상상하다, 생각하다
26	imitate	v. 모방하다, 흉내내다
27	imitation	n. 모조품, 모방
28	immature	a. 미숙한, 미완성의
29	impediment	n. (기능, 발달상의) 장애
30	independent	a. 독립적인
31	irresponsibility	n. 무책임(U)
32	irresponsible	a. 무책임한, 믿을 수 없는
33	knowledge	n. 지식(U)
34	life span	phr. 수명
35	look back	phr. 뒤돌아보다, 회상하다
36	master	v. 터득하다, 숙달하다
37	mature	a. 완전히 성장한, 성숙한 / v. 충분히 발달하다

38	maturity	n. 성숙(U)
39	milestone	n. 이정표, 획기적인 사건
40	mind	n. 마음, 정신(UC)
41	patience	n. 인내, 참을성(U)
42	patient	a. 인내심이 있는, 참을성 있는
43	peer	n. 또래, 동료
44	period	n. 기간, 시기
45	phase	n. 단계, 국면
46	rate	n. 비율, 요금, 속도
47	rebellion	n. 반항(U)
48	rebellious	a. 반항적인
49	remember	v. 기억하다
50	remind	v. 생각나게 하다, (기억하도록) 다시 한 번 말해 주다
51	reminder	n. 독촉장
52	reminisce	v. 즐겁게 회상하다
53	responsibility	n. 책임(UC)
54	responsible	a. 책임이 있는
55	social skills	phr. 사회성, 사교 기술
56	stage	n. 단계
57	throw a tantrum	phr. 짜증내다, 떼를 쓰다
58	tolerance	n. 관용, 인내 / n. 내성(UC)
59	tolerant	a. 관대한, 너그러운 / a. 내성이 있는, 저항력이 있는
60	transition	n. 과도기(UC)
61	visualise	v. 시각화하다, 마음 속에 떠올리다

Day 3 건강과 음식 Health & Food

1	acute	a. 급성의, 예리한
2	aggravate	v. (증상을) 악화시키다
3	airsick	a. 비행기 멀미가 난
4	allergic	a. 알레르기의, 알레르기 체질인
5	allergy	n. 알레르기
6	anxiety	n. 불안(감)(U)
7	appetite	n. 식욕(UC)
8	artery	n. 동맥
9	artificial flavours	phr. 인공 조미료
10	asset	n. 자산, 재산
11	avoid	v. 피하다
12	backache	n. 요통
13	beneficial	a. 이로운, 유익한
14	benefit	n. 이득(UC) / v. 이득이 되다
15	blurred	a. (시야가) 흐릿한, 뿌연
16	brisk	a. 활발한, 활기찬
17	cancer	n. 암(UC)
18	carsick	a. 차멀미를 하는
19	choke	v. 질식시키다, 숨이 막히다
20	chronic	a. 만성인
21	consult a doctor	phr. 의사에게 진찰받다
22	counteract	v. 반대로 작용하다, 방해하다, 대응하다
23	curb	v. 억제하다, 제한하다
24	cure	v. 치료하다
25	dehydration	n. 탈수증
26	depression	n. 우울증(UC)
27	diagnosis	n. 진찰, 진단(UC)
28	diet	n. 식단, 식이요법
29	dietician	n. 영양사
30	diminish	v. 약해지다, 약화시키다
31	disease	n. 병(UC)
32	disrupt	v. 방해하다, 지장을 주다
33	disorder	n. 이상, 장애(UC)
34	dizzy	a. 현기증이 나는
35	dose	n. 1회 복용량
36	eliminate	v. 제거하다, 없애다
37	exercise	n. 운동(UC) / v. 운동하다

38	fast food	phr. 패스트푸드
39	fat	a. 살찐, 뚱뚱한 / n. 지방(U)
40	food additives	phr. 식품 첨가물
41	food cravings	phr. 음식에 대한 지나친 갈망, 욕구
42	food poisoning	phr. 식중독
43	general practitioner = GP	phr. (전문의가 아닌) 일반의, 동네 병원 의사
44	gym = gymnasium	n. 헬스클럽, gymnasium의 줄임말
45	harm	n. 해, 손해(U) / v. 해치다, 손상하다
46	harmful	a. 해로운, 유해한
47	health	n. 건강(U)
48	healthy	a. 건강한
49	infect	v. 감염시키다, 전염되다
50	infection	n. 감염, 전염
51	ingredients	n. 성분, 재료
52	insomnia	n. 불면증(U)
53	intake	n. 섭취, 섭취량
54	irregular	a. 불규칙한
55	maintain	v. 유지하다
56	medical tourism	phr. 의료 관광
57	MSG = monosodium glutamate	phr. MSG, 화학 조미료
58	muscle	n. 근육(UC)
59	nutrient	n. 영양소, 영양제
60	nutrition	n. 영양, 영양상태(U)
61	obese	a. (병적으로) 비만인
62	obesity	n. 비만(U)
63	onset	n. 발병
64	organic foods	phr. 유기농 식품
65	overdo	v. 지나치게 ~하다
66	overeat	v. 과식하다
67	overweight	n. 과체중(U)
68	persistent	a. 지속하는
69	pharmaceutical	a. 제약의, 약학의
70	placebo	n. 가짜 약, 위약
71	portion	n. 1인분, 몫, 양
72	prescription	n. 처방전
73	preservative	n. 방부제(UC)
74	preserve	v. 보존하다
75	prevent	v. 예방하다, ~하는 것을 막다
76	prevention	n. 예방, 방해(U)
77	recommend	v. 권장하다, 추천하다

78	recover	v. (건강을) 회복하다
79	reduce	v. 줄이다
80	regular	a. 규칙적인 / n. 단골손님
81	risk	n. 위험(UC)
82	serving	n. 1인분
83	skip	v. 거르다, 건너뛰다
84	stimulate	v. (입맛이나 기운을) 돋우다, 자극하다
85	stress	n. 스트레스(UC)
86	supplement	n. 보충제, 보조 식품
87	therapy	n. 치료, 물리요법
88	treatment	n. 치료, 치료법(UC)
89	vital	a. 생명의, 활기 있는, 매우 중요한
90	weight	n. 체중, 무게(U)

Day 4
생활방식과 여가활동 Lifestyles & Leisure Activities

1	achievable	a. 성취할 수 있는, 달성 가능한
2	achieve	v. (어떤 일을 노력하여) 성취하다, 달성하다
3	active	a. 활동적인
4	activity	n. 활동
5	appeal	v. (사람의 마음에) 호소하다, 어필하다
6	aspect	n. 측면, 양상
7	attitude	n. 태도, 사람의 몸과 마음가짐(UC)
8	bored	a. 지루한, 싫증난
9	choice	n. 선택
10	choose	v. 선택하다, 고르다
11	compete	v. 경쟁하다
12	competition	n. 경쟁(U)
13	competitiveness	n. 경쟁력(U)
14	confused	a. 혼란스러운, 당황해서 어찌할 바를 모르는
15	cost of living	phr. 생활비
16	create	v. 창조하다, 만들다, ~의 원인이 되다
17	creative	a. 창의적인, 독창적인
18	creativity	n. 창의력, 독창력(U)
19	daily routines	phr. 반복되는 일상
20	desire	n. 욕구, 욕망(UC) / v. 간절히 바라다
21	DINKY = Double Income No Kids Yet	phr. 아이가 없는 맞벌이
22	disappoint	v. 실망시키다
23	disappointment	n. 실망, 기대에 어긋남(U)
24	dissatisfied	a. 불만인, ~에 만족 못한
25	enjoy	v. 즐기다
26	experience	n. 경험(UC) / v. 경험하다
27	express	v. 표현하다
28	expression	n. 표현(UC)
29	fulfil	v. 성취하다, 실현하다
30	fulfilment	n. 성취, 실현
31	goal	n. 목표, 목적
32	hobby	n. 취미
33	improve	v. 향상시키다, 관계를 개선시키다
34	improvement	n. 향상, 개선(UC)
35	inactive	a. 비활동적인, 소극적인

36	indoor	a. 실내의	
37	insight	n. 통찰력, 식견	
38	intense	a. 과도한, 격렬한	
39	lead a busy life	phr. 바쁘게 살다	
40	leisure	n. 여가(U)	
41	lifelong ambition	phr. 평생 소원	
42	lifestyle	n. 생활방식	
43	make a choice	phr. 선택하다	
44	make a decision	phr. 결정하다, 결심하다	
45	make a living	phr. 생계를 꾸리다	
46	materialistic	a. 물질주의의	
47	meet a need	phr. 요구에 맞추다	
48	miss an opportunity	phr. 기회를 놓치다	
49	motivate	v. 동기나 자극을 주다, 흥미를 느끼게 하다	
50	motivation	n. 자극, 동기부여(UC)	
51	negative	a. 부정적인	
52	once in a lifetime opportunity	phr. 일생에 단 한 번뿐인 기회	
53	opportunity	n. 기회(UC)	
54	optimism	n. 낙천주의, 낙관주의(U)	
55	optimist	n. 낙천적인 사람, 낙관적인 사람	
56	optimistic	a. 낙천적인	
57	outdoor	a. 실외의, 야외의	
58	outlook	n. 전망, 경치, 견해	
59	participate	v. 참가하다	
60	personality	n. 성격, 개성(UC)	
61	pessimism	n. 비관주의, 비관론(U)	
62	pessimist	n. 비관론자, 염세주의자	
63	pessimistic	a. 비관적인, 염세적인	
64	positive	a. 긍정적인, 적극적인	
65	priority	n. 우선순위, 우선사항(UC)	
66	put pressure on	phr. 압력을 가하다, 압력을 넣다	
67	quality of life	phr. 삶의 질	
68	recreational	a. 휴양의, 오락의	
69	regret	v. 후회하다, 유감으로 여기다	
70	relax	v. 긴장을 늦추다, 쉬게 하다	
71	risk taker	phr. 모험가, 위험을 무릅쓰는 사람	
72	satisfied	a. 만족한	
73	satisfy	v. 만족시키다	
74	self-expression	phr. 자기 표현	
75	set a goal	phr. 목표를 세우다	

76	success	n. 성공(UC)
77	successful	a. 성공한
78	way of life	phr. 생활방식
79	wind down	phr. 긴장을 풀고 쉬다
80	work hard for a living	phr. 생계를 위해 열심히 일하다

Day 5 학교(학생)생활 Student Life

1	academic	a. 학원의, 학교(교육)의
2	analyse	v. 분석하다
3	assignment	n. 과제
4	author	n. 저자, 작가
5	bachelor's degree = BA	phr. 학사학위
6	bibliography	n. 참고문헌 목록
7	brainstorming	n. 브레인스토밍, 아이디어를 만들어 가는 과정
8	bully	v. 왕따시키다
9	candidate	n. (자격을 갖춘) 지원자
10	co-ed(educational) school	phr. 남녀공학
11	college	n. 대학
12	concentrate on	phr. ~에 집중하다
13	conduct	v. 시행하다, 수행하다
14	consider	v. 고려하다, ~라고 여기다
15	controversial	a. 논쟁의, 논란이 되는
16	controversy	n. 논쟁, 논의(UC)
17	cooperate	v. 협동하다
18	curriculum	n. 교육과정, 커리큘럼(U)
19	dissertation	n. 논문
20	doctor's degree = PhD	phr. 박사학위
21	educate	v. 교육하다, 양성하다
22	educated	a. 교육 받은
23	education	n. 교육(UC)
24	eligible	a. 자격이 있는
25	fees	n. 등록금, 수업료
26	field of study	phr. 연구 분야
27	find out	phr. 발견하다
28	findings	n. 연구결과, 발견
29	full-time student	phr. 풀타임 학생
30	funding	n. 재정적 지출, 재원, 자금(U)
31	grade	n. 학년 / n. 성적, 점수
32	graduate	n. 졸업생 / v. 졸업하다
33	graduation	n. 졸업(U)
34	grant	n. 보조금 / v. 주다, 수여하다
35	hall of residence	phr. 기숙사
36	home schooling	phr. 홈 스쿨링
37	homesick	a. 향수병의, 집을 그리워하는

38	homesickness	n. 향수병, 향수병에 걸림(U)
39	homework	n. 숙제(U)
40	international student	phr. 외국인 학생
41	learn	v. 배우다
42	learning disorder	phr. 학습장애
43	lecture	n. 강의
44	librarian	n. 도서관 사서
45	library	n. 도서관
46	limit	n. 제한, 한계
47	master's degree = MA	phr. 석사학위
48	nursery	n. 유치원, 탁아소
49	organise a team	phr. 팀을 조직하다
50	overcome	v. 극복하다
51	overdue book	phr. 기일이 지난 책, 연체된 책
52	part-time student	phr. 파트타임 학생
53	periodical	n. 정기간행물, 잡지
54	playful fighting	phr. 장난으로 싸우는 것
55	postgraduate school	phr. 대학원
56	postgraduate student	phr. 대학원생
57	primary school	phr. 초등학교
58	primary school student	phr. 초등학생
59	punishment	n. 벌(UC)
60	pupil	n. 학생(초중고 학생)
61	recall a book	phr. (대출한) 책을 회수하다, 책을 리콜하다
62	relatively	ad. 비교적, 상대적으로
63	relevant	a. 관련이 있는
64	renew a book	phr. (책의) 대출 기한을 연장하다
65	requirements for admission	phr. 입학 요건
66	research	n. 연구, 조사(U)
67	result	n. 성적, 결과
68	revise	v. 복습하다, 수정하다
69	reward	n. 상, 보상(UC)
70	rivalry	n. 경쟁, 대립관계(UC)
71	scholarship	n. 장학금
72	scope	n. 범위, 한계(U)
73	secondary school	phr. 중고등학교
74	secondary school student	phr. 중고등학생
75	senior	a. 상급생의, 선배의
76	single-sex school	phr. 남고나 여고, 남녀공학이 아닌 학교
77	source	n. 자료, 출처

78	struggle	v. 애쓰다, 고군분투하다
79	studious	a. 열심히 공부하는, 학구적인
80	study abroad	phr. 유학하다
81	syllabus	n. 강의 계획서
82	take a course	phr. 수강하다, 수업을 듣다
83	task	n. 과제, 학업
84	textbook	n. 교과서
85	theory	n. 이론
86	undergraduate school	phr. 대학교
87	undergraduate student	phr. 대학생
88	work-related	phr. 일과 관련된

Day 6 의사소통 Communication

1	accent	n. 악센트, 강세(UC)
2	accuracy	n. 정확(U)
3	ambiguous	a. 애매모호한, 두 가지 이상의 해석이 가능한
4	bilingual	a. 두 가지 언어를 구사하는
5	clarify	v. 분명히 하다, 이해하기 쉽게 하다
6	coherent	a. 시종 일관된, 논리적인
7	communicate	v. 의사소통하다
8	communication	n. 의사소통(U)
9	comprehend	v. 이해하다
10	comprehension	n. 이해(U)
11	concept	n. 개념
12	conclude	v. 결론 내리다
13	conclusion	n. 결론(U)
14	confirm	v. 승인하다, 확인하다
15	confirmation	n. 승인, 확인(UC)
16	conjecture	n. 추측, 억측(UC)
17	conversation	n. 대화(UC)
18	converse	v. 대화하다
19	crusade	n. 개혁 운동
20	define	v. 정의하다
21	definition	n. (단어의) 정의
22	demonstrate	v. 실제로 사용하여 설명하다, 증명하다
23	dialect	n. 사투리(UC)
24	distinguish	v. 구별하다, 식별하다
25	emerge	v. 나타나다, 드러나다
26	evolve	v. 차츰 발전시키다, 전개시키다
27	explain	v. 설명하다
28	face to face	phr. 마주 보고, 서로 얼굴을 보고
29	fall behind	phr. 뒤처지다
30	fluency	n. 유창함(U)
31	fluently	ad. 유창하게
32	foreign language	phr. 외국어
33	gesture	n. 제스처, 몸짓 / v. 몸짓하다
34	Globish	n. 글로비시(U)
35	hesitation	n. 망설임, 주저
36	illustrate	v. 예를 들어 설명하다, 보여주다
37	imply	v. 암시하다, 의미하다, 내포하다
38	incoherent	a. 논리가 맞지 않는, 앞뒤가 맞지 않는

주제별 INDEX 417

39	indicate	v. 나타내다, 가리키다
40	inherent	a. 고유의, 본질적인, 선천적으로 가지고 태어난
41	interpret	v. 해석하다, 통역하다
42	interpreter	n. 통역사
43	intonation	n. 억양, 음조(UC)
44	language	n. 언어, 말(UC)
45	language barrier	phr. 언어장벽
46	linguist	n. 언어학자
47	linguistics	n. 언어학(U)
48	make a compromise	phr. 타협하다
49	means of communication	phr. 의사소통 수단
50	miscommunication	n. 잘못된 의사소통(U)
51	mother tongue	phr. 모국어
52	native speaker	phr. 원어민, 어떠한 언어를 모국어로 하는 사람
53	needless to say	phr. 말할 필요도 없이, 물론
54	pronounce	v. 발음하다
55	pronunciation	n. 발음(UC)
56	recall	v. 상기하다, 회상하다, 회수하다
57	refer	v. 인용하다, 언급하다
58	rumour	n. 소문, 낭설(UC)
59	second language	phr. 제 1 외국어, 모국어 다음의 언어
60	sign language	phr. 수화(UC)
61	sophisticated	a. 세련된, 복잡한
62	speech impediment	phr. 언어 장애
63	spontaneous	a. 자발적인, 자연스러운
64	standard language	phr. 표준어
65	stutter	v. 말을 더듬다
66	stutterer	n. 말을 더듬는 사람, 말더듬이
67	suggest	v. 제안하다, ~하자고 말을 꺼내다
68	suggestion	n. 제안
69	superficial	a. 피상적인, 외관상의
70	translate	v. 번역하다, 해석하다
71	translator	n. 번역가
72	unanimous	a. 만장일치의
73	vocabulary	n. 어휘(UC)

Day 7 여행과 교통 Travelling & Transport

1	accommodation	n. 숙박(UC)
2	adventurous	a. 모험심이 강한, 대담한
3	affect	v. 영향을 미치다, 영향을 주다
4	allow	v. 허락하다, 허가하다
5	boarding	n. 탑승, 승선(U)
6	breathtaking	a. 가슴을 뛰게 하는, 깜짝 놀랄만한
7	budget	n. 예산, 경비
8	bus route	phr. 버스 노선
9	coach	n. 대형 장거리 버스
10	coastal	a. 해안의
11	community	n. 지역 공동체, 사회
12	commute	v. 출퇴근하다
13	congestion	n. (교통) 혼잡(U)
14	cosmopolitan	a. 국제적인, 세계인의
15	countryside	n. 시골(U)
16	destination	n. 여행의 목적지, 행선지
17	diverse	a. 다양한
18	duty free shop	phr. 면세점
19	ecotourism	n. 생태 관광(U)
20	effect	n. 영향, 효과(UC)
21	exotic	a. 이국적인, 색다른
22	facility	n. 시설(UC)
23	flexible	a. 융통성 있는, 유연한
24	guided tour	phr. 가이드가 동행하는 여행
25	hindrance	n. 방해, 장애(U)
26	identification = ID	n. 신분 확인, 신분증, 식별(UC)
27	inhabitant	n. 주민, 거주자
28	itinerary	n. 여행 일정, 일정표
29	jet lag	phr. 시차증
30	journey	n. 여행, 여정
31	landscape	n. 경관, 풍경
32	local	a. 그 고장의, 지방의, 지역의
33	Lonely Planet	phr. 세계적인 베스트 셀러 여행 책자
34	luggage	n. 수화물(U)
35	luxurious	a. 호화스러운, 사치스러운
36	memorable	a. 기억에 남는, 인상적인
37	Michelin Guide	phr. 미쉐린(미슐랭) 가이드
38	mountainous	a. 산이 많은
39	navigation	n. 네비게이션, 주행지시

40	overcrowded	a. 사람이 너무 많아 붐비는, 초만원인
41	peaceful	a. 평화로운
42	peak	n. 산꼭대기, 정상
43	pedestrian	n. 보행자
44	picturesque	a. 그림 같은, 생생한
45	punctual	a. 약속한 시간을 엄수하는, 제 시간에 오는
46	quaint	a. 예스럽고 멋있는
47	recharge one's batteries	phr. 재충전하다, 원기를 회복하다
48	refresh	v. 새롭게 하다, 상쾌하게 하다, 원기를 회복하다
49	refreshment	n. 원기 회복, 휴식(U)
50	remote	a. 멀리 떨어진, 원격의
51	reserve	v. 예약하다
52	rip off	phr. 바가지를 씌우다
53	rural	a. 시골의, 전원의
54	rush hour	phr. 혼잡한 출퇴근 시간
55	scenic	a. 경치가 좋은, 아름다운
56	seaside resort	phr. 해변 휴양지, 해수욕장
57	seat belt	phr. 안전 벨트
58	shortcut	n. 지름길, 최단 거리
59	souvenir	n. 기념품
60	spectacular	a. 장관인, 장대한, 사람들의 시선을 사로잡는
61	stop over	phr. 여행 도중 잠시 체류하다
62	stunning	a. 놀랄 만큼 아름다운, 기절시키는, 놀라게 하는
63	subway	n. 지하도
64	time difference	phr. 시차
65	to and from	phr. 왕복하다
66	tough	a. 고된, 힘든, 거친
67	tour	n. 여행
68	tourism	n. 관광산업(U)
69	tourist	n. 관광객
70	tourist attraction	phr. 관광명소
71	tradition	n. 전통(UC)
72	traffic	n. 교통(량)(U)
73	transport	n. 교통(U)
74	travel	n. 여행(U) / v. 여행하다, 이동하다
75	traveller	n. 여행객
76	underground	n. 지하철
77	urban	a. 도시의
78	visit	v. 방문하다, 구경하러 가다
79	visitor	n. 관광객, 방문객

Day 8 과거와 역사 Past & History

1	age	n. 시대, 시기
2	ancestor	n. 조상, 선조
3	ancient	a. 고대의, 옛날의
4	ape	n. 유인원
5	archaeologist	n. 고고학자
6	archaeology	n. 고고학(U)
7	artefact	n. 유물, 공예품
8	century	n. 100년, 1세기
9	chronological order	phr. 연대별, 연대순
10	colonise	v. 식민지화하다
11	colony	n. 식민지
12	cultural	a. 문화의
13	culture	n. 문화(UC)
14	decade	n. 10년
15	descendant	n. 자손, 후예
16	dinosaur	n. 공룡
17	discover	v. 발견하다
18	era	n. 시대
19	evidence	n. 증거, 징후(U)
20	excavation	n. 발굴, 발굴물
21	former	a. 과거의, 이전의
22	fossil	n. 화석
23	hand down	phr. 물려주다
24	heritage	n. (문화, 자연) 유산, 전통(UC)
25	history	n. 역사(U)
26	historian	n. 역사학자, 사학자
27	historical	a. 역사적인
28	inherit	v. 상속하다, 유전하다
29	intangible	a. 무형의, 만질 수 없는
30	lose track of time	phr. 시간 가는 줄 모르다
31	millennium	n. 천년
32	nostalgia	n. 향수, 그리움(U)
33	nostalgic	a. 향수를 불러 일으키는, 옛날을 그리워하는
34	period	n. 시대
35	pioneer	n. 선구자, 창시자
36	predate	v. (시간적으로) 선행하다, 앞서다
37	prehistoric	a. 선사 시대의
38	previous	a. (시간, 순서에서) 이전의, 사전의

39	recorded history	phr. 역사상
40	relics	n. 유물, 유적
41	survival of the fittest	phr. 적자생존
42	tangible	a. 유형의, 가시적인, 명백한
43	treasure	n. 보물(UC)
44	word of mouth	phr. 구전의, 입에서 입으로 전해지는

Day 9 자연환경과 야생동식물
Natural Environment & Wildlife

1	adapt to	phr. (새로운 환경에) 적응하다
2	agriculture	n. 농업, 농경(U)
3	animal	n. 동물
4	arid	a. (토지 등에 물이 마른) 불모의, 건조한
5	atmosphere	n. 대기, 분위기
6	burrow	n. 땅굴, 은신처
7	catastrophe	n. 대재앙, 대참사
8	catastrophic	a. 대재앙의, 대참사의
9	climate	n. 기후(UC)
10	crater	n. (화산의) 분화구
11	crop	n. 농작물, 수확물
12	cultivate	v. 경작하다, 재배하다
13	disaster	n. 재난, 천재지변, 참사(UC)
14	disastrous	a. 재난을 일으키는, 피해가 막심한
15	ecological	a. 생태학의
16	ecology	n. 생태학(U)
17	endangered	a. 멸종 위기에 처한
18	environment	n. 환경(UC)
19	erode	v. 서서히 침식하다, 파괴하다
20	evolution	n. 진화, 발전(U)
21	evolve	v. 진화하다, 발전하다
22	exploit	v. 개발하다, 착취하다
23	extinct	a. 멸종된
24	extinction	n. 멸종(U)
25	fertiliser	n. 비료(UC)
26	gene	n. 유전자, 유전인자
27	genetic engineering	phr. 유전공학
28	genetically modified	phr. 유전자 조작의
29	genetics	n. 유전학, 유전적 특징(UC)
30	habitat	n. 서식지
31	harvest	n. 수확, 수확량(UC)
32	hibernate	v. 동면하다
33	human beings	phr. 인간
34	human nature	phr. 인간성, 인간의 본성
35	insect	n. 곤충, 벌레

36	marine	a. 바다의
37	Mother Nature	phr. 대자연
38	natural	a. 자연의, 천연의
39	nature	n. 자연(U)
40	pesticide	n. 농약, 살충제
41	pet	n. 애완동물
42	plant	n. 식물
43	poach	v. 밀렵하다, 남의 땅에 침입하다
44	predator	n. 포식자, 약탈자
45	prey	n. 먹이
46	resistant	a. 저항력 있는
47	resources	n. 자원
48	scent	n. 냄새, 향기
49	soil	n. 흙, 토양(U)
50	species	n. (생물의) 종
51	summit	n. (산의) 정상
52	tolerate	v. 내성이 있다, 견디다
53	tropical	a. 열대의, 열대 지방의
54	vegetable	n. 야채, 채소
55	vegetarian	n. 채식주의자
56	vermin	n. 해충
57	veterinarian	n. 수의사
58	volcano	n. 화산
59	vulnerable	a. 취약한, 상처받기 쉬운
60	weed	n. 잡초
61	wild	a. 야생의
62	zoo	n. 동물원

Day 10 지구와 우주 Earth & Space

1	acclimatise	v. (새로운 환경에) 순응하다, 적응하다
2	Antarctic	n. 남극 지역
3	Arctic	n. 북극 지역
4	artificial satellite	phr. 인공 위성
5	asteroid	n. 소행성
6	astronaut	n. 우주 비행사
7	astronomer	n. 천문학자
8	cosmic	a. 우주의, 무한한
9	cosmos	n. 우주(U)
10	debris	n. 파편, 잔해
11	exploration	n. 탐험, 개발
12	explore	v. 탐험하다, 탐사하다
13	explorer	n. 탐험가, 답사자
14	extreme	a. 극도의, 극심한
15	float	v. 뜨다, 떠다니다
16	galaxy	n. 은하, 성운
17	gravitational	a. 중력의, 중력 작용의
18	gravity	n. 중력(U)
19	horizon	n. 수평선, 지평선
20	inevitable	a. 불가피한, 피할 수 없는, 당연한
21	launch	n. 발사, 착수
22	lunar	a. 달의, 음력의
23	lunar eclipse	phr. 월식
24	observatory	n. 천문대, 전망대
25	ocean	n. 대양, 해양
26	orbit	n. 궤도(UC) / v. 주위를 궤도를 그리며 돌다
27	outer space	phr. 대기권 밖의 공간, 우주
28	planet	n. 행성
29	polar	a. 극지방의, 남극의, 북극의
30	revolution	n. 공전
31	revolve	v. 공전하다, 회전하다
32	rotate	v. 자전하다, 회전하다
33	rotation	n. 자전, 회전
34	simulate	v. 모의 실험하다
35	simulator	n. 모의 실험 장치
36	solar	a. 태양의, 양력의
37	space	n. 우주, 대기권 밖(U)
38	surface	n. 표면

39	telescope	n. 망원경
40	terrestrial	a. 지구상의, 육지의
41	universal	a. 우주의
42	ultraviolet radiation	phr. 자외선
43	universe	n. 우주
44	unmanned	a. 무인의
45	voyage	n. 항해
46	weightlessness	n. 무중력 상태(U)

Day 11 빌딩과 디자인 Building & Design

1	airy	a. 바람이 잘 통하는, 통풍이 잘 되는
2	automate	v. 자동화하다
3	balcony	n. 발코니
4	brick	n. 벽돌
5	build	v. (건축물을) 짓다, 세우다
6	building	n. 빌딩, 건물
7	ceiling	n. 천장
8	concrete	n. 콘크리트(U)
9	construct	v. 건설하다, 만들다
10	construction	n. 건설(U)
11	conventional	a. 전통적인, 전통양식에 따른
12	corridor	n. 복도
13	cosy	a. 아늑한, 편안한
14	cottage	n. 작은 별장
15	cramped	a. 비좁고 갑갑한
16	decorate	v. 장식하다, 꾸미다
17	decoration	n. 장식, 장식물(UC)
18	demolish	v. (건물을 의도적으로) 파괴하다, 철거하다
19	demolition	n. 파괴, 철거(U)
20	deposit	n. 보증금, 예약금
21	dwell	v. 살다, 거주하다
22	engineering	n. 공학(U)
23	exterior	a. 외부의, 외관의
24	foyer	n. 로비, 현관
25	frame	n. (건조물의) 뼈대, 틀
26	function	n. 기능, 작용
27	functional	a. 기능 위주의, 실용적인
28	furnished	a. 가구가 갖추어진
29	futuristic	a. 초현대적인, 미래의, 시간을 앞서가는
30	high-rise	phr. 고층의, 고층 건물의
31	insulation	n. 단열재
32	internal	a. 내부의
33	landlord	n. 집주인
34	landmark	n. 명소, 유명한 건물
35	lease	v. (토지나 집 등을) 임대하다, 임차하다
36	lift	n. 승강기
37	mass-produced	phr. 대량 생산된
38	modern	a. 현대의

주제별 INDEX 427

39	modify	v. (일부를) 수정하다, 고치다, 변경하다
40	multi-storey	phr. 다층의, 고층의
41	occupy	v. 차지하다, 점유하다
42	old-fashioned	phr. 구식인, 시대에 뒤떨어진
43	plumbing	n. 배관, 수도관
44	prefabricated	a. 조립식의
45	real estate	phr. 부동산(집이나 토지)
46	reconstruct	v. 재건하다, 다시 만들다
47	renovate	v. 수리하다, 좋은 상태로 되돌리다
48	security guard	phr. 경비원, 경호원
49	skyscraper	n. 초고층 건물, 마천루
50	spacious	a. (집, 방, 공간 등이) 널찍한, 넓은
51	staircase	n. 계단
52	state-of-the-art	phr. 최신식의, 최첨단 기술을 이용한
53	steel	n. 강철(U)
54	storage	n. 창고, 보관소
55	structure	n. 건축물, 구조물
56	tenant	n. 세입자, 입주자
57	timber	n. 목재
58	traditional	a. 전통적인
59	typical	a. 전형적인, 특유한
60	up-to-date	phr. 최신의

Day 12 정보기술 IT Information Technology

1	access	n. 액세스, 접속(U) / v. 액세스하다, 접속하다
2	artificial intelligence = AI	phr. 인공지능
3	automatic pilot	phr. 자동 조종 장치
4	breakthrough	n. 획기적인 발전
5	charger	n. 충전기
6	compact	a. 소형의, 작고 경제적인
7	compatible	a. 호환되는
8	computerisation	n. 컴퓨터화(U)
9	computerised	a. 컴퓨터화된
10	connection	n. 연결, 접속(UC)
11	cutting-edge	phr. 최첨단의
12	cyber	a. 컴퓨터의, 사이버 스페이스의
13	data	n. 자료, 데이터
14	device	n. 기계적 장치, 기기
15	devise	v. 고안하다, 발명하다
16	display	n. 디스플레이, 전시
17	e-book = electronic book	phr. 전자책
18	envisage	v. 마음에 그리다, 예상하다, 상상하다
19	gadget	n. 소형 전자제품, 새로운 고안품
20	innovation	n. 혁신(U)
21	innovative	a. 혁신적인
22	invent	v. 발명하다, 고안하다
23	invention	n. 발명(품), 고안
24	labour-saving	phr. 노동력 절감의, 인력을 줄이는
25	laptop	n. 노트북, 랩탑
26	memory chip	phr. 메모리 칩
27	off-line	phr. 오프라인의, 온라인 상태가 아닌
28	online	a. 온라인의
29	patent	n. 특허(권)
30	PIN number	phr. 인증번호, 비밀번호
31	portable	a. 휴대용의, 휴대(이동) 가능한
32	prototype	n. 견본, 원형
33	remote control	phr. 리모콘, 원격 조정
34	revolution	n. 혁명
35	revolutionise	v. 혁명을 일으키다
36	scroll	v. 스크롤 하다
37	semiconductor	n. 반도체
38	Silicon Valley	phr. 실리콘 밸리

39	surpass	v. 능가하다, 초월하다, 넘다
40	technology	n. 과학기술(UC)
41	telecommunications	n. (원격) 통신
42	3D = three-dimensional	phr. 3차원의, 입체감 있는
43	trigger	n. 방아쇠, 기폭 장치
44	user-friendly	phr. 사용자 친화적인, 사용하기 쉬운
45	VDT syndrome	phr. VDT 증후군, 컴퓨터 단말기 증후군
46	virtual	a. 가상의, 온라인의
47	wireless	a. 무선의

Day 13 쇼핑과 파티 Shopping & Party

1	adorn	v. 장식하다, 꾸미다
2	adornment	n. 장식(품), 장신구, 액세서리
3	aesthetic	a. 미의, 미학의
4	beauty pageant	phr. 미인대회
5	Boxing Day	phr. 복싱 데이
6	celebrity	n. 유명인사, 연예인
7	charm	n. 매력(UC) / v. 매력이 있다
8	charming	a. 매력적인
9	clearance sale	phr. 재고 처분, 창고 세일
10	cosmetics	n. 화장품
11	cotton	n. 면, 목화(U)
12	custom-made	phr. 주문하여 만든, 맞춤의
13	department store	phr. 백화점
14	dress shirt	phr. 드레스 셔츠, 와이셔츠
15	dress up	phr. 잘 차려 입다, 정장을 입다
16	dye	v. 염색하다
17	eye-catching	phr. 눈길을 끄는
18	fabric	n. 직물, 천(UC)
19	fashionable	a. 유행하는, 패션 감각이 뛰어난
20	fashionista	n. 패셔니스타
21	fitting room	phr. 탈의실
22	flagship store	phr. 플래그쉽 스토어
23	flea market	phr. 벼룩시장
24	flower print	phr. 꽃무늬
25	fur	n. 모피, 부드러운 털(U)
26	gala dinner	phr. 공식 축하 만찬
27	garment	n. 의류, 의복
28	gift voucher	phr. 상품권
29	hospitality	n. 환대(U)
30	host	n. (사교 모임의) 주최, 주인
31	impulse buying	phr. 충동구매
32	instalment	n. 할부금
33	invitation	n. 초대(U), 초대장(C)
34	invite	v. 초대하다
35	leather	n. 가죽(U)
36	luxury goods	phr. 사치품
37	makeup	n. 화장, 메이크업(UC)
38	messy	a. 지저분한

39	must-have	phr. 반드시 가지고 있어야 하는
40	nail polish	phr. 매니큐어
41	neat	a. 깔끔한
42	online shopping	phr. 온라인 쇼핑
43	outlet store	phr. 할인점, 직매점
44	plastic surgery	phr. 성형 수술
45	polka dot	phr. 땡땡이 무늬
46	price tag	phr. 가격표
47	ready-made	phr. 기성품인, 미리 만들어 놓은
48	refund	n. 환불
49	RSVP	phr. (파티 등의 초대에) 참석 여부를 알림, 회답 요망
50	show off	phr. 과시하다, 자랑하다
51	signature	n. 서명, 사인
52	SPA brand	phr. SPA 브랜드
53	striped	a. 줄무늬의
54	the latest fashion	phr. 최신 유행
55	thread and needle	phr. 실과 바늘
56	trim	v. 다듬다, 손질하다
57	trousers	n. 바지
58	vivid colour	phr. 선명하고 활기찬 색상
59	waterproof	a. 방수의, 방수 가공된
60	window shopping	phr. 아이쇼핑
61	wrinkle free	phr. (옷감 등이) 구김이 생기지 않는

Day 14 국제관계와 도시화
International Relations & Urbanisation

1	address	v. 고심하다, 연설하다
2	adequate	a. 적당한, 충분한
3	adjust to	phr. 적응하다, 맞추다, 순응하다
4	aging society	phr. 고령화 사회
5	attitude	n. 태도, 몸가짐, 마음가짐
6	basic needs	phr. 기본적 욕구
7	birth rate	phr. 출산율
8	cause	v. 원인이 되다
9	central	a. 중앙의, 중심의
10	centralise	v. (인구나 산업 등을) 중앙으로 모으다, 중앙 집권하다
11	cycle	n. 주기, 순환
12	deal with	phr. 대하다, 처리하다
13	decent	a. 괜찮은, 품위 있는
14	decentralise	v. 분산시키다
15	decrease	n. 감소 / v. 감소하다
16	demographic	a. 인구 통계의
17	demographics	n. 인구 통계
18	deteriorate	v. 악화되다, (도덕 등이) 퇴폐하다
19	developed country	phr. 선진국
20	developing country	phr. 개발도상국
21	diversity	n. 다양(성)(UC)
22	double-edged sword	phr. 양날의 칼(장단점이 모두 있는 상황)
23	enhance	v. 강화하다, 끌어올리다
24	exacerbate	v. 악화시키다
25	exclude	v. 배제하다, 제외하다
26	face	v. 직면하다, 직접 부딪치다, 직시하다
27	flourish	v. 번성하다, 번영하다
28	global leader	phr. 글로벌 리더
29	globalisation	n. 세계화(U)
30	government subsidies	phr. 정부 보조금
31	icon	n. 아이콘, 우상이 되는 인물
32	identity	n. 신원, 주체성(UC)
33	implication	n. 영향, 함축된 뜻
34	impoverishment	n. 빈곤(화)(U)
35	include	v. 포함하다
36	increase	n. 증가 / v. 증가하다, 늘다
37	inequality	n. 불평등(UC)

38	international relations	phr. 국제관계
39	isolation	n. 고립(U)
40	issue	n. 문제, 쟁점
41	linger	v. 잔존하다, 오랫동안 머무르다
42	long-sighted	phr. 멀리 내다보는, 선견지명이 있는
43	megacity	n. 거대도시
44	multinational	a. 다국적의, 3개국 이상의
45	national competitiveness	phr. 국가경쟁력
46	obstacle	n. (진보나 진행의) 장애(물), 방해
47	one-sided	phr. 편파적인, 한 쪽으로 치우친
48	overpopulation	n. 인구과잉(U)
49	overpriced	a. 값비싼, 값이 너무나 비싸게 매겨진
50	overworked	a. 과로한
51	population dispersion	phr. 인구분산
52	poverty	n. 빈곤, 가난(U)
53	pressing	a. 긴급한
54	racism	n. 인종 차별(U)
55	reform	v. 개선하다, 개혁하다
56	regulate	v. 규제하다, 조정하다
57	relative deprivation	phr. 상대적 박탈감
58	resolution	n. 해결, 결의
59	resolve	v. 해결하다, 결단하다
60	satellite city	phr. 위성도시
61	setback	n. 차질, 지연
62	short-sighted	phr. 근시안적인
63	slum	n. 빈민가, 슬럼
64	social security	phr. 사회 보장
65	solution	n. 해결
66	solve	v. 해결하다
67	summit talks	phr. 정상 회담
68	tackle	v. (곤란한 문제 등에) 대결하다, 부딪히다
69	the gap between (the) rich and (the) poor	phr. 빈부격차
70	underdeveloped country	phr. 후진국
71	undergo	v. 겪다, 경험하다
72	urbanisation	n. 도시화
73	welfare	n. 복지, 사회 보장
74	worsen	v. 악화시키다, 더 나쁘게 되다

Day 15 환경오염 Environmental Pollution

1	acid rain	phr. 산성비
2	advantage	n. 이점, 유리한 점
3	advantageous	a. 유리한, 이로운
4	at an alarming rate	phr. 급속도로, 놀랄만한 속도로
5	at risk	phr. 위험한 상태에 있는
6	biodiversity	n. 생물의 다양성(U)
7	climate change	phr. 기후변화
8	conceivable	a. 생각할 수 있는, 상상할 수 있는
9	confront	v. 직면하다
10	contaminate	v. 오염시키다
11	contamination	n. 오염
12	deforestation	n. 산림 벌채
13	devastating	a. 파괴적인, 황폐화 시키는, 엄청난
14	disadvantage	n. 불리, 손해
15	disadvantageous	a. 불리한, 해를 입히는
16	disposable	a. 1회용의, 한 번 쓰고 버릴 수 있는
17	disposal	n. 처리(U)
18	dispose of	phr. 처리하다, 치우다
19	doubt	n. 의심(UC)
20	doubtful	a. 의심스러운
21	drought	n. 가뭄(UC)
22	dump	v. (쓰레기를) 버리다
23	eco-friendly = environmentally friendly	phr. 환경 친화적인, 친환경적인
24	ecosystem	n. 생태계
25	environmental degradation	phr. 환경 파괴, 환경 악화
26	environmental pollution	phr. 환경오염
27	environmentalist	n. 환경론자
28	erosion	n. 부식, 침식(U)
29	exhaust	v. (자원을) 다 써버리다, 고갈시키다
30	feasible	a. 실현 가능한
31	flood	n. 홍수, 수해
32	food chain	phr. 먹이사슬
33	fruitless	a. 쓸데없는, 헛된
34	futile	a. 쓸데없는, 헛된
35	greenhouse effect	phr. 온실효과
36	greenhouse gases	phr. 온실가스
37	immune system	phr. 면역체계

38	impractical	a. 실현 불가능한
39	in danger	phr. 위험에 직면하여
40	inexorably	ad. 가차없이
41	irreparable	a. 돌이킬 수 없는, 고칠 수 없는
42	landfill	n. 쓰레기 매립지
43	liable	a. 법적 책임이 있는
44	life-threatening	phr. 생명을 위협하는
45	likely	a. ~할 것 같은, 가능성이 있는
46	pervasive	a. 퍼지는, 만연하는
47	pointless	a. 무의미한
48	pollutant	n. 오염물질(UC)
49	pollute	v. 오염시키다
50	pollution	n. 오염, 공해
51	possible	a. 가능한
52	practical	a. 실현 가능한, 실행 가능한
53	pristine	a. 자연 그대로의, 오염되지 않은, 아주 깨끗한
54	questionable	a. 의문의 여지가 있는, 미심쩍은
55	recyclable	a. 재활용 가능한
56	recycle	v. 재활용하다
57	refuse	n. 폐기물, 음식물 쓰레기
58	reusable	a. 재사용이 가능한
59	threat	n. 위협
60	threaten	v. 위협하다
61	unprecedented	a. 전례 없는
62	useless	a. 쓸데없는, 헛된
63	vain	a. 쓸데없는, 헛된
64	waste	n. 폐기물, 낭비 / v. 낭비하다
65	worthwhile	a. 가치가 있는

Day 16 에너지 위기 **The Energy Crisis**

1	absorb	v. 흡수하다
2	alternative energy	phr. 대체에너지
3	biofuel	n. 생물 연료, 바이오 연료
4	campaign	n. 캠페인, 운동
5	carbon	n. 탄소(U)
6	CO2 emission = carbon dioxide emission	phr. 이산화탄소 배출
7	coal	n. 석탄(U)
8	conservation	n. 보호, 보존
9	conserve	v. 보호하다, 절약하다
10	consume	v. 다 써버리다, 소비하다
11	consumption	n. 소비
12	convert	v. 바꾸다, 전환시키다
13	counter	v. 반박하다, 대응하다
14	critical	a. 중대한, 위기의
15	deplete	v. 고갈시키다
16	discharge	v. 방출하다, 배출하다
17	drastic	a. 급격한, 강력한
18	dwindle	v. 점점 작아지다, 줄어들다
19	effective	a. 효과적인
20	efficient	a. 효율적인, 능률적인
21	electric car	phr. 전기자동차
22	emission	n. 방출, 배출
23	emit	v. 내뿜다, 방출하다
24	energy crisis	phr. 에너지 위기
25	energy efficiency	phr. 에너지 효율
26	exhaust fumes	phr. 배기가스
27	expend	v. 소비하다, 다 써버리다
28	fossil fuels	phr. 화석연료
29	fuel efficiency	phr. 연비, 연료 소비율
30	halve	v. 반으로 나누다
31	hybrid car	phr. 하이브리드 자동차
32	hydrogen car	phr. 수소자동차
33	nuclear energy	phr. 원자력
34	outweigh	v. ~보다 더 크다, 뛰어나다
35	petrol	n. 휘발유
36	radiation	n. 방사능(U)
37	rechargeable	a. 재충전할 수 있는

38	renewable energy	phr. 재생 가능한 에너지
39	solar energy	phr. 태양 에너지
40	strike a balance	phr. 균형을 맞추다
41	strive	v. 노력하다
42	substitute	v. 대체하다
43	sustainable	a. (환경을 파괴하지 않고) 지속 가능한
44	turbine	n. 터빈, 엔진 기관
45	unleaded petrol	phr. 무연 휘발유
46	vehicle	n. 차량, 운송 수단

Day 17 경제와 산업 Economy & Business

1	advertise	v. 광고하다
2	advertisement	n. 광고
3	advertising	n. 광고(U)
4	applicant	n. 신청자, 지원자, 응모자
5	application	n. 신청, 지원
6	apply	v. 신청하다, 지원하다
7	boycott	n. 불매 운동
8	career	n. 경력
9	clerk	n. 점원, 사무원
10	client	n. 고객, 의뢰인
11	colleague	n. (직장) 동료
12	commercials	a. 상업의
13	conference	n. 회의
14	cost–effective	phr. 비용 효과가 높은, 비용 효율적인
15	counterpart	n. 상대, 대응하는 것
16	credibility	n. 신뢰성(U)
17	earn	v. (돈을) 벌다
18	economic	a. 경제의
19	economical	a. 절약하는, 경제적인
20	economy	n. 절약, 경제
21	employ	v. 고용하다
22	employee	n. 피고용자, 직원
23	employer	n. 고용주, 주인
24	employment	n. 고용(U)
25	endorse	v. 지지하다, 보증하다, 이서하다
26	enterprise	n. 회사, 기업
27	exclusive	a. 독점적인, 배타적인
28	fluctuate	v. 변동하다, 수시로 변하다
29	full–time job	phr. 정규직
30	goods and services	phr. 상품과 서비스
31	income	n. 소득(UC)
32	industry	n. 산업
33	invest	v. 투자하다
34	job	n. 일, 직업
35	manage	v. 관리하다, (회사를) 경영하다
36	manipulate	v. 조종하다, 조장하다
37	manual work	phr. 육체 노동
38	marketing	n. 마케팅(U)

39	merge	v. 합병하다
40	middle-class	phr. 중산층의
41	office	n. 사무실
42	overtime	n. 초과근무
43	overwork	n. 과로, 초과노동
44	part-time job	phr. 비정규직, 아르바이트
45	percent (percentage)	n. 퍼센트(퍼센티지), %
46	persuade	v. 설득하다, 권하다
47	pester	v. 조르다, 성가시게 하다
48	promote	v. 촉진하다, 조장하다, 승진시키다
49	prospects	n. 전망
50	qualifications	n. 자격증
51	redundant	a. (노동자가) 과잉의, 해고된
52	replicate	v. 복제하다, 모사하다
53	representative	n. 대표(자)
54	request	n. 요청 / v. 요청하다
55	retail	a. 소매의
56	retain	v. 유지하다
57	retire	v. 은퇴하다
58	role and responsibility = R&R	phr. 역할과 책임
59	salary	n. 봉급, 월급, 임금
60	shift work	phr. 교대 근무
61	skilled	a. 숙련된, 능숙한
62	staff	n. 직원
63	statistics	n. 통계
64	stock	n. 재고
65	supervisor	n. 관리자
66	supply and demand	phr. 수요와 공급
67	time-consuming	phr. 시간이 걸리는, 시간을 낭비하는
68	trade	n. 무역(UC)
69	trigger	v. 유발하다, 촉발시키다
70	unemployment	n. 실업, 실업률(U)
71	vocational training	phr. 직업훈련
72	workforce	n. 노동인구, 노동력
73	workplace	n. 직장

Day 18 정부와 법 The Government & Law

1	abide by	phr. 따르다, 준수하다
2	abolish	v. (법을) 폐지하다
3	accept the consequences	phr. 결과를 받아 들이다
4	authority	n. 권위, 권한(U)
5	capital punishment	phr. 사형
6	convict	v. 유죄를 선고하다
7	crime	n. 범죄
8	criminal	n. 범죄자
9	deter	v. 단념시키다, 막다
10	enforce	v. (법률을) 시행하다
11	evil	a. 사악한
12	fingerprint	n. 지문
13	fraud	n. 사기, 사기꾼
14	harsh	a. 가혹한, 혹독한
15	hit-and-run	phr. 뺑소니
16	impose a fine	phr. 벌금을 부과하다
17	imprisonment	n. 투옥, 수감(U)
18	innocent	a. 결백한, 무죄인, 무고한
19	intent	n. 의도, 고의
20	intrude upon one's privacy	phr. 사생활을 침해하다
21	judge	n. 재판관, 판사
22	juvenile delinquency	phr. 청소년 범죄
23	kidnapping	n. 유괴, 납치(UC)
24	law	n. 법, 법률
25	monitor	v. 감시하다
26	motive	n. 동기
27	murder	n. 살인(U)
28	obey	v. 복종하다, 지키다
29	offence	n. (법률이나 규칙의) 위반
30	on trial	phr. 재판 중에
31	pickpocketing	n. 소매치기(U)
32	prison	n. 감옥
33	protect	v. 보호하다
34	prove	v. 증명하다, 입증하다
35	punish	v. 처벌하다
36	reckless	a. 무모한, 앞뒤를 가리지 않는
37	rehabilitation	n. 사회 복귀, 갱생(U)
38	resent	v. 분개하다, 화를 내다

39	sentence	n. 판결, 선고
40	sexual harassment	phr. 성희롱, 성추행
41	smuggling	n. 밀수(U)
42	strict	a. 엄격한, 엄한
43	take an action	phr. 조치를 취하다
44	vandalism	n. 반달리즘(U)
45	vested interests	phr. 기득권, 권익
46	victim	n. 희생, 희생자
47	violate	v. 위반하다
48	violence	n. 폭력(U)

Day 19 대중매체, 영화와 연극
Mass Media, Movie & Play

1	admire	v. 동경하다, 존경하다
2	attention-grabbing	phr. 눈길을 사로잡는, 주목 받는
3	audience	n. 청중, 관객
4	biased view	phr. 편견, 치우친 시각
5	box office	phr. 매표소
6	broadcast	v. 방송하다
7	camera shy	phr. 사진 찍히기 싫어하는
8	censor	v. 검열하다
9	challenge	n. 도전, 문제
10	cinemagoer	n. 영화를 좋아해서 자주 보러 가는 사람, 영화팬
11	conservative	a. 보수적인
12	control	v. 지배하다, 통제하다
13	credibility	n. 진실성, 신뢰성
14	current affairs	phr. 시사 문제, 최근 사건
15	distorted	a. 왜곡한, 잘못 전해진
16	editor	n. 편집자, 논설위원
17	entertain	v. 즐겁게 하다, 재미있게 하다
18	entertainer	n. 연예인
19	entertainment	n. 연예, 오락
20	expose	v. 노출시키다
21	factual	a. 사실의, 사실에 입각한
22	fame	n. 명성(U)
23	go to the movies	phr. 영화 보러 가다
24	inform	v. 알리다, 정보를 제공하다
25	intrude	v. 침해하다, 방해하다
26	invade	v. 침해하다
27	investigate	v. 조사하다
28	journal	n. 저널, 잡지, 학회지
29	leg-room	phr. 다리를 뻗을 수 있는 공간
30	mainstream	n. 주류, 대세
31	media censorship	phr. 미디어 검열
32	media literacy	phr. 미디어를 이해하는 능력
33	newsstand	n. 가판대, 신문 잡지 판매소
34	opinion	n. 의견
35	paparazzi	n. 파파라치
36	perspective	n. 시각, 관점
37	pervasive	a. 확산되는, 퍼지는

38	press	n. 언론, 기자단(U)
39	preview	n. 시사회, 예고편
40	progressive	a. 진보적인
41	publication	n. 출판(U)
42	publicity	n. 매스컴의 관심, 홍보
43	realistic	a. 현실적인, 사실적인
44	release a movie	phr. 영화를 개봉하다
45	relevance	n. 관련성, 타당성(U)
46	running time	phr. 영화 상영 시간
47	sarcasm	n. 풍자, 비꼼(U)
48	sensational	a. 선정적인, 크게 물의를 일으키는
49	speculation	n. 추측(UC)
50	subtitle	n. (영화 대사) 자막
51	tabloid	n. 타블로이드 신문
52	touching movie	phr. 감동적인 영화
53	verify	v. (사실인지) 확인하다, 증명하다
54	well informed	phr. 잘 아는, 정보에 정통한

Day 20 예술 Art

1	admission	n. 입장, 입장료(U)
2	appreciate	v. (예술이나 문학 작품을) 감상하다
3	artist	n. 예술가
4	auction	n. 경매
5	burgeoning	a. 급증하는, 급성장 하는
6	carving	n. 조각물
7	cloakroom	n. 휴대품 보관소
8	crafts	n. 공예
9	curator	n. 큐레이터
10	depict	v. 그리다, 묘사하다
11	eclectic	a. 다방면에 걸친
12	emotion	n. 감정(UC)
13	enrich	v. 풍부하게 하다, 가치를 높이다
14	escape	v. 벗어나다
15	exhibition	n. 전시회
16	fundamental	a. 기본적인, 근본적인
17	gallery	n. 미술관
18	go to the theatre	phr. 연극을 보러 가다
19	inspire	v. 영감을 주다, 불어 넣다
20	interactive	a. 쌍방향의, 상호 교환적인
21	leaflet	n. 전단지
22	literature	n. 문학(U)
23	masterpiece	n. 명작, 걸작
24	monotonous	a. 단조로운
25	passion	n. 열정(UC)
26	perform	v. 공연하다, 연기하다
27	play	n. 연극
28	poetry	n. 시(U)
29	popular	a. 인기 있는, 대중적인
30	portrait	n. 초상화
31	prominent	a. 눈에 띄는, 탁월한
32	provoke	v. 유발시키다, 불러 일으키다
33	reflect	v. 반영하다
34	response	n. 반응
35	sculpture	n. 조각(UC)
36	taste	n. 취향, 작풍
37	theme	n. 주제, 테마
38	tragedy	n. 비극
39	transcend	v. 초월하다
40	venue	n. 장소
41	volume	n. 권

A

1	3D = three-dimensional	phr. 3차원의, 입체감 있는
2	abide by	phr. 따르다, 준수하다
3	ability	n. 노력해서 얻은 능력(U), 타고난 재능(C)
4	abolish	v. (법을) 폐지하다
5	absorb	v. 흡수하다
6	abstract	a. 추상적인
7	academic	a. 학원의, 학교(교육)의
8	accent	n. 악센트, 강세(UC)
9	accept the consequences	phr. 결과를 받아 들이다
10	access	n. 액세스, 접속(U) / v. 액세스하다, 접속하다
11	acclimatise	v. (새로운 환경에) 순응하다, 적응하다
12	accommodation	n. 숙박(UC)
13	accuracy	n. 정확(U)
14	achievable	a. 성취할 수 있는, 달성 가능한
15	achieve	v. (어떤 일을 노력하여) 성취하다, 달성하다
16	acid rain	phr. 산성비
17	acquire	v. 얻다, 배우다
18	active	a. 활동적인
19	activity	n. 활동
20	acute	a. 급성의, 예리한
21	adapt to	phr. (새로운 환경에) 적응하다
22	address	v. 고심하다, 연설하다
23	adequate	a. 적당한, 충분한
24	adjust to	phr. 적응하다, 맞추다, 순응하다
25	admire	v. 동경하다, 존경하다
26	admission	n. 입장, 입장료(U)
27	adolescence	n. 사춘기(U)
28	adolescent	n. 청소년 / a. 청소년의, 사춘기의, 미숙한
29	adopt a child	phr. 아이를 입양하다
30	adorn	v. 장식하다, 꾸미다
31	adornment	n. 장식(품), 장신구, 액세서리
32	adulthood	n. 성인기(U)
33	advantage	n. 이점, 유리한 점
34	advantageous	a. 유리한, 이로운
35	adventurous	a. 모험심이 강한, 대담한
36	advertise	v. 광고하다
37	advertisement	n. 광고
38	advertising	n. 광고(U)
39	aesthetic	a. 미의, 미학의
40	affect	v. 영향을 미치다, 영향을 주다
41	age	n. 시대, 시기
42	aggravate	v. (증상을) 악화시키다
43	aging society	phr. 고령화 사회
44	agriculture	n. 농업, 농경(U)
45	airsick	a. 비행기 멀미가 난
46	airy	a. 바람이 잘 통하는, 통풍이 잘 되는
47	allergic	a. 알레르기의, 알레르기 체질인
48	allergy	n. 알레르기
49	allow	v. 허락하다, 허가하다
50	alternative energy	phr. 대체에너지
51	ambiguous	a. 애매모호한, 두 가지 이상의 해석이 가능한
52	analyse	v. 분석하다

53	ancestor	n. 조상, 선조
54	ancient	a. 고대의, 옛날의
55	animal	n. 동물
56	Antarctic	n. 남극 지역
57	anxiety	n. 불안(감)(U)
58	ape	n. 유인원
59	appeal	v. (사람의 마음에) 호소하다, 어필하다
60	appetite	n. 식욕(UC)
61	applicant	n. 신청자, 지원자, 응모자
62	application	n. 신청, 지원
63	apply	v. 신청하다, 지원하다
64	appreciate	v. (예술이나 문학 작품을) 감상하다
65	archaeologist	n. 고고학자
66	archaeology	n. 고고학(U)
67	Arctic	n. 북극 지역
68	arid	a. (토지 등에 물이 마른) 불모의, 건조한
69	artefact	n. 유물, 공예품
70	artery	n. 동맥
71	artificial flavours	phr. 인공 조미료
72	artificial intelligence = AI	phr. 인공지능
73	artificial satellite	phr. 인공 위성
74	artist	n. 예술가
75	aspect	n. 측면, 양상
76	asset	n. 자산, 재산
77	assignment	n. 과제
78	asteroid	n. 소행성
79	astronaut	n. 우주 비행사
80	astronomer	n. 천문학자
81	at an alarming rate	phr. 급속도로, 놀랄만한 속도로
82	at risk	phr. 위험한 상태에 있는
83	atmosphere	n. 대기, 분위기
84	attention-grabbing	phr. 눈길을 사로잡는, 주목 받는
85	attitude	n. 태도, 사람의 몸과 마음가짐(UC)
86	auction	n. 경매
87	audience	n. 청중, 관객
88	author	n. 저자, 작가
89	authority	n. 권위, 권한(U)
90	automate	v. 자동화하다
91	automatic pilot	phr. 자동 조종 장치
92	average life expectancy	phr. 평균 기대수명
93	avoid	v. 피하다

B

94	bachelor's degree = BA	phr. 학사학위
95	backache	n. 요통
96	balcony	n. 발코니
97	basic needs	phr. 기본적 욕구
98	bear in mind	phr. 명심하다
99	beauty pageant	phr. 미인대회
100	behaviour	n. 행동, 태도(U)
101	beneficial	a. 이로운, 유익한
102	benefit	n. 이득(UC) / v. 이득이 되다
103	biased view	phr. 편견, 치우친 시각
104	bibliography	n. 참고문헌 목록

105	bilingual	a. 두 가지 언어를 구사하는
106	biodiversity	n. 생물의 다양성(U)
107	biofuel	n. 생물 연료, 바이오 연료
108	birth rate	phr. 출산율
109	blurred	a. (시야가) 흐릿한, 뿌연
110	boarding	n. 탑승, 승선(U)
111	bond	n. 유대, 결속 / v. 인연을 맺다, 접착하다
112	bored	a. 지루한, 싫증난
113	box office	phr. 매표소
114	Boxing Day	phr. 복싱 데이
115	boycott	n. 불매 운동
116	brain fog	phr. 머리 속이 안개같이 뿌연 상태
117	brainstorming	n. 브레인스토밍, 아이디어를 만들어 가는 과정
118	breakthrough	n. 획기적인 발전
119	breathtaking	a. 가슴을 뛰게 하는, 깜짝 놀랄만한
120	brick	n. 벽돌
121	brisk	a. 활발한, 활기찬
122	broadcast	v. 방송하다
123	broaden the/one's horizons	phr. 시야를 넓히다
124	brotherhood	n. 형제애(U)
125	budget	n. 예산, 경비
126	build	v. (건축물을) 짓다, 세우다
127	building	n. 빌딩, 건물
128	bully	v. 왕따시키다
129	burgeoning	a. 급증하는, 급성장 하는
130	burrow	n. 땅굴, 은신처
131	bus route	phr. 버스 노선
132	camera shy	phr. 사진 찍히기 싫어하는
133	campaign	n. 캠페인, 운동
134	cancer	n. 암(UC)
135	candidate	n. (자격을 갖춘) 지원자
136	capital punishment	phr. 사형
137	carbon	n. 탄소(U)
138	career	n. 경력
139	carsick	a. 차멀미를 하는
140	carving	n. 조각물
141	catastrophe	n. 대재앙, 대참사
142	catastrophic	a. 대재앙의, 대참사의
143	cause	v. 원인이 되다
144	ceiling	n. 천장
145	celebrity	n. 유명인사, 연예인
146	censor	v. 검열하다
147	central	a. 중앙의, 중심의
148	centralise	v. (인구나 산업 등을) 중앙으로 모으다, 중앙 집권하다
149	century	n. 100년, 1세기
150	challenge	n. 도전, 문제
151	character	n. 성격(UC)
152	charger	n. 충전기
153	charm	n. 매력(UC) / v. 매력이 있다
154	charming	a. 매력적인
155	childhood	n. 어린 시절, 유년(U)
156	choice	n. 선택

157	choke	v. 질식시키다, 숨이 막히다
158	choose	v. 선택하다, 고르다
159	chronic	a. 만성인
160	chronological order	phr. 연대별, 연대순
161	cinemagoer	n. 영화를 좋아해서 자주 보러 가는 사람, 영화팬
162	clarify	v. 분명히 하다, 이해하기 쉽게 하다
163	clearance sale	phr. 재고 처분, 창고 세일
164	clerk	n. 점원, 사무원
165	client	n. 고객, 의뢰인
166	climate	n. 기후(UC)
167	climate change	phr. 기후변화
168	cloakroom	n. 휴대품 보관소
169	close	a. 가까운, 친한
170	close-knit	phr. 긴밀한, 굳게 맺어진
171	clumsy	a. 서투른, 손재주가 없는
172	CO2 emission = carbon dioxide emission	phr. 이산화탄소 배출
173	coach	n. 대형 장거리 버스
174	coal	n. 석탄(U)
175	coastal	a. 해안의
176	co-ed(educational) school	phr. 남녀공학
177	cognitive	a. 인지의, 경험적 지식에 입각한
178	coherent	a. 시종 일관된, 논리적인
179	colleague	n. (직장) 동료
180	college	n. 대학
181	colonise	v. 식민지화하다
182	colony	n. 식민지
183	commercials	a. 상업의
184	communicate	v. 의사소통하다
185	communication	n. 의사소통(U)
186	community	n. 지역 공동체, 사회
187	commute	v. 출퇴근하다
188	compact	a. 소형의, 작고 경제적인
189	compatible	a. 호환되는
190	compete	v. 경쟁하다
191	competition	n. 경쟁(U)
192	competitiveness	n. 경쟁력(U)
193	comprehend	v. 이해하다
194	comprehension	n. 이해(U)
195	computerisation	n. 컴퓨터화(U)
196	computerised	a. 컴퓨터화된
197	conceivable	a. 생각할 수 있는, 상상할 수 있는
198	concentrate on	phr. ~에 집중하다
199	concept	n. 개념
200	conclude	v. 결론 내리다
201	conclusion	n. 결론(U)
202	concrete	n. 콘크리트(U)
203	conduct	v. 시행하다, 수행하다
204	conference	n. 회의
205	confirm	v. 승인하다, 확인하다
206	confirmation	n. 승인, 확인(UC)
207	conflict	n. 충돌, 갈등(UC) / v. 충돌하다, 상반되다

208	confront	v. 직면하다
209	confused	a. 혼란스러운, 당황해서 어찌할 바를 모르는
210	congestion	n. (교통) 혼잡(U)
211	conjecture	n. 추측, 억측(UC)
212	connection	n. 관계, 연고, 연결, 접속(UC)
213	consequence	n. 결과
214	conservation	n. 보호, 보존
215	conservative	a. 보수적인
216	conserve	v. 보호하다, 절약하다
217	consider	v. 고려하다, ~라고 여기다
218	construct	v. 건설하다, 만들다
219	construction	n. 건설(U)
220	consult a doctor	phr. 의사에게 진찰받다
221	consume	v. 다 써버리다, 소비하다
222	consumption	n. 소비
223	contaminate	v. 오염시키다
224	contamination	n. 오염
225	control	v. 지배하다, 통제하다
226	controversial	a. 논쟁의, 논란이 되는
227	controversy	n. 논쟁, 논의(UC)
228	conventional	a. 전통적인, 전통양식에 따른
229	conversation	n. 대화(UC)
230	converse	v. 대화하다
231	convert	v. 바꾸다, 전환시키다
232	convict	v. 유죄를 선고하다
233	cooperate	v. 협동하다
234	corridor	n. 복도
235	cosmetics	n. 화장품
236	cosmic	a. 우주의, 무한한
237	cosmopolitan	a. 국제적인, 세계인의
238	cosmos	n. 우주(U)
239	cost of living	phr. 생활비
240	cost-effective	phr. 비용 효과가 높은, 비용 효율적인
241	cosy	a. 아늑한, 편안한
242	cottage	n. 작은 별장
243	cotton	n. 면, 목화(U)
244	counter	v. 반박하다, 대응하다
245	counteract	v. 반대로 작용하다, 방해하다, 대응하다
246	counterpart	n. 상대, 대응하는 것
247	countryside	n. 시골(U)
248	crafts	n. 공예
249	cramped	a. 비좁고 갑갑한
250	crater	n. (화산의) 분화구
251	create	v. 창조하다, 만들다, ~의 원인이 되다
252	creative	a. 창의적인, 독창적인
253	creativity	n. 창의력, 독창력(U)
254	credibility	n. 진실성,신뢰성(U)
255	crime	n. 범죄
256	criminal	n. 범죄자
257	critical	a. 중대한, 위기의
258	crop	n. 농작물, 수확물
259	crusade	n. 개혁 운동

260	cultivate	v. 경작하다, 재배하다
261	cultural	a. 문화의
262	culture	n. 문화(UC)
263	curator	n. 큐레이터
264	curb	v. 억제하다, 제한하다
265	cure	v. 치료하다
266	current affairs	phr. 시사 문제, 최근 사건
267	curriculum	n. 교육과정, 커리큘럼(U)
268	custom-made	phr. 주문하여 만든, 맞춤의
269	cutting-edge	phr. 최첨단의
270	cyber	a. 컴퓨터의, 사이버 스페이스의
271	cycle	n. 주기, 순환

D

272	daily routines	phr. 반복되는 일상
273	data	n. 자료, 데이터
274	deal with	phr. 대하다, 처리하다
275	debris	n. 파편, 잔해
276	decade	n. 10년
277	decent	a. 괜찮은, 품위 있는
278	decentralise	v. 분산시키다
279	decorate	v. 장식하다, 꾸미다
280	decoration	n. 장식, 장식물(UC)
281	decrease	n. 감소 / v. 감소하다
282	defiant child	phr. 반항적인 아이
283	define	v. 정의하다
284	definition	n. (단어의) 정의
285	deforestation	n. 산림 벌채
286	dehydration	n. 탈수증
287	demographic	a. 인구 통계의
288	demographics	n. 인구 통계
289	demolish	v. (건물을 의도적으로) 파괴하다, 철거하다
290	demolition	n. 파괴, 철거(U)
291	demonstrate	v. 실제로 사용하여 설명하다, 증명하다
292	department store	phr. 백화점
293	depend	v. 의지하다, 달려있다, 믿다
294	dependent	a. 의존적인
295	depict	v. 그리다, 묘사하다
296	deplete	v. 고갈시키다
297	deposit	n. 보증금, 예약금
298	depression	n. 우울증(UC)
299	descendant	n. 자손, 후예
300	desire	n. 욕구, 욕망(UC) / v. 간절히 바라다
301	destination	n. 여행의 목적지, 행선지
302	deter	v. 단념시키다, 막다
303	deteriorate	v. 악화되다, (도덕 등이) 퇴폐하다
304	devastating	a. 파괴적인, 황폐화 시키는, 엄청난
305	develop	v. 발달하다, 발전하다
306	developed country	phr. 선진국
307	developing country	phr. 개발도상국
308	development	n. 발달, 발전(UC)
309	device	n. 기계적 장치, 기기
310	devise	v. 고안하다, 발명하다
311	diagnosis	n. 진찰, 진단(UC)

312	dialect	n. 사투리(UC)
313	diet	n. 식단, 식이요법
314	dietician	n. 영양사
315	diminish	v. 약해지다, 약화시키다
316	DINKY = Double Income No Kids Yet	phr. 아이가 없는 맞벌이
317	dinosaur	n. 공룡
318	disadvantage	n. 불리, 손해
319	disadvantageous	a. 불리한, 해를 입히는
320	disappoint	v. 실망시키다
321	disappointment	n. 실망, 기대에 어긋남(U)
322	disaster	n. 재난, 천재지변, 참사(UC)
323	disastrous	a. 재난을 일으키는, 피해가 막심한
324	discharge	v. 방출하다, 배출하다
325	discover	v. 발견하다
326	disease	n. 병(UC)
327	disorder	n. 이상, 장애(UC)
328	display	n. 디스플레이, 전시
329	disposable	a. 1회용의, 한 번 쓰고 버릴 수 있는
330	disposal	n. 처리(U)
331	dispose of	phr. 처리하다, 치우다
332	disrupt	v. 방해하다, 지장을 주다
333	dissatisfied	a. 불만인, ~에 만족 못한
334	dissertation	n. 논문
335	distinguish	v. 구별하다, 식별하다
336	distorted	a. 왜곡한, 잘못 전해진
337	diverse	a. 다양한
338	diversity	n. 다양(성)(UC)
339	dizzy	a. 현기증이 나는
340	doctor's degree = PhD	phr. 박사학위
341	domestic	a. 가정의
342	dose	n. 1회 복용량
343	double-edged sword	phr. 양날의 칼(장단점이 모두 있는 상황)
344	double-income family	phr. 맞벌이 가정
345	doubt	n. 의심(UC)
346	doubtful	a. 의심스러운
347	drastic	a. 급격한, 강력한
348	dress shirt	phr. 드레스 셔츠, 와이셔츠
349	dress up	phr. 잘 차려 입다, 정장을 입다
350	drought	n. 가뭄(UC)
351	dump	v. (쓰레기를) 버리다
352	duty free shop	phr. 면세점
353	dwell	v. 살다, 거주하다
354	dwindle	v. 점점 작아지다, 줄어들다
355	dye	v. 염색하다

E

356	earn	v. (돈을) 벌다
357	e-book = electronic book	phr. 전자책
358	eclectic	a. 다방면에 걸친
359	eco-friendly = environmentally friendly	phr. 환경 친화적인, 친환경적인
360	ecological	a. 생태학의
361	ecology	n. 생태학(U)

362	economic	a. 경제의
363	economical	a. 절약하는, 경제적인
364	economy	n. 절약, 경제
365	ecosystem	n. 생태계
366	ecotourism	n. 생태 관광(U)
367	editor	n. 편집자, 논설위원
368	educate	v. 교육하다, 양성하다
369	educated	a. 교육 받은
370	education	n. 교육(UC)
371	effect	n. 영향, 효과(UC)
372	effective	a. 효과적인
373	efficient	a. 효율적인, 능률적인
374	electric car	phr. 전기자동차
375	eligible	a. 자격이 있는
376	eliminate	v. 제거하다, 없애다
377	emerge	v. 나타나다, 드러나다
378	emission	n. 방출, 배출
379	emit	v. 내뿜다, 방출하다
380	emotion	n. 감정(UC)
381	employ	v. 고용하다
382	employee	n. 피고용자, 직원
383	employer	n. 고용주, 주인
384	employment	n. 고용(U)
385	endangered	a. 멸종 위기에 처한
386	endorse	v. 지지하다, 보증하다, 이서하다
387	endure	v. 견디다
388	energy crisis	phr. 에너지 위기
389	energy efficiency	phr. 에너지 효율
390	enforce	v. (법률을) 시행하다
391	engineering	n. 공학(U)
392	enhance	v. 강화하다, 끌어올리다
393	enjoy	v. 즐기다
394	enrich	v. 풍부하게 하다, 가치를 높이다
395	enterprise	n. 회사, 기업
396	entertain	v. 즐겁게 하다, 재미있게 하다
397	entertainer	n. 연예인
398	entertainment	n. 연예, 오락
399	environment	n. 환경(UC)
400	environmental degradation	phr. 환경 파괴, 환경 악화
401	environmental pollution	phr. 환경오염
402	environmentalist	n. 환경론자
403	envisage	v. 마음에 그리다, 예상하다, 상상하다
404	era	n. 시대
405	erode	v. 서서히 침식하다, 파괴하다
406	erosion	n. 부식, 침식(U)
407	escape	v. 벗어나다
408	establish	v. (관계를) 확립하다
409	evidence	n. 증거, 징후(U)
410	evil	a. 사악한
411	evolution	n. 진화, 발전(U)
412	evolve	v. 차츰 발전시키다, 전개시키다, 진화하다, 발전하다
413	exacerbate	v. 악화시키다

414	excavation	n. 발굴, 발굴물	
415	exclude	v. 배제하다, 제외하다	
416	exclusive	a. 독점적인, 배타적인	
417	exercise	n. 운동(UC) / v. 운동하다	
418	exhaust	v. (자원을) 다 써버리다, 고갈시키다	
419	exhaust fumes	phr. 배기가스	
420	exhibition	n. 전시회	
421	exotic	a. 이국적인, 색다른	
422	expend	v. 소비하다, 다 써버리다	
423	experience	n. 경험(UC) / v. 경험하다	
424	explain	v. 설명하다	
425	exploit	v. 개발하다, 착취하다	
426	exploration	n. 탐험, 개발	
427	explore	v. 탐험하다, 탐사하다	
428	explorer	n. 탐험가, 답사자	
429	expose	v. 노출시키다	
430	express	v. 표현하다	
431	expression	n. 표현(UC)	
432	extended family	phr. 대가족	
433	exterior	a. 외부의, 외관의	
434	extinct	a. 멸종된	
435	extinction	n. 멸종(U)	
436	extreme	a. 극도의, 극심한	
437	eye-catching	phr. 눈길을 끄는	
F			
438	fabric	n. 직물, 천(UC)	
439	face	v. 직면하다, 직접 부딪치다, 직시하다	
440	face to face	phr. 마주 보고, 서로 얼굴을 보고	
441	facility	n. 시설(UC)	
442	factual	a. 사실의, 사실에 입각한	
443	fall behind	phr. 뒤처지다	
444	fame	n. 명성(U)	
445	family background	phr. 가정 환경	
446	family gathering	phr. 가족 모임	
447	fashionable	a. 유행하는, 패션 감각이 뛰어난	
448	fashionista	n. 패셔니스타	
449	fast food	phr. 패스트푸드	
450	fat	a. 살찐, 뚱뚱한 / n. 지방(U)	
451	feasible	a. 실현 가능한	
452	fees	n. 등록금, 수업료	
453	fertiliser	n. 비료(UC)	
454	field of study	phr. 연구 분야	
455	find out	phr. 발견하다	
456	findings	n. 연구결과, 발견	
457	fingerprint	n. 지문	
458	fitting room	phr. 탈의실	
459	flagship store	phr. 플래그쉽 스토어	
460	flea market	phr. 벼룩시장	
461	flexible	a. 융통성 있는, 유연한	
462	float	v. 뜨다, 떠다니다	
463	flood	n. 홍수, 수해	
464	flourish	v. 번성하다, 번영하다	
465	flower print	phr. 꽃무늬	

466	fluctuate	v. 변동하다, 수시로 변하다
467	fluency	n. 유창함(U)
468	fluently	ad. 유창하게
469	following generation	phr. 차세대, 다음 세대
470	fond	a. 좋아하는, 다정한, 애정이 있는
471	food additives	phr. 식품 첨가물
472	food chain	phr. 먹이사슬
473	food cravings	phr. 음식에 대한 지나친 갈망, 욕구
474	food poisoning	phr. 식중독
475	foreign language	phr. 외국어
476	former	a. 과거의, 이전의
477	fossil	n. 화석
478	fossil fuels	phr. 화석연료
479	foyer	n. 로비, 현관
480	frame	n. (건조물의) 뼈대, 틀
481	fraud	n. 사기, 사기꾼
482	friendship	n. 우정(UC)
483	fruitless	a. 쓸데없는, 헛된
484	fuel efficiency	phr. 연비, 연료 소비율
485	fulfil	v. 성취하다, 실현하다
486	fulfilment	n. 성취, 실현
487	full-time job	phr. 정규직
488	full-time student	phr. 풀타임 학생
489	fully-grown	phr. 충분히 성장한, 성숙한
490	function	n. 기능, 작용
491	functional	a. 기능 위주의, 실용적인
492	fundamental	a. 기본적인, 근본적인
493	funding	n. 재정적 지출, 재원, 자금(U)
494	fur	n. 모피, 부드러운 털(U)
495	furnished	a. 가구가 갖추어진
496	futile	a. 쓸데없는, 헛된
497	futuristic	a. 초현대적인, 미래의, 시간을 앞서가는
498	gadget	n. 소형 전자제품, 새로운 고안품
499	gala dinner	phr. 공식 축하 만찬
500	galaxy	n. 은하, 성운
501	gallery	n. 미술관
502	garment	n. 의류, 의복
503	gene	n. 유전자, 유전인자
504	general practitioner = GP	phr. (전문의가 아닌) 일반의, 동네 병원 의사
505	generation gap	phr. 세대 차이
506	genetic engineering	phr. 유전공학
507	genetically modified	phr. 유전자 조작의
508	genetics	n. 유전학, 유전적 특징(UC)
509	gesture	n. 제스처, 몸짓 / v. 몸짓하다
510	gift voucher	phr. 상품권
511	global leader	phr. 글로벌 리더
512	globalisation	n. 세계화(U)
513	Globish	n. 글로비시(U)
514	go to the movies	phr. 영화 보러 가다
515	go to the theatre	phr. 연극을 보러 가다
516	goal	n. 목표, 목적
517	goods and services	phr. 상품과 서비스

518	government subsidies	phr. 정부 보조금	
519	grade	n. 학년 / n. 성적, 점수	
520	graduate	n. 졸업생 / v. 졸업하다	
521	graduation	n. 졸업(U)	
522	grant	n. 보조금 / v. 주다, 수여하다	
523	gravitational	a. 중력의, 중력 작용의	
524	gravity	n. 중력(U)	
525	greenhouse effect	phr. 온실효과	
526	greenhouse gases	phr. 온실가스	
527	grow	v. 자라다, 성장하다	
528	growth	n. 성장, 발전(U)	
529	guided tour	phr. 가이드가 동행하는 여행	
530	gym = gymnasium	n. 헬스클럽, gymnasium의 줄임말	

H

531	habitat	n. 서식지
532	hall of residence	phr. 기숙사
533	halve	v. 반으로 나누다
534	hand down	phr. 물려주다
535	harm	n. 해, 손해(U) / v. 해치다, 손상하다
536	harmful	a. 해로운, 유해한
537	harsh	a. 가혹한, 혹독한
538	harvest	n. 수확, 수확량(UC)
539	have a lot in common	phr. 공통점이 많다
540	health	n. 건강(U)
541	healthy	a. 건강한
542	height	n. 키, 높이(U)
543	heritage	n. (문화, 자연) 유산, 전통(UC)
544	hesitation	n. 망설임, 주저
545	hibernate	v. 동면하다
546	high-rise	phr. 고층의, 고층 건물의
547	hindrance	n. 방해, 장애(U)
548	historian	n. 역사학자, 사학자
549	historical	a. 역사적인
550	history	n. 역사(U)
551	hit-and-run	phr. 뺑소니
552	hobby	n. 취미
553	home schooling	phr. 홈 스쿨링
554	homesick	a. 향수병의, 집을 그리워하는
555	homesickness	n. 향수병, 향수병에 걸림(U)
556	homework	n. 숙제(U)
557	horizon	n. 수평선, 지평선
558	hospitality	n. 환대(U)
559	host	n. (사교 모임의) 주최, 주인
560	household chores	phr. 가사일
561	human beings	phr. 인간
562	human nature	phr. 인간성, 인간의 본성
563	hybrid car	phr. 하이브리드 자동차
564	hydrogen car	phr. 수소자동차

I

565	icon	n. 아이콘, 우상이 되는 인물
566	identification = ID	n. 신분 확인, 신분증, 식별(UC)
567	identity	n. 신원, 주체성(UC)
568	illustrate	v. 예를 들어 설명하다, 보여주다
569	image	n. 이미지, 모양

570	imagination	n. 상상(력), 창의(력)(UC)
571	imagine	v. 상상하다, 생각하다
572	imitate	v. 모방하다, 흉내내다
573	imitation	n. 모조품, 모방
574	immature	a. 미숙한, 미완성의
575	immediate family	phr. 직계 가족
576	immune system	phr. 면역체계
577	impediment	n. (기능, 발달상의) 장애
578	implication	n. 영향, 함축된 뜻
579	imply	v. 암시하다, 의미하다, 내포하다
580	impose a fine	phr. 벌금을 부과하다
581	impoverishment	n. 빈곤(화)(U)
582	impractical	a. 실현 불가능한
583	imprisonment	n. 투옥, 수감(U)
584	improve	v. 향상시키다, 관계시키다
585	improvement	n. 향상, 개선(UC)
586	impulse buying	phr. 충동구매
587	in danger	phr. 위험에 직면하여
588	inactive	a. 비활동적인, 소극적인
589	include	v. 포함하다
590	incoherent	a. 논리가 맞지 않는, 앞뒤가 맞지 않는
591	income	n. 소득(UC)
592	increase	n. 증가 / v. 증가하다, 늘다
593	independent	a. 독립적인
594	indicate	v. 나타내다, 가리키다
595	indoor	a. 실내의
596	industry	n. 산업
597	inequality	n. 불평등(UC)
598	inevitable	a. 불가피한, 피할 수 없는, 당연한
599	inexorably	ad. 가차없이
600	infant	n. 유아
601	infect	v. 감염시키다, 전염되다
602	infection	n. 감염, 전염
603	inform	v. 알리다, 정보를 제공하다
604	ingredients	n. 성분, 재료
605	inhabitant	n. 주민, 거주자
606	inherent	a. 고유의, 본질적인, 선천적으로 가지고 태어난
607	inherit	v. 상속하다, 물려받다
608	innocent	a. 결백한, 무죄인, 무고한
609	innovation	n. 혁신(U)
610	innovative	a. 혁신적인
611	insect	n. 곤충, 벌레
612	insight	n. 통찰력, 식견
613	insomnia	n. 불면증(U)
614	inspire	v. 영감을 주다, 불어 넣다
615	instalment	n. 할부금
616	instinct	n. 본능(UC)
617	insulation	n. 단열재
618	intake	n. 섭취, 섭취량
619	intangible	a. 무형의, 만질 수 없는
620	intense	a. 과도한, 격렬한
621	intent	n. 의도, 고의

	622	interact	v. 상호 작용하다, 서로 영향을 끼치다
	623	interaction	n. 상호 작용(UC)
	624	interactive	a. 쌍방향의, 상호 교환적인
	625	internal	a. 내부의
	626	international relations	phr. 국제관계
	627	international student	phr. 외국인 학생
	628	interpret	v. 해석하다, 통역하다
	629	interpreter	n. 통역사
	630	intonation	n. 억양, 음조(UC)
	631	intrude	v. 침해하다, 방해하다
	632	intrude upon one's privacy	phr. 사생활을 침해하다
	633	invade	v. 침해하다
	634	invent	v. 발명하다, 고안하다
	635	invention	n. 발명(품), 고안
	636	invest	v. 투자하다
	637	investigate	v. 조사하다
	638	invitation	n. 초대(U), 초대장(C)
	639	invite	v. 초대하다
	640	irregular	a. 불규칙한
	641	irreparable	a. 돌이킬 수 없는, 고칠 수 없는
	642	irresponsibility	n. 무책임(U)
	643	irresponsible	a. 무책임한, 믿을 수 없는
	644	isolation	n. 고립(U)
	645	issue	n. 문제, 쟁점
	646	itinerary	n. 여행 일정, 일정표
J	647	jet lag	phr. 시차증
	648	job	n. 일, 직업
	649	journal	n. 저널, 잡지, 학회지
	650	journey	n. 여행, 여정
	651	judge	n. 재판관, 판사
	652	juvenile delinquency	phr. 청소년 범죄
K	653	kidnapping	n. 유괴, 납치(UC)
	654	knowledge	n. 지식(U)
L	655	labour-saving	phr. 노동력 절감의, 인력을 줄이는
	656	landfill	n. 쓰레기 매립지
	657	landlord	n. 집주인
	658	landmark	n. 명소, 유명한 건물
	659	landscape	n. 경관, 풍경
	660	language	n. 언어, 말(UC)
	661	language barrier	phr. 언어장벽
	662	laptop	n. 노트북, 랩톱
	663	launch	n. 발사, 착수
	664	law	n. 법, 법률
	665	lead a busy life	phr. 바쁘게 살다
	666	leaflet	n. 전단지
	667	learn	v. 배우다
	668	learning disorder	phr. 학습장애
	669	lease	v. (토지나 집 등을) 임대하다, 임차하다
	670	leather	n. 가죽(U)
	671	lecture	n. 강의
	672	leg-room	phr. 다리를 뻗을 수 있는 공간
	673	leisure	n. 여가(U)

#	Term	Meaning
674	liable	a. 법적 책임이 있는
675	librarian	n. 도서관 사서
676	library	n. 도서관
677	life span	phr. 수명
678	lifelong ambition	phr. 평생 소원
679	lifestyle	n. 생활방식
680	life-threatening	phr. 생명을 위협하는
681	lift	n. 승강기
682	likely	a. ~할 것 같은, 가능성이 있는
683	limit	n. 제한, 한계
684	linger	v. 잔존하다, 오랫동안 머무르다
685	linguist	n. 언어학자
686	linguistics	n. 언어학(U)
687	literature	n. 문학(U)
688	local	a. 그 고장의, 지방의, 지역의
689	Lonely Planet	phr. 세계적인 베스트 셀러 여행 책자
690	long-sighted	phr. 멀리 내다보는, 선견지명이 있는
691	look back	phr. 뒤돌아보다, 회상하다
692	lose track of time	phr. 시간 가는 줄 모르다
693	luggage	n. 수화물(U)
694	lunar	a. 달의, 음력의
695	lunar eclipse	phr. 월식
696	luxurious	a. 호화스러운, 사치스러운
697	luxury goods	phr. 사치품

M

698	mainstream	n. 주류, 대세
699	maintain	v. 유지하다
700	make a choice	phr. 선택하다
701	make a compromise	phr. 타협하다
702	make a decision	phr. 결정하다, 결심하다
703	make a living	phr. 생계를 꾸리다
704	makeup	n. 화장, 메이크업(UC)
705	manage	v. 관리하다, (회사를) 경영하다
706	manipulate	v. 조종하다, 조장하다
707	manual work	phr. 육체 노동
708	marine	a. 바다의
709	marketing	n. 마케팅(U)
710	mass-produced	phr. 대량 생산된
711	master	v. 터득하다, 숙달하다
712	master's degree = MA	phr. 석사학위
713	masterpiece	n. 명작, 걸작
714	materialistic	a. 물질주의의
715	maternal	a. 모성의, 어머니의
716	mature	a. 완전히 성장한, 성숙한 / v. 충분히 발달하다
717	maturity	n. 성숙(U)
718	means of communication	phr. 의사소통 수단
719	media censorship	phr. 미디어 검열
720	media literacy	phr. 미디어를 이해하는 능력
721	medical tourism	phr. 의료 관광
722	meet a need	phr. 요구에 맞추다
723	megacity	n. 거대도시
724	memorable	a. 기억에 남는, 인상적인
725	memory chip	phr. 메모리 칩

726	merge	v. 합병하다	
727	messy	a. 지저분한	
728	Michelin Guide	phr. 미쉐린(미슐랭) 가이드	
729	middle-class	phr. 중산층의	
730	milestone	n. 이정표, 획기적인 사건	
731	millennium	n. 천년	
732	mind	n. 마음, 정신(UC)	
733	miscommunication	n. 잘못된 의사소통(U)	
734	miss an opportunity	phr. 기회를 놓치다	
735	modern	a. 현대의	
736	modify	v. (일부를) 수정하다, 고치다, 변경하다	
737	monitor	v. 감시하다	
738	monotonous	a. 단조로운	
739	Mother Nature	phr. 대자연	
740	mother tongue	phr. 모국어	
741	motivate	v. 동기나 자극을 주다, 흥미를 느끼게 하다	
742	motivation	n. 자극, 동기부여(UC)	
743	motive	n. 동기	
744	mountainous	a. 산이 많은	
745	MSG = monosodium glutamate	phr. MSG, 화학 조미료	
746	multinational	a. 다국적의, 3개국 이상의	
747	multi-storey	phr. 다층의, 고층의	
748	murder	n. 살인(U)	
749	muscle	n. 근육(UC)	
750	must-have	phr. 반드시 가지고 있어야 하는	
N			
751	nail polish	phr. 매니큐어	
752	national competitiveness	phr. 국가경쟁력	
753	native speaker	phr. 원어민, 어떠한 언어를 모국어로 하는 사람	
754	natural	a. 자연의, 천연의	
755	nature	n. 본질, 인간성(UC), 자연(U)	
756	navigation	n. 네비게이션, 주행지시	
757	neat	a. 깔끔한	
758	needless to say	phr. 말할 필요도 없이, 물론	
759	negative	a. 부정적인	
760	newsstand	n. 가판대, 신문 잡지 판매소	
761	nostalgia	n. 향수, 그리움(U)	
762	nostalgic	a. 향수를 불러 일으키는, 옛날을 그리워하는	
763	nuclear energy	phr. 원자력	
764	nuclear family	phr. 핵가족	
765	nurse	v. 젖먹이다, 기르다, 돌보다	
766	nursery	n. 유치원, 탁아소	
767	nurture	n. 교육, 양육, 자양(U) / v. 양육하다	
768	nutrient	n. 영양소, 영양제	
769	nutrition	n. 영양, 영양상태(U)	
O			
770	obese	a. (병적으로) 비만인	
771	obesity	n. 비만(U)	
772	obey	v. 복종하다, 지키다	
773	observatory	n. 천문대, 전망대	
774	obstacle	n. (진보나 진행의) 장애(물), 방해	
775	occupy	v. 차지하다, 점유하다	
776	ocean	n. 대양, 해양	
777	offence	n. (법률이나 규칙의) 위반	

778	office	n. 사무실
779	off-line	phr. 오프라인의, 온라인 상태가 아닌
780	old-fashioned	phr. 구식인, 시대에 뒤떨어진
781	on trial	phr. 재판 중에
782	once in a lifetime opportunity	phr. 일생에 단 한 번뿐인 기회
783	one-sided	phr. 편파적인, 한 쪽으로 치우친
784	online	a. 온라인의
785	online shopping	phr. 온라인 쇼핑
786	onset	n. 발병
787	opinion	n. 의견
788	opportunity	n. 기회(UC)
789	optimism	n. 낙천주의, 낙관주의(U)
790	optimist	n. 낙천적인 사람, 낙관적인 사람
791	optimistic	a. 낙천적인
792	orbit	n. 궤도(UC) / v. 주위를 궤도를 그리며 돌다
793	organic foods	phr. 유기농 식품
794	organise a team	phr. 팀을 조직하다
795	outdoor	a. 실외의, 야외의
796	outer space	phr. 대기권 밖의 공간, 우주
797	outlet store	phr. 할인점, 직매점
798	outlook	n. 전망, 경치, 견해
799	outweigh	v. ~보다 더 크다, 뛰어나다
800	overcome	v. 극복하다
801	overcrowded	a. 사람이 너무 많아 붐비는, 초만원인
802	overdo	v. 지나치게 ~하다
803	overdue book	phr. 기일이 지난 책, 연체된 책
804	overeat	v. 과식하다
805	overpopulation	n. 인구과잉(U)
806	overpriced	a. 값비싼, 값이 너무나 비싸게 매겨진
807	overtime	n. 초과근무
808	overweight	n. 과체중(U)
809	overwork	n. 과로, 초과노동
810	overworked	a. 과로한
P 811	paparazzi	n. 파파라치
812	participate	v. 참가하다
813	part-time job	phr. 비정규직, 아르바이트
814	part-time student	phr. 파트타임 학생
815	passion	n. 열정(UC)
816	patent	n. 특허(권)
817	patience	n. 인내, 참을성(U)
818	patient	a. 인내심이 있는, 참을성 있는
819	peaceful	a. 평화로운
820	peak	n. 산꼭대기, 정상
821	pedestrian	n. 보행자
822	peer	n. 또래, 동료
823	percent (percentage)	n. 퍼센트(퍼센티지), %
824	perform	v. 공연하다, 연기하다
825	period	n. 기간, 시기, 시대
826	periodical	n. 정기간행물, 잡지
827	persistent	a. 지속하는
828	personality	n. 성격, 개성(UC)
829	perspective	n. 시각, 관점

830	persuade	v. 설득하다, 권하다
831	pervasive	a. 퍼지는, 만연하는, 확산되는
832	pessimism	n. 비관주의, 비관론(U)
833	pessimist	n. 비관론자, 염세주의자
834	pessimistic	a. 비관적인, 염세적인
835	pester	v. 조르다, 성가시게 하다
836	pesticide	n. 농약, 살충제
837	pet	n. 애완동물
838	petrol	n. 휘발유
839	pharmaceutical	a. 제약의, 약학의
840	phase	n. 단계, 국면
841	pickpocketing	n. 소매치기(U)
842	picturesque	a. 그림 같은, 생생한
843	PIN number	phr. 인증번호, 비밀번호
844	pioneer	n. 선구자, 창시자
845	placebo	n. 가짜 약, 위약
846	planet	n. 행성
847	plant	n. 식물
848	plastic surgery	phr. 성형 수술
849	play	n. 연극
850	play a role in	phr. ~에서 역할을 하다
851	playful fighting	phr. 장난으로 싸우는 것
852	plumbing	n. 배관, 수도관
853	poach	v. 밀렵하다, 남의 땅에 침입하다
854	poetry	n. 시(U)
855	pointless	a. 무의미한
856	polar	a. 극지방의, 남극의, 북극의
857	polka dot	phr. 땡땡이 무늬
858	pollutant	n. 오염물질(UC)
859	pollute	v. 오염시키다
860	pollution	n. 오염, 공해
861	popular	a. 인기 있는, 대중적인
862	population dispersion	phr. 인구분산
863	portable	a. 휴대용의, 휴대(이동) 가능한
864	portion	n. 1인분, 몫, 양
865	portrait	n. 초상화
866	positive	a. 긍정적인, 적극적인
867	possible	a. 가능한
868	postgraduate school	phr. 대학원
869	postgraduate student	phr. 대학원생
870	poverty	n. 빈곤, 가난(U)
871	practical	a. 실현 가능한, 실행 가능한
872	predate	v. (시간적으로) 선행하다, 앞서다
873	predator	n. 포식자, 약탈자
874	prefabricated	a. 조립식의
875	prehistoric	a. 선사 시대의
876	prescription	n. 처방전
877	preservative	n. 방부제(UC)
878	preserve	v. 보존하다
879	press	n. 언론, 기자단(U)
880	pressing	a. 긴급한
881	prevent	v. 예방하다, ~하는 것을 막다

882	prevention	n. 예방, 방해(U)	
883	preview	n. 시사회, 예고편	
884	previous	a. (시간, 순서에서) 이전의, 사전의	
885	prey	n. 먹이	
886	price tag	phr. 가격표	
887	primary school	phr. 초등학교	
888	primary school student	phr. 초등학생	
889	priority	n. 우선순위, 우선사항(UC)	
890	prison	n. 감옥	
891	pristine	a. 자연 그대로의, 오염되지 않은, 아주 깨끗한	
892	progressive	a. 진보적인	
893	prominent	a. 눈에 띄는, 탁월한	
894	promote	v. 촉진하다, 조장하다, 승진시키다	
895	pronounce	v. 발음하다	
896	pronunciation	n. 발음(UC)	
897	prospects	n. 전망	
898	protect	v. 보호하다	
899	prototype	n. 견본, 원형	
900	prove	v. 증명하다, 입증하다	
901	provoke	v. 유발시키다, 불러 일으키다	
902	publication	n. 출판(U)	
903	publicity	n. 매스컴의 관심, 홍보	
904	punctual	a. 약속한 시간을 엄수하는, 제 시간에 오는	
905	punish	v. 처벌하다	
906	punishment	n. 벌(UC)	
907	pupil	n. 학생(초중고 학생)	
908	put pressure on	phr. 압력을 가하다, 압력을 넣다	
Q	909	quaint	a. 예스럽고 멋있는
	910	qualifications	n. 자격증
	911	quality of life	phr. 삶의 질
	912	questionable	a. 의문의 여지가 있는, 미심쩍은
R	913	racism	n. 인종 차별(U)
	914	radiation	n. 방사능(U)
	915	raise a child	phr. 아이를 키우다
	916	rate	n. 비율, 요금, 속도
	917	ready-made	phr. 기성품인, 미리 만들어 놓은
	918	real estate	phr. 부동산(집이나 토지)
	919	realistic	a. 현실적인, 사실적인
	920	rebellion	n. 반항(U)
	921	rebellious	a. 반항적인
	922	recall	v. 상기하다, 회상하다, 회수하다
	923	recall a book	phr. (대출한) 책을 회수하다, 책을 리콜하다
	924	recharge one's batteries	phr. 재충전하다, 원기를 회복하다
	925	rechargeable	a. 재충전할 수 있는
	926	reckless	a. 무모한, 앞뒤를 가리지 않는
	927	recommend	v. 권장하다, 추천하다
	928	reconstruct	v. 재건하다, 다시 만들다
	929	recorded history	phr. 역사상
	930	recover	v. (건강을) 회복하다
	931	recreational	a. 휴양의, 오락의
	932	recyclable	a. 재활용 가능한
	933	recycle	v. 재활용하다

934	reduce	v. 줄이다
935	redundant	a. (노동자가) 과잉의, 해고된
936	refer	v. 인용하다, 언급하다
937	reflect	v. 반영하다
938	reform	v. 개선하다, 개혁하다
939	refresh	v. 새롭게 하다, 상쾌하게 하다, 원기를 회복하다
940	refreshment	n. 원기 회복, 휴식(U)
941	refund	n. 환불
942	refuse	n. 폐기물, 음식물 쓰레기
943	regret	v. 후회하다, 유감으로 여기다
944	regular	a. 규칙적인 / n. 단골손님
945	regulate	v. 규제하다, 조정하다
946	rehabilitation	n. 사회 복귀, 갱생(U)
947	relate	v. 관련이 있다
948	relation	n. 관계, 친척(UC)
949	relationship	n. 관계, 친척(UC)
950	relative	n. 친척 / a. 상대적
951	relative deprivation	phr. 상대적 박탈감
952	relatively	ad. 상대적으로, 비교해서
953	relax	v. 긴장을 늦추다, 쉬게 하다
954	release a movie	phr. 영화를 개봉하다
955	relevance	n. 관련성, 타당성(U)
956	relevant	a. 관련이 있는
957	relics	n. 유물, 유적
958	remember	v. 기억하다
959	remind	v. 생각나게 하다, (기억하도록) 다시 한 번 말해 주다
960	reminder	n. 독촉장
961	reminisce	v. 즐겁게 회상하다
962	remote	a. 멀리 떨어진, 원격의
963	remote control	phr. 리모콘, 원격 조정
964	renew a book	phr. (책의) 대출 기한을 연장하다
965	renewable energy	phr. 재생 가능한 에너지
966	renovate	v. 수리하다, 좋은 상태로 되돌리다
967	replicate	v. 복제하다, 모사하다
968	representative	n. 대표(자)
969	request	n. 요청 / v. 요청하다
970	requirements for admission	phr. 입학 요건
971	research	n. 연구, 조사(U)
972	resemblance	n. 닮음, 유사(UC)
973	resemble	v. 닮다, 공통점이 있다
974	resent	v. 분개하다, 화를 내다
975	reserve	v. 예약하다
976	resistant	a. 저항력 있는
977	resolution	n. 해결, 결의
978	resolve	v. 해결하다, 결단하다
979	resources	n. 자원
980	respect	n. 존경 / v. 존경하다
981	response	n. 반응
982	responsibility	n. 책임(UC)
983	responsible	a. 책임이 있는
984	result	n. 성적, 결과
985	retail	a. 소매의

986	retain	v. 유지하다
987	retire	v. 은퇴하다
988	reusable	a. 재사용이 가능한
989	revise	v. 복습하다, 수정하다
990	revolution	n. 혁명, 공전
991	revolutionise	v. 혁명을 일으키다
992	revolve	v. 공전하다, 회전하다
993	reward	n. 상, 보상(UC)
994	rip off	phr. 바가지를 씌우다
995	risk	n. 위험(UC)
996	risk taker	phr. 모험가, 위험을 무릅쓰는 사람
997	rivalry	n. 경쟁, 대립관계(UC)
998	role and responsibility = R&R	phr. 역할과 책임
999	rotate	v. 자전하다, 회전하다
1000	rotation	n. 자전, 회전
1001	RSVP	phr. (파티 등의 초대에) 참석 여부를 알림, 회답 요망
1002	rumour	n. 소문, 낭설(UC)
1003	running time	phr. 영화 상영 시간
1004	rural	a. 시골의, 전원의
1005	rush hour	phr. 혼잡한 출퇴근 시간
1006	salary	n. 봉급, 월급, 임금
1007	sarcasm	n. 풍자, 비꼼(U)
1008	satellite city	phr. 위성도시
1009	satisfied	a. 만족한
1010	satisfy	v. 만족시키다
1011	scenic	a. 경치가 좋은, 아름다운
1012	scent	n. 냄새, 향기
1013	scholarship	n. 장학금
1014	scope	n. 범위, 한계(U)
1015	scroll	v. 스크롤 하다
1016	sculpture	n. 조각(UC)
1017	seaside resort	phr. 해변 휴양지, 해수욕장
1018	seat belt	phr. 안전 벨트
1019	second language	phr. 제 1 외국어, 모국어 다음의 언어
1020	secondary school	phr. 중고등학교
1021	secondary school student	phr. 중고등학생
1022	security guard	phr. 경비원, 경호원
1023	self-expression	phr. 자기 표현
1024	semiconductor	n. 반도체
1025	senior	a. 상급생의, 선배의
1026	sensational	a. 선정적인, 크게 물의를 일으키는
1027	sentence	n. 판결, 선고
1028	serving	n. 1인분
1029	set a goal	phr. 목표를 세우다
1030	setback	n. 차질, 지연
1031	sexual harassment	phr. 성희롱, 성추행
1032	shift work	phr. 교대 근무
1033	shortcut	n. 지름길, 최단 거리
1034	short-sighted	phr. 근시안적인
1035	show off	phr. 과시하다, 자랑하다
1036	sibling	n. 형제, 자매
1037	sign language	phr. 수화(UC)

#	Term	Definition
1038	signature	n. 서명, 사인
1039	Silicon Valley	phr. 실리콘 밸리
1040	simulate	v. 모의 실험하다
1041	simulator	n. 모의 실험 장치
1042	single-sex school	phr. 남고나 여고, 남녀공학이 아닌 학교
1043	skilled	a. 숙련된, 능숙한
1044	skip	v. 거르다, 건너뛰다
1045	skyscraper	n. 초고층 건물, 마천루
1046	slum	n. 빈민가, 슬럼
1047	smuggling	n. 밀수(U)
1048	social security	phr. 사회 보장
1049	social skills	phr. 사회성, 사교 기술
1050	soil	n. 흙, 토양(U)
1051	solar	a. 태양의, 양력의
1052	solar energy	phr. 태양 에너지
1053	solution	n. 해결
1054	solve	v. 해결하다
1055	sophisticated	a. 세련된, 복잡한
1056	source	n. 자료, 출처
1057	souvenir	n. 기념품
1058	SPA brand	phr. SPA 브랜드
1059	space	n. 우주, 대기권 밖(U)
1060	spacious	a. (집, 방, 공간 등이) 널찍한, 넓은
1061	species	n. (생물의) 종
1062	spectacular	a. 장관인, 장대한, 사람들의 시선을 사로잡는
1063	speculation	n. 추측(UC)
1064	speech impediment	phr. 언어 장애
1065	spend one's childhood	phr. 어린 시절을 보내다
1066	spoil a child	phr. 아이를 버릇없게 키우다
1067	spontaneous	a. 자발적인, 자연스러운
1068	stability	n. 안정(UC)
1069	stable	a. 안정된
1070	staff	n. 직원
1071	stage	n. 단계
1072	staircase	n. 계단
1073	standard language	phr. 표준어
1074	state-of-the-art	phr. 최신식의, 최첨단 기술을 이용한
1075	statistics	n. 통계
1076	steel	n. 강철(U)
1077	stimulate	v. (입맛이나 기운을) 돋우다, 자극하다
1078	stock	n. 재고
1079	stop over	phr. 여행 도중 잠시 체류하다
1080	storage	n. 창고, 보관소
1081	stress	n. 스트레스(UC)
1082	strict	a. 엄격한, 엄한
1083	strike a balance	phr. 균형을 맞추다
1084	striped	a. 줄무늬의
1085	strive	v. 노력하다
1086	structure	n. 건축물, 구조물
1087	struggle	v. 애쓰다, 고군분투하다
1088	studious	a. 열심히 공부하는, 학구적인
1089	study abroad	phr. 유학하다

1090	stunning	a. 놀랄 만큼 아름다운, 기절시키는, 놀라게 하는
1091	stutter	v. 말을 더듬다
1092	stutterer	n. 말을 더듬는 사람, 말더듬이
1093	substitute	v. 대체하다
1094	subtitle	n. (영화 대사) 자막
1095	subway	n. 지하도
1096	success	n. 성공(UC)
1097	successful	a. 성공한
1098	suggest	v. 제안하다, ~하자고 말을 꺼내다
1099	suggestion	n. 제안
1100	summit	n. (산의) 정상
1101	summit talks	phr. 정상 회담
1102	superficial	a. 피상적인, 외관상의
1103	supervisor	n. 관리자
1104	supplement	n. 보충제, 보조 식품
1105	supply and demand	phr. 수요와 공급
1106	surface	n. 표면
1107	surpass	v. 능가하다, 초월하다, 넘다
1108	survival of the fittest	phr. 적자생존
1109	sustainable	a. (환경을 파괴하지 않고) 지속 가능한
1110	syllabus	n. 강의 계획서

T

1111	tabloid	n. 타블로이드 신문
1112	tackle	v. (곤란한 문제 등에) 대결하다, 부딪히다
1113	take a course	phr. 수강하다, 수업을 듣다
1114	take an action	phr. 조치를 취하다
1115	tangible	a. 유형의, 가시적인, 명백한
1116	task	n. 과제, 학업
1117	taste	n. 취향, 작품
1118	technology	n. 과학기술(UC)
1119	teenager	n. 10대
1120	telecommunications	n. (원격) 통신
1121	telescope	n. 망원경
1122	temper	n. 기분(UC)
1123	tenant	n. 세입자, 입주자
1124	terrestrial	a. 지구상의, 육지의
1125	textbook	n. 교과서
1126	the gap between (the) rich and (the) poor	phr. 빈부격차
1127	the latest fashion	phr. 최신 유행
1128	theme	n. 주제, 테마
1129	theory	n. 이론
1130	therapy	n. 치료, 물리요법
1131	thread and needle	phr. 실과 바늘
1132	threat	n. 위협
1133	threaten	v. 위협하다
1134	throw a tantrum	phr. 짜증내다, 떼를 쓰다
1135	tie	n. 인연, 유대
1136	timber	n. 목재
1137	time difference	phr. 시차
1138	time-consuming	phr. 시간이 걸리는, 시간을 낭비하는
1139	to and from	phr. 왕복하다
1140	tolerance	n. 관용, 인내 / n. 내성(UC)

1141	tolerant	a. 관대한, 너그러운 / a. 내성이 있는, 저항력이 있는
1142	tolerate	v. 내성이 있다, 견디다
1143	touching movie	phr. 감동적인 영화
1144	tough	a. 고된, 힘든, 거친
1145	tour	n. 여행
1146	tourism	n. 관광산업(U)
1147	tourist	n. 관광객
1148	tourist attraction	phr. 관광명소
1149	trade	n. 무역(UC)
1150	tradition	n. 전통(UC)
1151	traditional	a. 전통적인
1152	traffic	n. 교통(량)(U)
1153	tragedy	n. 비극
1154	transcend	v. 초월하다
1155	transition	n. 과도기(UC)
1156	translate	v. 번역하다, 해석하다
1157	translator	n. 번역가
1158	transport	n. 교통(U)
1159	travel	n. 여행(U) / v. 여행하다, 이동하다
1160	traveller	n. 여행객
1161	treasure	n. 보물(UC)
1162	treatment	n. 치료, 치료법(UC)
1163	trigger	n. 방아쇠, 기폭 장치 / v. 유발하다, 촉발시키다
1164	trim	v. 다듬다, 손질하다
1165	tropical	a. 열대의, 열대 지방의
1166	trousers	n. 바지
1167	turbine	n. 터빈, 엔진 기관
1168	typical	a. 전형적인, 특유한

U

1169	ultraviolet radiation	phr. 자외선
1170	unanimous	a. 만장일치의
1171	underdeveloped country	phr. 후진국
1172	undergo	v. 겪다, 경험하다
1173	undergraduate school	phr. 대학교
1174	undergraduate student	phr. 대학생
1175	underground	n. 지하철
1176	unemployment	n. 실업, 실업률(U)
1177	universal	a. 우주의
1178	universe	n. 우주
1179	unleaded petrol	phr. 무연 휘발유
1180	unmanned	a. 무인의
1181	unprecedented	a. 전례 없는
1182	upbringing	n. 가정교육, 양육(UC)
1183	up-to-date	phr. 최신의
1184	urban	a. 도시의
1185	urbanisation	n. 도시화
1186	useless	a. 쓸데없는, 헛된
1187	user-friendly	phr. 사용자 친화적인, 사용하기 쉬운

V

1188	vain	a. 쓸데없는, 헛된
1189	vandalism	n. 반달리즘(U)
1190	VDT syndrome	phr. VDT 증후군, 컴퓨터 단말기 증후군
1191	vegetable	n. 야채, 채소
1192	vegetarian	n. 채식주의자

1193	vehicle	n. 차량, 운송 수단
1194	venue	n. 장소
1195	verify	v. (사실인지) 확인하다, 증명하다
1196	vermin	n. 해충
1197	vested interests	phr. 기득권, 권익
1198	veterinarian	n. 수의사
1199	victim	n. 희생, 희생자
1200	violate	v. 위반하다
1201	violence	n. 폭력(U)
1202	virtual	a. 가상의, 온라인의
1203	visit	v. 방문하다, 구경하러 가다
1204	visitor	n. 관광객, 방문객
1205	visualise	v. 시각화하다, 마음 속에 떠올리다
1206	vital	a. 생명의, 활기 있는, 매우 중요한
1207	vivid colour	phr. 선명하고 활기찬 색상
1208	vocabulary	n. 어휘(UC)
1209	vocational training	phr. 직업훈련
1210	volcano	n. 화산
1211	volume	n. 권
1212	voyage	n. 항해
1213	vulnerable	a. 취약한, 상처받기 쉬운

W

1214	wash up	phr. 설거지 하다
1215	waste	n. 폐기물, 낭비 / v. 낭비하다
1216	waterproof	a. 방수의, 방수 가공된
1217	way of life	phr. 생활방식
1218	weed	n. 잡초
1219	weight	n. 체중, 무게(U)
1220	weightlessness	n. 무중력 상태(U)
1221	welfare	n. 복지, 사회 보장
1222	well informed	phr. 잘 아는, 정보에 정통한
1223	wild	a. 야생의
1224	wind down	phr. 긴장을 풀고 쉬다
1225	window shopping	phr. 아이쇼핑
1226	wireless	a. 무선의
1227	word of mouth	phr. 구전의, 입에서 입으로 전해지는
1228	work hard for a living	phr. 생계를 위해 열심히 일하다
1229	workforce	n. 노동인구, 노동력
1230	workplace	n. 직장
1231	work-related	phr. 일과 관련된
1232	worsen	v. 악화시키다, 더 나쁘게 되다
1233	worthwhile	a. 가치가 있는
1234	wrinkle free	phr. (옷감 등이) 구김이 생기지 않는

Z

1235	zoo	n. 동물원

아이엘츠 & 유학 준비는
유학 1위 기업과 함께!

종로유학원
Chongro Overseas Educational Institute

대한민국 1등 안심유학

언론사, 소비자, 전문가들이 선정하는 최고 권위의 브랜드 대상에서
수년간 유학부문 1위를 지키며 명실공히 국가대표 유학원임을 인정받고 있습니다.

올해의 브랜드 대상
16년 연속 수상
주관 | 한국경제신문, 한국소비자포럼

대한민국 국가브랜드 선정
유학원 최초 국가브랜드 선정
주최 | 중앙일보, 후원 | 지식경제부

대학생 선호도 1위 기업
12년 연속 수상
주최 | 한국대학신문

국제교육&박람회 전문가 그룹
ICEF 인증

EnglishUSA
파트너 맴버(2023 ~)

대한민국 대표브랜드 대상
교육/유학부문 1위 수상

문의 | 1577 - 5682

Your journey starts here.

주한영국문화원 **IELTS** Ch 영국문화원 IELTS ⊕

Telephone. 02 3702 0601   **Website.** https://www.britishcouncil.kr/exam/ielts

E-mail. exams@britishcouncil.or.kr

Address. 서울특별시 중구 서소문로 11길 19 (정동 34-5 배재정동빌딩B동) 2층 주한영국문화원 (우)04516

IELTS 불변의 법칙
줄리정 프리패스

베스트셀러 1위 저자 줄리정
대한민국 아이엘츠의 전설!

아이엘츠 대표
스타강사 줄리정 전 강의 포함

아이엘츠 불변의 법칙
베스트셀러 1위 저자 직강

최신 경향 완벽 반영
캠브릿지 공식 교재+강의 포함

전 모듈 대비
기초~실전까지 한 번에

기적의 비법노트
줄리정 VOCA 비법노트 무료

6.5 미달성 시
수강기간 무한연장

지금 시원스쿨 아이엘츠(ielts.siwonschool.com)에서 유료로 수강 가능합니다.

* [1위] 줄리정's IELTS 불변의 법칙 | 2017.01.14 YES24 > IELTS 주간 베스트 셀러 1위

시원스쿨 IELTS